Shimson_lab

필기 노트

2024



# 심우철 하프 모의고사

심우철 지음

This
is
TRENDY
HALF!

2024 심우철 영어 하프 모의고사 시리즈

Season 2. 완성편

커넥츠 공단기 gong.conects.

심슨영어연구소 카페 cafe.nave

**01** 밑줄 친 부분과 의미가 가장 가까운 것은?

> The comedian's <u>offensive</u> jokes about religion and politics caused a significant portion of the audience to walk out of the comedy club in protest.

① dull 무딘, 우둔한; 따분한, 지루한
② sensitive 민감한, 예민한; 섬세한, 세심한
③ absurd 어리석은, 터무니 없는
④ unpleasant 불쾌한

offensive 무례한, 불쾌한; 공격적인 (= aggressive, combative, belligerent)

일상적인, 단조로운, 따분한

| | |
|---|---|
| everyday | tedious |
| routine | mundane (+ 세속적인) |
| ordinary | dreary (+ 쓸쓸한, 황량한) |
| dull | banal (+ 진부한) |
| monotonous | humdrum |

어리석은, 터무니 없는

| | |
|---|---|
| silly | ridiculous |
| foolish | ludicrous (+ 웃기는) |
| stupid | preposterous (+ 불합리한; 앞뒤가 뒤바뀐) |
| absurd | |

해석 그 코미디언의 종교와 정치에 관한 <u>불쾌한</u> 농담은 상당수의 관객이 항의하며 코미디 클럽을 나가 버리게 했다.
① 따분한 ② 민감한 ③ 터무니없는 ④ 불쾌한

어휘 significant 상당한 in protest 항의하여

**02** 밑줄 친 부분과 의미가 가장 가까운 것은?

> He had not received any offer from a new company so there was no choice but to <u>wind up</u> his career.

① seek 추구하다
② resume 다시 시작하다, 재개하다; 이력서
③ finish 끝내다
④ enhance 높이다, 향상시키다

wind up 끝내다; 결국 ~이 되다 (= end up)

up으로 끝나는 중요 이어동사 정리

take up 시작하다; 차지하다
make up 구성하다, 만들다; 화장하다
do up 고치다, 수선하다, 단정하게 하다, 채우다
call up 불러내다, 소집하다; 상기시키다
hold up 지탱하다, 떠받치다; 중단시키다, 지연시키다
set up 세우다, 설립하다; 설치하다
bring up 기르다, 양육하다; (화제를) 꺼내다, 제기하다
back up 뒷받침하다, 지지하다, 후원하다
blow up 폭파하다, 터뜨리다
give up 포기하다, 그만두다
look up 나아지다; (낱말·정보 등을) 찾아보다
wind up 끝내다; 결국 ~이 되다

해석 그는 새로운 회사로부터 어떠한 제안도 받지 못했기 때문에 그의 경력을 <u>끝내는</u> 수밖에 없었다.
① 구하다 ② 재개하다 ③ 끝내다 ④ 향상하다

**03** 어법상 옳은 것은?

① She explained her mother[how to send pictures on a smartphone]
(S V to O / 의문사 + to RV : 명사구)

② They're looking forward to ~~celebrate~~ their anniversary this weekend.
(celebrating)

③ Each of the six stories ~~enable~~ you to have much imaginative pleasure.
(+ 복수N, enables, O, OC, 준(능동) 080-2, + 불가산N)

④ A sentence(consisting of two clauses(connected by a relative))is complex.
(S, 준(능동) 109-1, 준(수동), V, SC)

전략
어휘 문법 → 동 (수일치, 능·수동) VS 준 (능·수동) → 형 VS 부

① 4형식으로 착각하기 쉬운 3형식 동사 ‹p.172›

(1) 제안V : suggest 061-3
(2) 발표V : announce
(3) 말V : say 114
(4) 설명V : explain 012
(+ to + 사람) + 명사

② (동)명사만을 쓸 수 있는 관용구문 ‹p.186›

| | |
|---|---|
| look forward to 064 | ~을 고대하다 |
| be [used 057 / accustomed] to | ~에 익숙하다 |
| [object / be opposed] to | ~에 반대하다 |
| contribute to | ~에 기여하다 |
| be [devoted / dedicated / committed] to | ~에 전념하다 |
| when it comes to | ~에 관해 말하자면 |
| with a view[an eye] to | ~할 목적으로 |
| What do you say to ~? | ~하는 건 어때? |

③ [one 003 / each 144 / either 161-2 / neither 162-2] of + 복수명사 + 단수동사 ‹p. 176›

**해석** ① 그녀는 그녀의 어머니에게 스마트폰으로 사진을 보내는 방법을 설명했다.
② 그들은 이번 주말에 그들의 기념일을 축하하기를 고대하고 있다.
③ 그 여섯 이야기 각각은 당신이 많은 창의적 즐거움을 가질 수 있게 해준다.
④ 관계사로 연결된 두 개의 절로 구성된 문장은 복잡하다.

**어휘** celebrate 축하하다 anniversary 기념일 imaginative 창의적인, 상상력이 풍부한 pleasure 즐거움 clause 절 relative 관계사

③ 목적격 보어에 to 부정사를 사용하는 동사 : 코리아 파이팅 동사 (COREAF/P) 〈p. 173〉

C cause 100, compel

O order 101-1

R require 098-2

E enable, expect, encourage

A ask 024-2, allow 025, advise

F/P force, permit, persuade

**04** 우리말을 영어로 잘못 옮긴 것은?

① 창의력의 중요성은 아무리 강조해도 지나치지 않는다.

→ We cannot emphasize the importance of creativity too much.

② 그의 압도적인 승리를 묘사하는 데 다양한 어휘들이 사용되었다.

→ Various words were used to describe his overwhelming victory.
+ RV ㊣(능동 : 승리가 압도하는 것이므로)

③ 아이들은 자신이 완벽함에 이르러야 한다고 느끼도록 강요되지 않는다.

→ Children are not made feel [that they have to attain perfection]
to 069-2 명사절 접속사 that + 완전

④ 그는 은퇴한 이후로 자원봉사에 더 많이 참여하게 되었다.

→ He has become more involved in volunteering ever since he retired.
㊀(현재완료) ~한 이래로 ㊀(과거)

① 아무리 ~해도 지나치지 않다 〈p.183〉 : cannot ~ too (much), cannot ~ enough, cannot over-RV, It is impossible to over-RV

· 포인트 1 : too 대신에 so를 쓸 수 없다.
· 포인트 2 : over-와 too much를 함께 쓸 수 없다.

ex 1) 너는 네 건강에 대해 아무리 주의해도 지나치지 않다.

→ You cannot be ~~so~~ too careful of your health.

ex 2) We cannot overemphasize the importance of your health ~~too much~~. 건강의 중요성은 아무리 강조해도 지나치지 않다.

어휘 overwhelming 압도적인 attain ~에 이르다

② used to 057 : 3가지 용법에 유의

- be used to RV : ~하는 데 사용되다
- used to RV : ~하곤 했었다
- be[get] used to RVing : ~하는 데 익숙하다[익숙해지다]

③ 지각동사 · 사역동사 (p.172)

(1) 지각동사

watch, see 023-1, notice 099, hear 026, listen to, feel + O + RV · RVing (능동) / ~~to RV~~ (X) / p.p. (수동)

(2) 사역동사

make 027-1, have 028 + O + RV(능동) / p.p.(수동)

let 029 + O + RV(능동) / be p.p.(수동) (p.p. (X))

(3) 지각동사 · 사역동사의 수동태

S + 지각/사역 V + O + RV → O + be p.p. + to RV (RV (X))

④ since 050

since(~이래로) 절이 과거시제로 쓰인 경우, 주절이 현재완료시제 (과거시제 X)

**05** 밑줄 친 부분에 들어갈 말로 가장 적절한 것은?

상황 파악
A: What are all those papers for?
B: I've written down what I'm going to say at the presentation tomorrow. I need a script to read from.

빈칸 주변 중요
A: Isn't it better to just have important points written and improvise from them? Reading off papers doesn't seem like a good way to appeal to the audience.
B: But, ________________ 발표 중 생길 수 있는 돌발 상황에 대해 걱정하는 표현
A: In that case, the important thing is to take a deep breath and try not to panic. Remember that you'll still have your notes to refer to, and that with enough practice, it probably won't happen.
B: Okay, I'll keep that in mind. Thanks for your advice.

① what if I forget what to say next? 다음에 무엇을 말할지 잊으면 어떡해?
② my presentation just got cancelled. 내 발표는 방금 취소됐어.
③ interacting with the audience is key. 청중과 소통하는 것이 핵심이야.
④ I can't decide on the presentation topic. 나는 발표 주제를 결정할 수가 없어.

**해석** A: 그 종이들은 다 뭐야?
B: 내가 내일 발표에서 할 말을 적어뒀어. 읽을 대본이 필요해서.
A: 그냥 중요한 요점만 적어 두고 그걸로 즉흥적으로 하는 게 낫지 않아? 종이를 읽어내는 건 청중에게 호소하는 좋은 방법은 아닌 것 같아.
B: 그치만, 다음에 뭘 말할지 까먹으면 어떡해?
A: 그런 경우엔, 심호흡하고 공황 상태에 빠지지 않으려고 하는 게 중요해. 참고할 메모가 그래도 있을 거라는 점과 충분히 연습하면 그런 일이 일어나지 않을 거라는 점을 기억해.
B: 응, 명심할게. 조언 고마워.
① 다음에 뭘 말할지 까먹으면 어떡해?
② 내 발표가 방금 취소됐어.
③ 청중과 소통하는 게 핵심이야.
④ 발표 주제를 결정할 수가 없어.

**어휘** script 대본 improvise 즉흥적으로 하다 appeal 호소하다 panic 공황 상태에 빠지다 refer to ~을 참고하다 interact 소통하다

**01** 밑줄 친 부분과 의미가 가장 가까운 것은?

> The artist believed that <u>inherent</u> artistry resided in every individual, waiting to be awakened and expressed.

① hidden 숨겨진
② suppressed 억눌린 (= repressed, oppressed)
③ natural 타고난; 자연의; 당연한
④ outstanding 현저한, 두드러진, 눈에 띄는

inherent 타고난, 내재하는, 본질적인

타고난, 내재된, 선천적인

| | |
|---|---|
| native (+ 원주민; 현지인) | innate |
| natural | inherent |
| inborn (+ 선천적인; 고유의) | intrinsic |

현저한, 두드러진, 눈에 띄는

| | |
|---|---|
| striking | remarkable |
| outstanding | conspicuous |
| notable | distinguished |
| noticeable | |

유능한, 능숙한, 뛰어난

| | |
|---|---|
| skillful | adept |
| experience | versatile (+ 다재다능한) |
| proficient | extraordinary |
| competent | exceptional (+ 예외적인) |

해석 그 예술가는 타고난 예술성이 모든 개인 안에 존재하면서, 각성되고 표출되기를 기다리고 있다고 믿었다.
① 숨겨진 ② 억눌린 ③ 타고난 ④ 뛰어난

어휘 artistry 예술성 reside in ~에 있다 awaken 각성시키다

**02** 밑줄 친 부분에 들어갈 말로 가장 적절한 것은?

> The player, the only hope for the basketball team, suffered from back injuries but tried to show no sign of pain in order not to ________ her teammates.

(목적)

① let out 풀어주다 (= release); 누설하다
② give off 발산하다, (빛이나 소리를) 내다, 발하다 (= emit)
③ let down 실망시키다 (= disappoint)
④ pass down 물려주다 (cf) pass away 죽다

누설하다, 폭로하다, 드러내다

| | |
|---|---|
| expose (+ 노출시키다) | unveil (+ 발표하다) |
| reveal | confess (+ 고백하다) |
| disclose | let on → 수면 위로 올라오게 하는 거니까 |
| unfold (+ 펼치다) | let out → 밖으로 나오게 하는 거니까 |

down으로 끝나는 중요 이어동사 정리

break down 고장 나다 (= be out of order); 분해하다
take down 적어 두다, 기록하다; 내려 두다; 헐어버리다, 무너뜨리다
turn down 거절하다 (= reject, refuse); (소리나 온도 등을) 줄이다
pass down 물려주다 (= hand down)
let down 실망시키다 (= disappoint)
look down on 얕보다, 깔보다, 경멸하다 (= despise)

해석 그 농구팀의 유일한 희망이었던 선수는 허리 부상에 시달렸지만 팀원들을 실망시키지 않기 위해 고통의 기색을 보이지 않으려 애썼다.
① 누설하다, 풀어주다 ② 발산하다 ③ 실망시키다 ④ 물려주다

**03** 밑줄 친 부분 중 어법상 옳지 않은 것은?

Cultural evolution ① resembles genetic evolution. Population size matters, just as it ② does in the evolution of species. Small populations are very vulnerable to the loss of knowledge because the death of one person with the key information ③ means the knowledge is permanently lost to everyone. For example, Amadeo García García, a member of an ④ isolating tribe in the Peruvian Amazon, is the last living speaker of the Taushiro language, so the language will go extinct after her death.

(S / 동(단수/능동) / O / 대동사 / (that) / S / 동(단수/능동) / O / 준(수동)(→ isolated))

① REMALIODASC : 자동사 같은 타동사 ‹p.171›

R resemble 015, reach 016
E enter
M marry 104-1, mention
A accompany 017, affect 105, approach
L leave
I influence 106-2
O obey, oppose
D discuss 013
A answer, attend, address
S survive 018
C consider, contact 014

**해석** 문화적 진화는 유전적 진화와 유사하다. 종의 진화에서와 마찬가지로, 개체군의 크기가 중요하다. 핵심 정보를 지닌 한 사람의 죽음이 모든 사람에게 지식이 영구적으로 손실된다는 것을 의미하기 때문에 작은 개체군은 지식의 손실에 매우 취약하다. 예를 들어, 페루 아마존에 고립된 부족의 일원인 Amadeo García García는 Taushiro어의 최후 생존 구사자이고, 따라서 그 언어는 그녀의 죽음 이후 소멸할 것이다.

**어휘** genetic 유전의 matter 중요하다 vulnerable 취약한 permanently 영구적으로 isolate 고립시키다 tribe 부족 extinct 멸종된

**04** 우리말을 영어로 잘못 옮긴 것은?

① 그녀가 엄마가 되면 나한테 편지해 줘.

→ Drop me a line when she becomes a mother.
073-2 S V SC → 완전

② 그 협상은 너무 중요해서 비밀리에 진행할 수 없다.

→ The negotiation is too important to be conducted in secret.
so X

③ 도서관보다는 카페에서 공부하는 게 어때?

→ What do you say to study at a cafe rather than in the library?
+ RVing (studying) A B : B라기 보다는 A

④ 식단에서 중요한 것은 무엇을 먹는가가 아니라 얼마나 먹는가이다.

→ It is not[what you eat]but[how much you eat]that is important in diet.
it ~ that 강조구문 / 070 + 불완전 S 071-1 + 완전 / 동(단수) SC
→ not A but B (A가 아니라 B) : B에 수일치

② A be + so 형/부 that 075-2
아주 그 결과
too 형/부 to RV 150-1
너무 ~할 수가 없다
(1) 두 표현 섞어 쓰기 X
(2) so, too 자리에 very X

**어휘** drop sb a line ~에게 편지하다 negotiation 협상 conduct 행하다

③ (동)명사만을 쓸 수 있는 관용구문 (p.186)

| | |
|---|---|
| look forward to 064 | ~을 고대하다 |
| be [used 057 / accustomed] to | ~에 익숙하다 |
| [object / be opposed] to | ~에 반대하다 |
| contribute to | ~에 기여하다 |
| be [devoted / dedicated / committed] to | ~에 전념하다 |
| when it comes to | ~에 관해 말하자면 |
| with a view[an eye] to | ~할 목적으로 |
| What do you say to ~? | ~하는 건 어때? |

## 05 밑줄 친 부분에 들어갈 말로 가장 적절한 것은?

상황 파악
A: David, I have a little issue with my dog.
B: What is it?
A: My dog absolutely hates going on walks. Whenever I take out the collar and leash, she runs away from me!

빈칸 주변 중요
B: I saw on Youtube that it might be because the dog is afraid of going outside.
A: Hmm. 개가 산책을 두려워 하지 않도록 할 방법을 묻는 표현 ? ← 구체적인 방법 제시
B: First, get her used to the collar, and once she's comfortable with it, start walking her around inside your house. Make sure to give her treats... You know what, I'll give you the link to the video I watched.

① Does your dog refuse to go on walks too 너의 개도 산책하는 것을 거부해
② How should I help her get over her fears 걔가 두려움을 극복하도록 내가 어떻게 도와줘야 해
③ Which dog treat brands do you recommend 개 간식 브랜드 중에서 어떤 브랜드를 추천하니
④ Has she always been afraid of going on walks 걔는 항상 산책하는 것을 두려워 했어

해석 A: David, 내 개로 문제가 약간 있어.
B: 그게 뭔데?
A: 내 개는 산책하는 걸 극도로 싫어해. 내가 개 목걸이랑 목줄을 꺼낼 때마다 걔가 나한테서 도망가!
B: 그게 개가 밖에 나가기를 두려워하기 때문일 수 있다는 걸 유튜브에서 봤어.
A: 흠. 걔가 두려움을 극복하도록 내가 어떻게 도와야 할까?
B: 먼저 걔가 개 목걸이에 익숙해지게 하고, 그걸 편안해하면 집 안에서 이리저리 산책시키는 걸 시작해 봐. 간식도 꼭 주고... 있잖아, 내가 본 영상 링크를 줄게.
① 네 개도 산책하는 걸 거부해
② 걔가 두려움을 극복하도록 내가 어떻게 도와야 할까
③ 넌 어떤 개 간식 브랜드를 추천하는데
④ 걔는 산책하는 걸 항상 두려워했어

어휘 absolutely 극도로 walk 산책; 산책시키다 collar (개) 목걸이 leash (개) 줄 treat 간식 refuse 거부하다 get over 극복하다

**01** 밑줄 친 부분과 의미가 가장 가까운 것은?

> The ship was found to be in an extremely <u>hazardous</u> condition, as numerous timbers that provided its primary support were completely decayed.

① rare 진귀한, 희귀한, 드문 (= sparse, scarce, uncommon)
② risky 위험한
③ poor 열악한; 빈곤한, 가난한
④ optimal 최적의

hazardous 위험한

위험한, 불안정한, 위태로운
dangerous
risky
unsafe
perilous
hazardous
precarious

해석 그 배는 주요 지지대 역할을 하는 수많은 들보들이 완전히 부식되어 매우 <u>위험한</u> 상태인 것으로 밝혀졌다.
① 희귀한 ② 위험한 ③ 열악한 ④ 최적의
어휘 timber 목재, 들보 primary 주요한 decay 부식시키다

**02** 밑줄 친 부분과 의미가 가장 가까운 것은?

> Following his father's wishes, he was <u>bent on</u> quitting his job and pursuing a career in law to uphold the family's legal legacy.

① forced into ~을 강요 받은
② based on ~에 근거한
③ tempted into ~에 혹한
④ resolved on ~을 결심한

be bent on RVing ~하기를 결심하고 있다; ~하는 데 열중하다

해석 그는 아버지의 바람에 따라 가문의 법 관련 유산을 유지하고자 직장을 그만두고 법조계에 종사하기로 <u>결심했다</u>.
① ~을 강요받은 ② ~에 근거한 ③ ~에 혹한 ④ ~을 결심한
어휘 quit 그만두다 uphold 유지하다 legacy 유산

**03** 어법상 옳은 것은?

① I caught him by ~~his~~ (the) arm and asked him [to wait] a little longer. (O OC; 준(능동))

② I remembered many occasions ~~which~~ my best friend was in need. (선행사 068-2 which (→ in which/when), S V SC → 완전)

③ Only recently have humans noticed social conflicts rapidly [increase]. (부사 V S(도치) 지각V O OC 능동(RV))

④ They must choose a CEO(~~whom~~ [they believe] has proven leadership skills) (선행사 066-3 주격 관·대(→ who), S+V 삽입, V O → 불완전)

① 사람과 신체 부위를 분리 표현하는 경우 ‹p.200› : the 자리에 소유격 사용 금지

| | | |
|---|---|---|
| · 때리다, 치다 | hit, strike, touch | + 사람 + on the 신체 부위 |
| · 잡다 | catch, take, hold | + 사람 + by the 신체 부위 |
| · 보다 | look 008-3, stare, gaze | + 사람 + in the 신체 부위 |

목적격 보어에 to 부정사를 사용하는 동사 : 코리아 파이팅 동사 (COREAF/P) ‹p. 173›

C cause 100, compel
O order 101-1
R require 098-2
E enable, expect, encourage
A ask 024-2, allow 025, advise
F/P force, permit, persuade

② 관계사/의문사 ‹p.191›

N + (1) 관계대명사 ① 그런데 그 명사 ② 불완전 ③ 격 ④ 콤마·전치사 + that X
N + (2) 관계부사 ① 그런데 그 명사에서(는) ② 완전
~~N~~ + (3) 의문사 ① 해석 ② 완전/불완전 ③ 격 ④ 간접의문문 어순 (의+S+V)
(4) 복합관계대명사 ① 해석 ② 불완전 ③ 격
(5) 복합관계부사 ① 해석 ② 완전

③ 무조건 도치 ‹p.208›

(1) 부정어 / Only + 부사(구)(절) 170 + V + S
(2) 형용사 + be + S
(3) so 형/부 + V + S that ~
(4) and so / and neither / nor + V + S

※ 장소 · 방향의 부사구 (조건 도치) < S (대명사) + V → 도치 X / V (1형식 자동사) + S (일반 명사)

**해석** ① 나는 그의 팔을 잡고 그에게 조금만 더 기다려 달라고 부탁했다.
② 나는 내 가장 친한 친구가 도움이 필요했던 많은 경우를 기억했다.
③ 최근에야 인간들은 사회적 갈등이 급격히 증가하는 것을 알아차렸다.
④ 그들은 그들이 믿기에 입증된 지도력을 가진 CEO를 선택해야 한다.

**어휘** occasion 경우 rapidly 급격히 proven 입증된

지각동사·사역동사 ‹p.172›

(1) 지각동사

watch, see [023-1], notice [099], hear [026], listen to, feel + O + RV·RVing (능동) (to RV (X)) / p.p. (수동)

(2) 사역동사

make [027-1], have [028] + O + RV(능동) / p.p.(수동)

let [029] + O + RV(능동) / be p.p.(수동) (p.p. (X))

(3) 지각동사·사역동사의 수동태

S + 지각/사역 V + O + RV → O + be p.p. + to RV (RV (X))

④ 관계사 + S + believe [140]

(1) 관계사의 격(주격 vs 목적격) 확인

(2) 관계사절 내 동사의 수일치 확인

※ 삽입절 구문: S + believe/think/say

**04** 우리말을 영어로 잘못 옮긴 것은?

① 우리는 큰 발표를 앞두고 긴장할 수밖에 없었다.

→ We couldn't help feeling nervous(before a big presentation)
(+ RVing; nervous: SC ⓐ)

② 일주일 내내 열심히 공부한 그녀는 시험에서 좋은 결과를 얻었다.

→ Having studied hard all week, she got a good result on her test.
(준(능동/완료시제) — 주절의 시제보다 분사구문의 시제가 앞섬 → 공부한 것이 더 이전)

③ 그는 필요하지 않은 물건을 버리지 않는 습관이 있다.

→ He has a habit of not throwing away the stuff(he can dispense with)
(준(능동); 선행사 the stuff, S he, V dispense; (that) 목적격 관·대 생략; 전치사의 목적어 X → 불완전; 준동사의 부정: not, never 등의 부정어를 준동사 바로 앞에 위치)

④ 미국은 대통령 후보가 두 차례 넘게 선출되는 것을 금지한다.

→ The U.S. prevents presidential candidates from eleeting more than twice.
(동(단수/능동); O; 준(수동)(→ being elected))

① cannot help RVing [133] ~하지 않을 수 없다 (help: 피하다(avoid))
= cannot but RV (but: 제외하고(부사))
= have no choice but to RV
= cannot choose[help] but RV

2형식 관련 주요 문제 ‹p.171›

(1) 오감V — look [008-1], smell, taste, sound, feel + ⓐ / like + 명사(구)(절)

(2) 판단·입증V — seem, appear, prove, turn out + (to be) ⓐ / to RV

(3) 상태변화V (~되다) — become [009], get [030-2], turn, grow, go, come, run, fall + ⓐ

(4) 상태유지V (~이다) — be, remain [010], stay [011], keep, hold + ⓐ

어휘 throw away 버리다 presidential candidate 대통령 후보

② 준동사의 시제 〈p.184〉

준동사의 시제는 본동사 시제보다 한 시제 빠르면 완료시제를 쓰고, 같으면 단순시제를 쓴다.

준동사의 시제를 따져야 하는 경우

(1) to have p.p. / having p.p. 가 쓰인 경우

(2) be p.p. to RV / seem to RV 가 쓰인 경우

(3) 준동사 뒤에 when young / in her youth / in her childhood와 같은 명백한 과거시제 부사구가 나온 경우

hard vs hardly 041-3

- hard (형) 단단한, 힘든 (부) 열심히
- hardly (부) 거의 ~않다

③ dispense with : ~없이 지내다
without X

④ 금지·억제 동사 〈p. 174〉

prevent 022
prohibit
stop 040-2 /Keep 021 + A + from RVing
deter
discourage (단념하게 하다)

## 05 밑줄 친 부분에 들어갈 말로 가장 적절한 것은?

A: Hey, did Harry come to work today?
B: Not that I know of. But I don't think it's his day off, either.
A: Maybe he's sleeping in. (의문사가 없는 의문문 + 그에게 연락할 방법을 아는지 묻는 표현) ?
B: Yes, I have his phone number. I'll call him right now.

① What do you need him for 어떤 일에 그를 필요로 하시나요
② Where did he go for vacation 그는 어디로 휴가를 갔나요
③ Do you know how to reach him 그에게 연락할 방법을 아시나요
④ Can you tell me why you're late 왜 당신이 늦었는지 제게 말해주실 수 있나요

Not that I Know of. 내가 알기로는 그렇지 않아.

해석 A: 저기, 오늘 Harry 출근했어요?
B: 제가 알기론 안 했어요. 근데 그가 쉬는 날도 아닌 것 같아요.
A: 늦잠 자고 있을지도 모르겠네요. 그에게 연락할 방법을 아시나요?
B: 네, 제게 그의 전화번호가 있어요. 제가 지금 바로 전화할게요.
① 어떤 일에 그가 필요하신 거죠
② 그는 휴가를 어디로 갔나요
③ 그에게 연락할 방법을 아시나요
④ 왜 당신이 늦었는지 말해줄 수 있나요

어휘 day off 쉬는 날 sleep in 늦잠 자다

**01** 밑줄 친 부분에 들어갈 말로 가장 적절한 것은?

Students' absences from class may be ______ by teachers for some unavoidable reasons like medical emergency.

※ 수동 → 능동으로 바꿔서 해석해보기
학생의 수업 결석이 선생님에 의해 ______ 되다.
= 선생님이 학생의 수업 결석을 ______ 하다.

① excused 변명하다, 용서하다 (= forgive, pardon, condone)
② punished 벌주다, 처벌하다 (= penalize)
③ rejected 거절하다, 거부하다 (= refuse, turn down)
④ inherited 물려 받다

해석 학생의 수업 결석은 의료적 응급 상황과 같은 피치 못할 사유로 교사들에 의해 양해될 수 있다.
① 양해되는 ② 처벌되는 ③ 거절당하는 ④ 물려받는

어휘 absence 결석 unavoidable 불가피한

**02** 밑줄 친 부분과 의미가 가장 가까운 것은?

It can be emotionally challenging to go through a difficult breakup.

① forgo 포기하다, 그만두다
② depict 그리다, 묘사하다 (= describe, illustrate, portray)
③ undergo 겪다, 경험하다; 참다, 견디다
④ recollect 회상하다, 생각해 내다 (= recall, retrospect)

go through ~을 통과하다; ~을 겪다, 경험하다 (= experience, undergo); ~을 살펴보다

버리다, 포기하다, 그만두다
abandon
desert (+ 떠나다; 사막, 황야)
discard
forsake
renounce
give up
dump (+ 팔아 치우다; 쓰레기 더미, 폐기장)
forgo
waive

해석 어려운 이별을 겪는 것은 감정적으로 힘들 수 있다.
① 포기하다 ② 묘사하다 ③ 겪다 ④ 떠올리다

어휘 challenging 힘든 breakup 이별

**03** 어법상 옳은 것은?

① The recipe(for this dish) is quite easy to follow ~~it~~.
A / 준(능동)

② There are a number of people(whose help I wish to acknowledge)
동(복수) / 복수N / 소유격관·대 + N / + 불완전한 문장 / 목적어 X

③ Though lacking higher education, she ~~has respected~~ in her country.
접 / 준(능동) / O / 동(단수/수동) (→ has been respected)

④ The desire to return (to my hometown)(during holidays) ~~remain~~ strong.
S / 준(능동) / + 특정 기간 / 동(단수) (→ remains) / SC ⓐ

① 난이형용사 구문 077

: difficult, hard, tough / easy

(1) 문장의 주어 확인 (to RV의 의미상 주어는 주어 자리에 X)

(2) to RV의 목적어가 문장의 주어로 오는 경우,
to RV의 목적어가 없는지 확인 (목적어 중복 X)

(3) 진주어 자리에 to RV가 왔는지 확인 (that절 X)

② there be 002

뒤에 나온 명사에 수일치 했는지 확인

**해석** ① 이 요리의 조리법은 따라 하기 꽤 쉽다.
② 나는 도움에 감사를 표하고 싶은 사람들이 많다.
③ 그녀는 고등교육을 못 받았지만 조국에서 존경받아 왔다.
④ 명절에 고향으로 돌아가고 싶은 바람은 여전히 강하다.

**어휘** acknowledge 감사를 표하다 lack ~이 없다 desire 바람, 욕망

a / the number of 001

- a number of + 복수명사 + 복수동사 (많은)
- the number of + 복수명사 + 단수동사 (~의 수)

whose 067

(1) '그런데 그 명사의'로 해석되는지 확인

(2) 'whose + 명사' 뒤에 불완전한 문장이 왔는지 확인 (완전한 문장 X)

ex) They saw a house whose windows were all broken.
whose + N / 불완전한 문장

④ for vs during 〈p.204〉

for + 불특정 기간 (주로 숫자를 포함 / for five years)

during 084 + 특정 기간 (주로 한정사 포함 / during the[his] vacation)

2형식 관련 주요 문제 〈p.171〉

(1) 오감V look 008-1, smell, taste, sound, feel + ⓐ / like + 명사(구)(절)

(2) 판단·입증V seem, appear, prove, turn out + (to be) ⓐ / to RV

(3) 상태변화V (~되다) become 009, get 030-2, turn, grow, go, come, run, fall + ⓐ

(4) 상태유지V (~이다) be, remain 010, stay 011, keep, hold + ⓐ

**04** 우리말을 영어로 잘못 옮긴 것은?

① Roosevelt는 다른 어떤 대통령보다 더 오래 재임했다.

→ Roosevelt had served longer than any other ~~presidents~~ president. (+ 단수N)

② Tim은 차를 트랙 위의 경주차인 것처럼 몰았다.

→ Tim drove(과거) the car as if it were(가정법 과거 (과거 사실의 반대)) a race car on the track.

③ 제게 세부 사항이 담긴 이메일을 보내는 걸 잊지 마세요.

→ Please don't forget [038] to send(4V, 준(능동)) me(IO) the email(DO) (with the details)

④ 나는 그녀에게 그 문제를 다음날까지 해결하지 않은 채로 두라고 제안했다.

→ I suggested [(that) she (should) leave(5V) the problem(O) unsolved(OC, 준(수동)) until the next day]

① 비교급 + than any other + 단수N [081-1]

· 뒤에 단수명사가 왔는지 확인 (복수명사 X)

· 최상급으로 해석되는지 확인 〈영작〉 : 그 어떤 · · · 보다 가장 ~하다

② as if[though] 가정법 : 마치 ~처럼 [120]

(1) as if[though] + 가정법 과거 : 마치 ~인 것처럼

(2) as if[though] + 가정법 과거완료 : 마치 ~이었던 것처럼

※ 단순 추측의 의미로 쓰일 때에는, 가정법이 아닌 직설법이 올 수 있음.

③ to 부정사와 동명사 둘 다 목적어로 취하지만 의미가 다른 동사 〈p.185〉

[ to 부정사 : 미래적 (동작이 아직 X)
동명사 : 과거적 (동작이 일어남) ]

· remember to RV ~하기로 한 것을 기억하다
[037] RVing ~한 것을 기억하다

· forget to RV ~하기로 한 것을 잊다
[038] RVing ~한 것을 잊다

· stop to RV ~하기 위해 멈추다
[040-1] RVing ~하는 것을 그만두다

· regret to RV ~하게 돼서 유감이다
[039] RVing ~한 것을 후회하다

· try to RV ~하기 위해 노력하다
RVing 시험 삼아 ~해보다

④ 주요명제충결 V + that + S + (should) RV 〈p.183〉

(1) 주장 insist [060-1], argue, urge

(2) 요구 ask [024-1], demand [058], require [098-1], request [097]

(3) 명령 order [101-2], command

(4) 제안 suggest [061-1], propose

(5) 충고 advise, recommend [059]

(6) 결정 decide

until VS by [165]

[ until : 동작이나 상태의 지속 → '계속'이라는 말을 넣어 해석
by : 동작의 완료 시점 → '늦어도'라는 말을 넣어 해석 ]

**05** 밑줄 친 부분에 들어갈 말로 가장 적절한 것은?

A: What's that drink in your hand?

B: It's an energy drink. It helps me stay awake.

A: ________ 언제 잤는지 물어보는 표현

B: Pretty early. I had enough sleep but I'm so worn out for some reason.

A: It's probably because you've been taking extra shifts for the past few weeks. You should go easy on yourself.

① I've never tried one. 나는 한 번도 안 먹어봤어.

② When did you go to sleep? 너는 언제 잤어?

③ Why did you stay up last night? 왜 어젯밤에 안 자고 깨어 있었어?

④ Those drinks give me a headache. 그런 음료를 마시면 머리가 아파.

해석 A: 네 손에 그 음료는 뭐야?
B: 에너지 드링크야. 내가 깨어 있는 데 도움이 돼.
A: 언제 잤길래?
B: 꽤 일찍. 잠은 충분히 잤는데 어쩐지 너무 피곤해.
A: 네가 지난 몇 주 동안 추가 근무를 해서 그럴 거야. 너무 무리하지 마.
① 난 한 번도 안 마셔봤어.
② 언제 잤길래?
③ 왜 어젯밤에 안 자고 깨어 있었어?
④ 그런 음료는 내 머리를 아프게 해.

어휘 worn out 피곤한, 지친 shift (교대) 근무 go easy on ~을 살살[적당히] 다루다 stay up 안 자고 깨어 있다

MEMO

**01** 밑줄 친 부분에 들어갈 말로 가장 적절한 것은?

> Sarah is a(n) ________ musician, capable of playing the piano, guitar, and flute with equally proficient skill.

① alien 외국의 (= foreign, exotic), 외계의; 다른, 이질적
② versatile 다재 다능한, 다용도의 (cf) adept 능숙한 (= proficient)
③ extinct 멸종된, 사라진 (cf) distinct 뚜렷한; 별개의, 분리된
④ mediocre 보통의, 평범한, 그저 그런

| 보통의, 평범한 | 다른, 이질적인, 별개의, 분리된 |
|---|---|
| normal | different |
| plain | separate |
| common | distinct |
| average | discrete |
| ordinary | individual |
| mediocre | disparate |
| | divergent |
| | heterogeneous |

해석 Sarah는 피아노, 기타, 플루트를 동등하게 능숙한 실력으로 연주할 수 있는 다재다능한 음악가이다.
① 외국의 ② 다재다능한 ③ 멸종된 ④ 그저 그런

어휘 proficient 능숙한

**02** 밑줄 친 부분에 들어갈 말로 가장 적절한 것은?

> When taking a message, make sure to note the person's correct name. After you ________ the name, repeat it back to them to confirm you heard it correctly.

① take on (책임을) 지다, 떠맡다; (특징·모습을) 띠다
② take off 이륙하다; (옷 따위를) 벗다
③ take over 넘겨받다, 인수하다, 매수하다; 장악하다, 점령하다
④ take down 적어 두다, 기록하다; 내려 두다; 헐어버리다, 무너뜨리다

take로 시작하는 중요 이어동사 추가 정리

take after 닮다 (= resemble)
take care of 돌보다 (= look after); 처리하다 (= handle)
take in 받아들이다, 이해하다; 섭취하다; 속이다
take apart 분해하다; 쉽게 이기다

해석 메시지를 받을 때, 반드시 그 사람의 정확한 이름을 적어둬라. 그 이름을 적어둔 후에는, 그것을 그 사람에게 다시 말해 당신이 제대로 들었는지 확인해라.
① 떠맡다 ② 벗기다; 이륙하다 ③ 인수하다 ④ 적어두다

어휘 note 적어두다 confirm 확인하다

**03** 밑줄 친 부분 중 어법상 옳지 않은 것은?

Exercise gets your body ① release substances called endorphins, which greatly improve your mood in the same way(morphine ② does) So, the next time you are feeling low or stressed, exercise. But if you have heart problems, you need to see a doctor before you start putting increased demands on your heart. If you are ③ healthy enough to start exercising now, choose several things(④ that you will like) Commit yourself to doing one of those activities every day for at least twenty minutes.

(필기: gets 030-1 / your body O / release OC → to release / does 대동사 / healthy 형용사 / enough 부사 / things 선행사 / that 목적격 관·대 / you S / like V → 불완전)

③ enough의 어순 083

· 부사인 경우 형용사 뒤에 쓰였는지 확인 (형용사 앞 X)

ex) [small / long] enough (to RV) (~하기에) 충분히 작다/길다

→ '롱 이너프 투~'하고 예시를 입으로 반복해서 외우는 게 편해요!

④ that 069

(1) 앞에 명사가 있는지 확인 (관계대명사 → 뒤에 불완전한 문장)

(2) 앞에 동사가 있는지 확인 (명사절을 이끄는 접속사 → 뒤에 완전한 문장)

(3) 앞에 콤마 또는 전치사가 없는지 확인 (콤마 X, 전치사 X)

**해석** 운동은 당신의 몸이 엔도르핀이라고 불리는 물질을 분비하게 하는데, 이것은 모르핀이 하는 것과 같은 방식으로 당신의 기분을 크게 향상시킨다. 그러니 다음에 기운이 없거나 스트레스를 받을 때 운동을 해라. 하지만 만약 당신에게 심장 문제가 있다면, 심장에 더 무리를 주기 시작하기 전에 의사를 만나볼 필요가 있다. 지금 운동을 시작할 정도로 건강하다면, 당신이 좋아할 몇 가지 것들을 선택하라. 적어도 매일 20분 동안 그 활동 중 하나를 하는 데 전념하라.

**어휘** substance 물질 demand 부담 commit 전념시키다

**04** 우리말을 영어로 가장 잘 옮긴 것은?

① 고객님께선 저희 은행에서 재정적인 조언을 받으실 수 있습니다.

→ You can receive financial advices from our bank. (advice)

② 이상하게 들릴 수도 있지만, 나는 종종 살해당하는 꿈을 꾼다.

→ Strangely as it may sound, I often dream of being killed. (Strange 형 / S + V / 준(수동))

③ 그녀는 그가 늦게 도착했을 때 화를 낼 뻔했다.

→ She came near to losing her temper, when he arrived late. (+ RVing 073-2 / 접 S + V → 완전 / 149 ad 늦게)

④ 그 결정은 일요일 전 날씨가 맑아지느냐에 달려 있다.

→ The decision depends on[if the weather clears up before Sunday] (whether / 전치사)

② 형/부/명 + as[though] + S + V 양보 도치 구문 088-2

(1) (As) 형 (a + 명) as + S + V

(2) 명사가 문두에 오는 경우에는 반드시 무관사명사 사용

(3) as나 though 대신에 (although / as if) X

(4) 양보로 해석되는지 확인 (영작) : 비록 ~지만

**어휘** financial 재정적인 lose one's temper 화를 내다

① 수일치에 주의해야 할 명사 ‹p.198›

(1) family형 : family / team / staff / class(학급)
/ committee(위원회) / audience(관객)
→ 의미에 따라 단수 혹은 복수 취급
· 구성원 전체를 하나의 집단으로 여길 때 : 단수 취급
· 집단의 개별적인 구성원을 강조할 때 : 복수 취급

(2) police형 : the police 157 / the clergy(성직자들)
→ 항상 the, 복수 취급

(3) cattle형 : cattle(소, 소떼) / people
→ 항상 복수 취급

(4) furniture형 :
→ 불가산명사, 항상 단수 취급

| | | | |
|---|---|---|---|
| 장 | equipment | 증 | evidence |
| 가 | furniture | 날 | weather |
| 지 | knowledge | 숙제 | homework |
| 정 | information | 기타 | clothing, machinery |
| 소 | news | | |
| 충고 | advice 156 | | |

③ 준동사 관용 표현 ‹p.186›

(1) It is no use[good] 132 RVing : ~해도 소용없다
= It is of no use to RV
(2) There is no RVing : ~하는 것은 불가능하다
(3) be worth 135-1 RVing : ~할 가치가 있다
(4) be busy 063 (in) RVing : ~하느라 바쁘다
(5) make a point of RVing : ~하는 것을 원칙으로 삼다
= make it a rule to RV
(6) have difficulty[trouble, a hard time] (in) RVing : ~하는 데 어려움을 겪다
(7) On[Upon] RVing : ~하자마자
(8) spend 134 + 시간/돈 + (in) RVing : ~하는 데 시간/돈을 쓰다
(9) come near to RVing : 거의 ~할 뻔하다

④ whether vs if ‹p.192›

| | whether | if 053-2 |
|---|---|---|
| 타동사의 목적어 | O | O |
| 주어, 보어, 전치사의 목적어, or not, to 부정사 | O | X |

**05** 두 사람의 대화 중 가장 어색한 것은?

① A: I'm sorry I forgot to bring a gift to your party.
B: Don't sweat it. I'm just happy you're here.

② A: Harry never pays for anything, saying he's broke.
B: I know. He's been using that excuse for years.

③ A: Did you not like my work? You made so many revisions.
B: Don't get me wrong, I liked it. I just wanted to make it even better.

④ A: I can cook all kinds of dishes: Indian, Italian, Thai, you name it.
B: Oh, thank you for letting me name your new dish.

① Don't sweat it. 걱정하지 마.
(cf) That's no sweat. 문제 없어요. / 힘든 일이 아니에요.
③ Don't get me wrong. 오해 하지 마.
④ You name it. 그 밖에 뭐든지. / 무엇이든 말만 해.

해석 ① A: 네 파티에 선물 가져오는 걸 깜빡해서 미안해.
B: 걱정하지 마. 난 네가 와줘서 기쁠 뿐이야.
② A: Harry는 자기가 빈털터리라면서 아무것도 돈을 낸 적이 없어.
B: 나도 알아. 걘 몇 년 동안 그 핑계를 대고 있어.
③ A: 내 작업물이 마음에 안 들었어? 네가 수정을 너무 많이 해서.
B: 오해하지 마, 좋았어. 난 그저 그걸 더 좋게 만들고 싶었을 뿐이야.
④ A: 난 모든 종류의 요리를 할 수 있어. 인도, 이탈리아, 태국, 그 밖에 뭐든지.
B: 오, 네 새 요리의 이름을 짓게 해줘서 고마워.

어휘 broke 빈털터리인 excuse 핑계 revision 수정 (사항) dish 요리 you name it 그 밖에 뭐든지

MEMO

**01** 밑줄 친 부분과 의미가 가장 가까운 것은?

> Different authors envision different futures, but they all <u>unanimously</u> have a very negative reaction to the political issues.

① collectively 집단적으로, 전체적으로
② naturally 물론, 당연히; 자연스럽게; 본래, 선천적으로
③ accidentally 우연히, 뜻하지 않게
④ deliberately 고의적으로; 신중하게

unanimously 만장일치로

해석 저자들마다 각기 다른 미래를 상상하지만, 정치적 이슈에 대해서는 모두가 <u>만장일치로</u> 매우 부정적인 반응을 보인다.
① 단결하여 ② 당연히 ③ 우연히 ④ 고의로, 신중히
어휘 envision 상상하다

**02** 밑줄 친 부분에 들어갈 말로 가장 적절한 것은?

> During the live TV show, the host succeeded in <u>improvising</u> (즉흥적으로 하는 것) thanks to his ability to make up stories ____________.

① on edge 긴장된, 신경이 곤두선
② off the hook 곤경[궁지]에서 벗어난
③ on the spot 즉시, 즉석에서, 현장에서; (입장이) 난처한
④ off the record 비공식적으로

on / off로 시작하는 중요 기출 이디엄 추가 정리

on the tip of one's tongue 혀끝에서 맴도는, 기억에서 날 듯 안 나는
on a par with ~와 동등한, 똑같은
on the fence 고민중인, 중립적인
on good terms with ~와 사이가 좋은
on pins and needles 매우 불안한, 가시방석에 앉은
off hand 즉석에서, 준비 없이
off color 건강이 좋지 않은
off the wall 엉뚱한, 별난
off one's guard 방심하여
off the wagon 나쁜 습관에 다시 빠져; 술을 다시 마시기 시작하여

해석 라이브 TV 쇼가 진행되는 동안, 진행자는 <u>즉석에서</u> 이야기를 지어내는 능력 덕분에 즉흥적으로 진행하는 데 성공했다.
① 신경이 곤두선 ② 곤경을 벗어난 ③ 즉석에서 ④ 비공식으로
어휘 improvise 즉흥적으로 하다

**03** 어법상 옳은 것은?

① She makes it a rule[to ~~reaching~~ home by midnight]
(+ RV / 가O / 진O / reach)

② I will have made dinner/by the time you ~~will arrive~~.
(미래완료 / 118 ~할 때 쯤이면 (시간 부사절) / arrive 현재)

③ The furniture seemed ~~to design~~ for the right-handed.
(의미상 S / 준(수동)(→ to be designed))

④ I don't think[(that) it is wise of him to refuse the opportunity]
(성격 ⓐ / 127-F of + 의미상S / 준(능동))

① 준동사 관용 표현 ⟨p.186⟩

(1) It is no use[good] 132 RVing : ~해도 소용없다
= It is of no use to RV

(2) There is no RVing : ~하는 것은 불가능하다

(3) be worth 135-1 RVing : ~할 가치가 있다

(4) be busy 063 (in) RVing : ~하느라 바쁘다

(5) make a point of RVing : ~하는 것을 원칙으로 삼다
= make it a rule to RV

(6) have difficulty[trouble, a hard time] (in) RVing : ~하는 데 어려움을 겪다

(7) On[Upon] RVing : ~하자마자

(8) spend 134 + 시간/돈 + (in) RVing : ~하는 데 시간/돈을 쓰다

(9) come near to RVing : 거의 ~할 뻔하다

**해석** ① 그녀는 자정까지 집에 오는 것을 원칙으로 삼는다.
② 네가 도착할 때쯤이면 나는 저녁을 만들어 놨을 것이다.
③ 그 가구는 오른손잡이용으로 디자인된 것 같았다.
④ 나는 그가 그 기회를 거절하는 것이 현명하다고 생각하지 않는다.

② 시제 일치의 예외 ⟨p.179⟩

(1) 항상 현재인 경우 : 불변의 진리/속담/습관
· 지구는 둥글다, 빛은 빠르다, 해는 동쪽에서 뜬다, 정직이 최선의 방책이다
· always, usually, every day

(2) 항상 과거인 경우 : 역사적 사실
· 한국 전쟁, 제1차 세계대전, 콜럼버스의 미국 발견

(3) 시간·조건의 부사절 : 내용상 미래(완료)시제를 현재(완료) 시제로 대신 사용
· 시간 접속사 : when, while, until, after, before, as soon as, by the time
· 조건 접속사 : if, unless, once, in case, as long as

③ 준동사의 시제 ⟨p.184⟩

준동사의 시제는 본동사 시제보다 한 시제 빠르면 완료시제를 쓰고, 같으면 단순시제를 쓴다.

준동사의 시제를 따져야 하는 경우

(1) to have p.p. / having p.p. 가 쓰인 경우

(2) be p.p. to RV / seem to RV 가 쓰인 경우

(3) 준동사 뒤에 when young / in her youth / in her childhood와 같은 명백한 과거시제 부사구가 나온 경우

④ 사람의 성격[성질]을 나타내는 형용사 〈p.195〉

It is 사람의 성격 ⓐ [of + 목적격 (의미상 S)] to RV
(for X)

| | | |
|---|---|---|
| kind | considerate (사려 깊은) | thoughtful [127] (사려 깊은) |
| wise | clever | generous |
| foolish | rude | stupid |

**04** 우리말을 영어로 잘못 옮긴 것은?

① 그가 집을 떠나자마자 눈이 내리기 시작했다.

→ No sooner had he left home than it began to snow.
(S: he, p.p.: left, 과거V: began)

② 다른 사람들은 나와 다른 견해를 가지는 것도 당연하다.

→ Other people may well take a different view from mine.
(may well + RV)

③ 범행 동기에 관해 도움이 되는 단서가 거의 없다.

→ There [are] few helpful clues as to the motive behind the crime.
(are: 동(복수), clues: 복수N, as to: 전(~에 관해))

④ 나는 우리가 그것을 위해 할 수 있는 게 더는 없다는 진실을 깨달았다.

→ I realized the truth ~~which~~ there was no more we could do for it.
([068-2] 완전한 문장, [069-1-F] that (동격))

① ~하자마자 ···했다 〈p. 178〉

| | | | |
|---|---|---|---|
| (1) Hardly [041] | had + S + p.p. | when | S + 과거V |
| (2) Scarcely [042] | // | before | // |
| (3) No sooner [043] | // | than | // |

어휘 clue 단서 motive 동기



Shimson_lab

② 구 조동사 + RV ⟨p.182⟩

had better RV1 (than RV2) 055
would rather RV1 (than RV2) 054 (RV2 하는 것보다) RV1 하는 것이 더 낫다
may as well RV1 (as RV2) 130
may well RV 130-F RV하는 것은 당연하다
ought to RV 129 RV해야 한다
used to RV 057 RV하곤 했다

③ there be 002
뒤에 나온 명사에 수일치 했는지 확인

(a) few 078
(1) 뒤에 복수 명사가 왔는지 확인 (단수 명사 X)
- (a) few + 복수 명사(가산명사)
- (a) little + 단수 명사(불가산명사)

(2) few와 a few의 의미 구별 ⟨영작⟩
- few : 거의 없는
- a few : 약간의

④ 관계대명사 that VS 동격의 접속사 that
- 관계대명사 that
  - 명사(선행사) + that + 불완전한 문장
- 동격의 접속사 that
  - 명사 + that + 완전한 문장
    → fact, truth, belief, idea, opinion, evidence, proof 등

**05** 밑줄 친 부분에 들어갈 말로 가장 적절한 것은?

A: Good morning, Mrs. Jones. Thank you for coming to the parent-teacher meeting.
B: Hello, Ms. Gard. No problem, I'm glad to be here.
A: Well, there's actually an issue with Kevin that I wanted to discuss. He's absolutely great with his peers, so socially, he's doing exceptionally well.
B: But...?
A: Hmm, ____학업과 관련된 문제가 있다는 표현____. He tends to sleep in class, even during a test. He also never gets his homework completed. I'm afraid his grades are falling rapidly.
B: Oh, that's quite alarming. Thank you for bringing this to my attention. I'll have a talk with him.

① he shows great attitude in class as well 그 애는 또한 수업 중에 좋은 태도를 보여줍니다
② math and science are his favorite classes 수학과 과학이 그 애가 가장 좋아하는 수업입니다
③ there are problems concerning his studies 그 애의 학업과 관련된 문제가 있습니다
④ he has difficulty fitting in with his classmates 그 애는 반 친구들과 어울리는 데 어려움이 있습니다

④ have difficulty[trouble] (in) RVing ~하는 데 어려움을 겪다

해석 A: 좋은 아침입니다, Jones 씨. 학부모 상담에 와주셔서 감사합니다.
B: 안녕하세요, Gard 선생님. 별말씀을요, 오게 되어 기뻐요.
A: 음, 사실 Kevin과 관련된 문제로 상의하고 싶었던 게 있어요. 그 애는 또래 친구들과 굉장히 잘 어울려서 사교적으로는, 매우 잘하고 있어요.
B: 그런데요...?
A: 흠, 그 애의 학업과 관련된 문제가 있어요. 그 애는 수업 중에 자는 경향이 있는데, 심지어 시험 도중에도 그래요. 또 숙제를 전혀 안 해놔요. 유감스럽게도 그 애의 성적이 빠르게 떨어지고 있어요.
B: 아, 그거 정말 걱정스럽네요. 제게 알려주셔서 감사합니다. 그 애와 얘기 나눠볼게요.
① 그 애는 또 수업 중에 좋은 태도를 보여요 ② 수학과 과학이 그 애가 가장 좋아하는 수업이에요
③ 그 애의 학업과 관련된 문제가 있어요 ④ 그 애는 반 친구들과 어울리는 데 어려움이 있어요

어휘 parent-teacher meeting 학부모 상담 absolutely 굉장히 peer 또래 exceptionally 매우 rapidly 빠르게 alarming 걱정스러운 concerning ~에 관한 fit in with ~와 어울리다

## 01 밑줄 친 부분과 의미가 가장 가까운 것은?

> The chef at the renowned(유명한) restaurant believes that the use of fresh ingredients(요소) and impeccable(흠잡을 데 없는) presentation will <u>reinforce</u> the restaurant's reputation.

① earn 벌다, 획득하다
② stain 얼룩지게 하다, 더럽히다; 얼룩
③ maintain 유지[지속]하다; 주장하다
④ strengthen 강하게 하다, 강화 시키다

reinforce 강화하다, 보강하다

강화하다[시키다], 북돋우다, 신장시키다

| | |
|---|---|
| enhance (+ 향상시키다) | intensify |
| strengthen | consolidate (+ 합병하다, 통합하다) |
| reinforce | boost |
| fortify | bolster (지지하다, 북돋우다) |

주장하다, 단언하다

| | |
|---|---|
| insist | maintain |
| argue | assert |
| claim | affirm (+ 확언하다) |
| contend (+ 다투다, 경쟁하다, 싸우다) | allege |

해석 유명한 식당의 주방장은 신선한 재료 사용과 흠잡을 데 없는 제시가 그 식당의 명성을 강화할 것이라고 믿는다.
① 얻다 ② 더럽히다 ③ 유지하다 ④ 강화하다
어휘 renowned 유명한 ingredient 재료 impeccable 흠잡을 데 없는

## 02 밑줄 친 부분과 의미가 가장 가까운 것은?

> The doctor <u>came down with</u> a severe case of the flu last year.

① treated 취급하다, 다루다; 치료하다; 대접, 한턱
② contracted 계약하다; 수축하다[시키다]; (병에) 걸리다; 계약, 계약서
③ prevented 막다, 방해하다; 예방하다
④ announced 발표하다, 선언하다

come down with ~의 병에 걸리다 (= go down with, catch, contract)

해석 그 의사는 작년에 심한 독감에 걸렸다.
① 치료하다 ② (병에) 걸리다 ③ 예방하다 ④ 발표하다
어휘 flu 독감

## 03 밑줄 친 부분 중 어법상 옳지 않은 것은?

Today, following the success of gambling destinations(① owned and operated (by American Indian tribes))/gambling now brings them revenue for essential governmental services. However, many of the U.S. states(② which recognized Native American tribes live) ③ place major restrictions(against most types of gambling)/although the tribes are considered ④ as independent.

(분사구문 / O / 준(수동) / S V IO DO 068-2 / where 분사(명사 수식) / S' V' → 완전 / 동(복수/능동) / O / 부사 X)

② 관계사/의문사 ‹p.191›

N + (1) 관계대명사 ① 그런데 그 명사 ② 불완전 ③ 격 ④ 콤마·전치사 + that X

N + (2) 관계부사 ① 그런데 그 명사에서(는) ② 완전

~~N~~ + (3) 의문사 ① 해석 ② 완전/불완전 ③ 격 ④ 간접의문문 어순 (의+S+V)

(4) 복합관계대명사 ① 해석 ② 불완전 ③ 격

(5) 복합관계부사 ① 해석 ② 완전

④ consider 019-1

(1) 5형식 → 목적격 보어가 (to be / as) 형/명인지 확인

※ O를 O.C 라고 여기다 : consider + O + O.C / to be O.C / as O.C

(2) 목적어에 동명사가 왔는지 확인 (to RV X)

**해석** 오늘날, 미국 원주민 부족들이 소유하고 운영하는 도박장들의 성공에 따라, 도박은 이제 그들에게 필수적인 정부 서비스를 위한 수입을 가져다준다. 그러나 인정된 미국 원주민 부족들이 독립된 것으로 여겨짐에도 불구하고, 그 부족들이 사는 미국의 많은 주들은 대부분 종류의 도박에 큰 제한을 둔다.

**어휘** gambling 도박 destination 목적지, 행선지 operate 운영하다 tribe 부족 revenue 수입, 세입 restriction 제한 independent 독립된

## 04 우리말을 영어로 잘못 옮긴 것은?

① 나이가 들수록 주름이 더 두드러진다.

→ The older you grow, the more noticeable wrinkles become.

(173 SC ⓐ S 2V / SC ⓐ S 2V)

② 내가 지난달에 예약했더라면, 지금 그곳에 있을 텐데.

→ If I had made a reservation last month, I would be there now. → 혼합 가정법

③ 휴가의 가장 좋은 점은 일하느라 바쁜 다른 사람들을 보는 것이다.

→ The best part of a vacation is seeing other people(busy ~~to work~~ working)

(준(능동) / 063 be busy (in) RVing)

④ 나는 언니 방에 들어가서야 내 시계를 찾을 수 있었다.

→ It wasn't until I entered my sister's room that I could find my watch.

(A B / 3V O, / 동(능동) A B)

→ It is[was] not until A that B 045-2 : A하고 나서야 비로소 B하다

② 가정법 공식 ‹p.180›

(1) 가정법 과거 If + S + 과거V / were ~, S + 조동사의 과거형(swcm) + RV

(2) 가정법 과거완료 If + S + had p.p. ~, S + 조동사의 과거형 + have p.p.

(3) 가정법 미래 If + S + should RV (불확실한 미래) ~, S + 조동사의 과거형/현재형 + RV

If + S + were to RV (불가능) ~, S + 조동사의 과거형 + RV

(4) 혼합 가정법 If + S + had p.p. ~, S + 조동사의 과거형 + RV + (now/today)

**어휘** noticeable 두드러진 wrinkle 주름

④ 영작 문제에서 A와 B를 바꾸는 것에 주의 ‹p.207›

(1) 원급·비교급 표현

(2) 원인·결과 표현 : result in, result from / influence [106-1], be influenced by

(3) would rather A than B [054-2] / not so much A as B [172]

(B하기보다는 차라리 A하겠다) (A라기보다는 오히려 B인)

(4) not until A, B / cannot A without B

Hardly[Scarcely] A when[before] B
[041-1] [042]

REMALIODASC : 자동사 같은 타동사 ‹p.171›

R resemble [015], reach [016]
E enter
M marry [104-1], mention
A accompany [017], affect [105], approach
L leave
I influence [106-2]
O obey, oppose
D discuss [013]
A answer, attend, address
S survive [018]
C consider, contact [014]

**05** 밑줄 친 부분에 들어갈 말로 가장 적절한 것은?

A: Gary, I heard you're moving soon.
B: Yes, I'm moving further away from our workplace, unfortunately.
A: That's too bad. ______________ 출퇴근 하는데 걸리는 시간을 묻는 표현
B: Around two hours by car.
A: Oh, that sounds like a real hassle.

① When will you be moving? 언제 이사할 예정이에요?
② Is there a reason you're moving? 이사하시는 이유가 있나요?
③ How long would the commute take? 통근 시간이 얼마나 걸리세요?
④ What's the length of your employment? 고용 기간이 어떻게 되세요?

해석 A: Gary, 곧 이사한다고 들었어요.
B: 네, 아쉽게도 직장에서 더 멀리 이사 가요.
A: 안됐네요. 통근 시간이 얼마나 걸려요?
B: 차로 두 시간 정도요.
A: 아, 정말 번거롭겠네요.
① 언제 이사하세요?
② 이사하시는 이유가 있나요?
③ 통근 시간이 얼마나 걸려요?
④ 고용 기간이 어떻게 되세요?

어휘 further 더 멀리로 hassle 번거로운 일 commute 통근 (시간)

**01** 밑줄 친 부분과 의미가 가장 가까운 것은?

The company's ability to adapt to market fluctuations showcases its resilient business model.

① viable 실행 가능한, 성공할 수 있는 (= feasible)
② compatible 양립하는, 화합할 수 있는
③ flexible 탄력적인, 융통성 있는; 유연한, 구부리기 쉬운
④ remarkable 뛰어난, 두드러진, 놀라운, 주목할 만한

resilient 탄력성이 있는, 잘 회복하는

탄력적인, 유연한, 융통성 있는

| | |
|---|---|
| flexible | pliable (+ 순응적인) |
| adaptable | plastic |
| elastic | malleable (+ 영향을 잘 받는) |
| resilient (+ 회복력 있는) | supple |

현저한, 두드러진, 눈에 띄는

| | |
|---|---|
| striking | remarkable |
| outstanding | conspicuous |
| notable | distinguished |
| noticeable | |

유능한, 능숙한, 뛰어난

| | |
|---|---|
| skillful | adept |
| experience | versatile (+ 다재다능한) |
| proficient | extraordinary |
| competent | exceptional (+ 예외적인) |

해석 그 회사의 시장 변동에 적응하는 능력은 그곳의 탄력적인 비즈니스 모델을 보여준다.
① 실행 가능한 ② 양립 가능한 ③ 탄력적인 ④ 주목할 만한

어휘 fluctuation 변동

**02** 밑줄 친 부분에 들어갈 말로 가장 적절한 것은?

The band was determined to ________ performing(공연하다), even(심지어) after technical difficulties delayed the show.

① carry on 계속하다, 이어가다
② put off 연기하다, 미루다 (= postpone) (cf) call off 취소하다 (= cancel)
③ hold back 저지하다, 억제하다; 비밀로 해 두다
④ look up (낱말을) 찾아보다; 나아지다 (cf) look for ~을 찾다

해석 그 밴드는 기술적인 문제로 공연이 지연된 후에도 공연을 계속하기로 결심했다.
① 계속하다 ② 미루다 ③ 억제하다 ④ 찾아보다

어휘 delay 지연시키다

**03** 어법상 옳지 않은 것은?

선행사 ← 소유격 관·대 + N + 불완전한 문장

① The house(whose windows are broken) is (in need of repairs)
S　동(복수/수동)　동(단수)

② I didn't believe the student's words, and neither did the teachers.
부정문　162-3　V　S

③ He discovered [that gravity pulls everything(toward the center of the earth)]
동(능동)　동(단수/능동/현재)　중력이 모든 것을 지구의 중심으로 끌어당긴다 → 불변의 진리(현재시제)

④ The vaccine ~~should have released~~ much earlier(before the spread of COVID-19)
동(수동)　080-1
(→ should have been released)

① whose 067

(1) '그런데 그 명사의'로 해석되는지 확인

(2) 'whose + 명사' 뒤에 불완전한 문장이 왔는지 확인 (완전한 문장 X)

ex) They saw a house whose windows were all broken.
whose + N　불완전한 문장

② S도 또한 그렇다(긍정 동의)/안 그렇다(부정 동의) ⟨p. 208⟩

~, and so/neither V + S
(1) and (2) so/neither (3) V + S (4) V (5) and so/neither

(1) and가 있는지

(2) 긍정(so)인지 부정(neither)인지

(3) V + S의 어순이 맞는지

(4) 대동사[do동사/be동사/조동사]가 제대로 왔는지

(5) and neither = nor

해석 ① 창문이 깨진 그 집은 수리가 필요하다.
② 나는 그 학생의 말을 믿지 않았고, 선생님들 또한 그랬다.
③ 그는 중력이 모든 것을 지구의 중심으로 끌어당긴다는 것을 발견했다.
④ 백신은 코로나19가 확산되기 훨씬 전에 나왔어야 했다.

어휘 gravity 중력

③ 시제 일치의 예외 ⟨p.179⟩

(1) 항상 현재인 경우 : 불변의 진리/속담/습관

· 지구는 둥글다, 빛은 빠르다, 해는 동쪽에서 뜬다, 정직이 최선의 방책이다

· always, usually, every day

(2) 항상 과거인 경우 : 역사적 사실

· 한국 전쟁, 제1차 세계대전, 콜럼버스의 미국 발견

(3) 시간·조건의 부사절 : 내용상 미래(완료)시제를 현재(완료) 시제로 대신 사용

· 시간 접속사 : when, while, until, after, before, as soon as, by the time

· 조건 접속사 : if, unless, once, in case, as long as

④ 조동사 + have p.p. : 과거 사건에 대한 추측이나 후회 ⟨p.182⟩

must have p.p.
반드시 ~했음이 틀림없다

must not have p.p.
반드시 ~하지 않았음이 틀림없다

should have p.p. 056
당연히 ~해야 했는데 하지 않았다

should not have p.p.
당연히 ~하지 말았어야 했는데 했다

may[might] have p.p.
아마 ~했었을 것이다

may[might] not have p.p.
아마 ~ 안 했었을 것이다

cannot have p.p.
~했었을 리가 없다

ought to have p.p. 129-3
당연히 ~해야 했는데 하지 않았다

need not have p.p.
~했을 필요는 없었는데 했다

[had better / would rather / may as well] have p.p. ~했던 편이 나았는데

**04** 우리말을 영어로 잘못 옮긴 것은?

① 군인들 중에는 아무 죄가 없는 어린 소년이 있었다.

장소·방향의 부사구가 문두 → 도치

→ (Among the soldiers) was an innocent, young boy.

동(단수) S

② 그의 얼굴엔 미소는커녕, 아무런 표정도 나타나지 않았다.

= 미소는 말할 것도 없이

→ No expression appeared on his face, still less a smile.

부정문

③ 우리는 런던에 가본 적이 있고, 그 도시를 탐험하는 것을 즐겼다.

→ We have been to London, and we enjoyed exploring the city.

+ RVing

④ 결혼한 사람들이 더 오래 살고, 더 행복하고, 병에 덜 걸린다.

→ Married people live longer, ~~happier~~, and suffer from fewer diseases.

V1 are happier V2 V3

① among/under/on 169

(1) 장소·방향의 전치사가 문두에 오고

(2) 주어가 일반명사(대명사 X) 이며

(3) 1형식 자동사인 경우

(be동사의 경우 '있다'의 의미 → 1형식 자동사)

→ 주어와 동사의 도치 확인

② ~은 말할 것도 없이 080-F

· 긍정문 + much[still] more

· 부정문 + much[still] less

③ have been to VS have gone to 126

- have been to : ~에 가본 적이 있다
- have gone to : ~에 가고 없다

동명사를 목적어로 취하는 동사 : MEGAPEPACAS ⟨p.185⟩

Mind, Enjoy, Give up, Avoid 062, Postpone, Escape,

Practice, Finish, Appreciate, Consider 019-2, Anticipate, Suggest 061-2

어휘 innocent 죄 없는

**05** 밑줄 친 부분에 들어갈 말로 가장 적절한 것은?

A: I wonder how Emily's presentation went. She must have been so nervous giving a presentation in front our CEO.

B: I was there at the meeting actually.

A: Oh, how was she?

B: ______ (발표를 완벽하게 해냈다는 긍정의 표현) She was well-prepared (+) and her delivery was flawless (+). Our CEO even stood up and gave her applause. I'm so proud of her.

A: Seriously? Wow, that's fantastic!

① She nailed it. 그녀는 완벽하게 해냈어.
② Fill me in later. 나중에 나에게 소식 들려줘.
③ She messed up. 그녀는 다 망쳤어. (-)
④ I can't stand her. 나는 그녀를 견딜 수 없어. (-)

① nail it 완벽하게 해내다, 성공하다 (= make it)
② fill sb in (on N) ~에게 (N에 대해) 최신 정보를 제공하다
③ mess up 다 망치다

**해석** A: Emily의 발표가 어떻게 됐는지 궁금하네. 대표님 앞에서 발표하느라 분명 엄청 긴장됐을 텐데.
B: 사실 나 그 회의 때 거기 있었어.
A: 오, 걔 어땠어?
B: 걘 완벽하게 해냈어. 준비가 잘 되어 있었고, 발표 태도는 흠잡을 데 없었어. 대표님이 일어나서 박수까지 치셨잖아. 난 정말 걔가 자랑스러워.
A: 진짜? 와, 굉장하다!
① 걘 완벽하게 해냈어.
② 나한테 나중에 알려줘.
③ 걘 다 망쳤어.
④ 나는 걜 못 견디겠어.

**어휘** delivery 발표 (태도) flawless 완벽한, 흠 없는 applause 박수 nail it 완벽하게 해내다, 성공하다 fill sb in ~에게 (최신) 정보를 주다 mess up 다 망치다

MEMO

**01** 밑줄 친 부분에 들어갈 말로 가장 적절한 것은?

The undercover detective had to go around in ________ in order to conceal her own face during the investigation.

① disguise 변장; 변장[위장]하다; 속이다, 숨기다 (= conceal)
② confusion 혼동, 혼란 (= chaos, disorder, disruption)
③ ignorance 무지, 모름
④ anticipation 예상, 기대

당황시키다, 혼란스럽게 하다, 혼동시키다

confuse
embarrass
perplex
bewilder
confound

해석 그 비밀 수사관은 수사 과정에서 자신의 얼굴을 감추기 위해 변장을 하고 다녀야 했다.
① 변장 ② 혼란 ③ 무지 ④ 예상

어휘 conceal 감추다

**02** 밑줄 친 부분과 의미가 가장 가까운 것은?

The car broke down out of the blue, leaving them stranded in the middle of nowhere.

① briefly 잠시; 간략하게
② severely 심하게; 엄하게
③ unexpectedly 갑자기, 예기치 못하게
④ unfortunately 불행히도

out of the blue 갑자기 (= all of a sudden, suddenly)

out of와 관련된 숙어 표현 추가 정리

out of question 의심의 여지가 없는
out of the question 불가능한
out of order 고장이 난; 부적절한
out of date 구식의
get out of ~에서 벗어나다, 탈출하다, 피하다
run out of ~을 다 써버리다

해석 차가 갑자기 고장 나서 그들은 외딴곳에 발이 묶였다.
① 잠시 ② 심하게 ③ 갑자기 ④ 불행히도

어휘 strand 발을 묶다 the middle of nowhere 외떨어진 곳

**03** 어법상 옳은 것은?

① How effectively is artificial intelligence in predicting price movements?
071-1 effective (SC ⓐ, 2V, S) 준(능동)

② It is time we focused(on the feedback) to enhance our services.
S 과거V 준(능동)

③ The extent(of his knowledge of religious topics) astonish people.
S O 동(단수/능동)(→ astonishes)

④ Let's not worry about[what might be happened anymore]
070-2 동(능동)(→ happen)

② It is time 가정법 : ~할 시간이다

It is (high/about) time 121 +
- S + should(생략 X) + RV
- S + 과거 V
- to RV

④ 수동태로 쓸 수 없는 자동사 (p. 177)

occur 006, happen 007, take place, emerge, (dis)appear, come, arrive 005-1, result in[from], belong to, consist of 109-1

**해석** ① 가격 변동을 예측하는 데 인공지능이 얼마나 효과적인가?
② 우리의 서비스를 개선하기 위해 피드백에 집중할 때이다.
③ 종교적 주제에 관한 그의 지식의 정도는 사람들을 놀라게 한다.
④ 더는 무슨 일이 생길지 걱정하지 말자.

**어휘** erudition 학식 religious 종교적인 astonish 놀라게 하다

**04** 우리말을 영어로 잘못 옮긴 것은?

① 나는 커피를 홀짝이며 흥미진진한 소설을 읽었다.

→ I read a fascinated novel while sipping my coffee.
준(능동) (→ fascinating) 준(능동)

② 그는 감정적으로 되기만 하면 아기처럼 많이 운다.
A B

→ He cannot get emotional without crying a lot(like a baby)
A 준(능동) B 163

③ 설상가상으로, Tom은 그의 모든 돈을 강탈당했다.

→ To make matters worse, Tom was robbed of all his money.

④ 그들은 나를 너무 미워해서 나와 얼굴을 마주하는 것을 피한다.

→ They hate me so much that they avoid coming face to face with me.
+ RVing

① while 085

(1) 접속사이므로 뒤에 절이 왔는지 확인 : 접속사 뒤 명사(구)만 오는 것은 X

(2) 분사구문으로 쓰인 경우, 준동사의 능·수동 확인

④ 동명사를 목적어로 취하는 동사 : MEGAPEPACAS (p.185)

Mind, Enjoy, Give up, Avoid 062, Postpone, Escape, Practice, Finish, Appreciate, Consider 019-2, Anticipate, Suggest 061-2

**어휘** fascinate 흥미를 끌다 sip 홀짝이다 come face to face 얼굴을 마주하다

② 영작 문제에서 A와 B를 바꾸는 것에 주의 ⟨p.207⟩

(1) 원급·비교급 표현

(2) 원인·결과 표현 : result in, result from / influence [106-1], be influenced by

(3) would rather A than B [054-2] / not so much A as B [172]

(B하기보다는 차라리 A하겠다) (A라기보다는 오히려 B인)

(4) not until A, B / cannot A without B

Hardly[Scarcely] A when[before] B
[041-1] [042]

③ 분리·박탈 / 인지 / 제공 / 금지 동사의 수동태 ⟨p. 177⟩

be [robbed, deprived, relieved / convinced, informed, reminded, warned, assured, notified] + of + B

provided, supplied, presented, equipped + with + B

prevented, prohibited, discouraged, stopped, kept, deterred + from + B

④ 너무 ~해서 …하다

(1) so + 형 + a/an + 명 + that ~ [075]

so + 형/부 + that ~

(ex) She is so beautiful a dancer that ~

She is so beautiful that ~

She danced so beautifully that ~

(2) such (+ a/an) (+ 형) + 명 + that ~ [076]

(ex) such people / such kind people / such a kind person

**05** 밑줄 친 부분에 들어갈 말로 가장 적절한 것은?

A: Good afternoon. How can I help you today?
B: Hello. Um, I think I got food poisoning.
A: ________ (증상을 설명해 달라는 표현)
B: I've been experiencing stomach aches and diarrhea, and I've also thrown up a few times.
A: I see. Is there a reason you think you have food poisoning?
B: Yes, I had a milkshake a couple of days ago that tasted really odd, and I got sick the next day.
A: Okay, I'm going to prescribe you pills for 5 days. Make sure to eat bland, easily digestible foods, and to stay hydrated.

① When did your symptom start? 언제 당신의 증상이 시작됐나요?
② What kind of food did you eat? 당신은 어떤 종류의 음식을 먹었나요?
③ Please describe your symptoms. 당신의 증상을 설명해주세요.
④ Maybe you should see a doctor. 당신은 병원에 가보는 게 좋겠어요.

해석 A: 안녕하세요. 오늘 어떻게 도와드릴까요?
B: 안녕하세요. 음, 저 식중독에 걸린 것 같아요.
A: 증상을 설명해 주세요.
B: 복통과 설사를 겪었고 몇 번 토하기도 했어요.
A: 그렇군요. 식중독에 걸렸다고 생각하시는 이유가 있나요?
B: 네, 며칠 전에 맛이 정말 이상한 밀크셰이크를 마셨고 그다음 날 몸에 탈이 났어요.
A: 알겠습니다, 5일 치 약을 처방해 드릴게요. 자극적이지 않고 쉽게 소화할 수 있는 음식을 드시고 물을 충분히 섭취하세요.
① 언제부터 증상이 시작됐나요?
② 어떤 종류의 음식을 드셨나요?
③ 증상을 설명해 주세요.
④ 병원에 가보시는 게 좋겠어요.

어휘 food poisoning 식중독 stomach ache 복통 diarrhea 설사 throw up 토하다 prescribe 처방하다 bland 자극적이지 않은 digestible 소화할 수 있는 stay hydrated 물을 충분히 섭취하다 symptom 증상

**01** 밑줄 친 부분에 들어갈 말로 가장 적절한 것은?

> Honesty is ____(+)____ for maintaining relationships, so never lie to those with whom you wish to stay in contact.

① impartial 공정한, 공평한 (= fair, objective, unbiased, unprejudiced)
② marginal 가장자리의, 중요하지 않은 (= minor, trivial, insignificant)
③ comparable 비슷한, 비교할 만한, 필적하는 (= similar, alike, analogous)
④ indispensable 필수 불가결한, 없어서는 안 될

| 필수적인 | 중요한 |
|---|---|
| essential | important |
| necessary | crucial (+ 결정적인) |
| vital (+ 생명의; 활기찬) | critical (+ 비판적인) |
| mandatory (+ 명령의, 의무적인) | foremost (+ 선두의, 맨 앞에 위치한) |
| obligatory | significant (+ 의미 있는, 상당한) |
| compulsory | momentous (+ 중대한) |
| fundamental (+ 근본적인, 기본적인) | cardinal (+ 기본적인) |
| requisite (+ 필요조건) | pivotal (+ 중심(축)이 되는) |
| imperative | |
| inevitable (+ 피할 수 없는, 필연적인) | |
| indispensable | |

해석 정직함은 관계를 유지하는 데 필수적이므로, 연락을 유지하고 싶은 사람들에게 절대 거짓말하지 마라.
① 공정한 ② 중요하지 않은 ③ 비슷한 ④ 필수적인

어휘 maintain 유지하다

**02** 밑줄 친 부분과 의미가 가장 가까운 것은?

> The defendant chose to give in and plead guilty to avoid a lengthy legal battle.

① evade 피하다, 회피하다 (= avoid, avert, elude, shun, dodge)
② submit 굴복하다, 복종하다, 항복하다; 제출하다
③ confer 상의하다, 협의하다; 수여하다, 주다 (= endow, bestow)
④ forgive 용서하다

give in (to) 굴복하다, 항복하다

굴복하다, 항복하다

surrender (+ 포기하다, 넘겨주다; 항복; 양도)
submit to (+ 제출하다)
yield to (+ 생산[산출]하다; 양보[양도]하다; 생산액, 산출량)
give way to
give in (to)
capitulate
succumb

give와 관련된 이어동사 추가 정리

| | |
|---|---|
| give up | 포기하다, 그만두다 |
| give over | 넘겨주다, 양도하다, 맡기다 |

해석 피고는 오랜 법정 다툼을 피하기 위해 굴복하고 유죄를 인정하기를 택했다.
① 회피하다 ② 굴복하다 ③ 상의하다 ④ 용서하다

어휘 defendant 피고 plead (법정에서) 답변하다

**03** 밑줄 친 부분 중 어법상 옳지 않은 것은?

The Rhodium Group reports[that coal-fired power stations(that produced a total of 11.2 gigawatts of power) ① to close last October.] Natural gas is now ② by far the more promising energy choice in the U.S. But/as ③ confirmed/ increases(in the demand)(for other fuels)(such as diesel and jet fuel) still make transportation the industry(most ④ responsible(for U.S. carbon emissions))

(S / V / O / S' / 주격 관·대 / 047 / 동(능동/과거)(→ closed) / 비교급 강조 / 준(수동) / S / 5V / O / OC / 명사 수식: 형용사 O 부사 X)

② 비교급 강조 ⟨p.206⟩

much, still, even, (by) far, a lot + 비교급 (O)

very + 비교급 (X)

**04** 우리말을 영어로 가장 잘 옮긴 것은?

① 넌 너무 오래 떠나 있지 않는 게 좋을 거야, 안 그러면 우리가 그리울지도 몰라.

→ You had better stay away too long, or you may miss us.

(not / 055-F + RV / 그렇지 않으면)

② 그 영화는 큰 성공을 거두지도, 완전히 실패하지도 않았다.

→ The film was neither a great success nor completely failed.

(A / B / 162-1 / 명사구 / a complete failure)

③ 내가 네게 말한 그 Todd라는 남자애는 수업을 빼먹은 적이 없다.

→ Todd, the boy(that I told you about him) had never skipped class.

(S = / 목적격 관·대 + 불완전 (O) 완전 (X) / V / O)

④ 우리는 지침을 따르는 사람이라면 누구에게든지 보상을 주기로 약속했다.

→ We promised to give a reward to[whoever would follow the guidelines]

(동(능동) + to RV / 142-1 / 주어 X / 동(능동) / O / → 불완전)

① had better

뒤에 원형부정사가 왔는지 확인 (to RV X)

구 조동사 + RV ⟨p.182⟩

had better RV1 (than RV2) 055
would rather RV1 (than RV2) 054
may as well RV1 (as RV2) 130
→ (RV2 하는 것보다) RV1 하는 것이 더 낫다

may well RV 130-F RV하는 것은 당연하다

ought to RV 129 RV해야 한다

used to RV 057 RV하곤 했다

**해석** Rhodium Group은 총 11.2기가와트의 전력을 생산하던 석탄 화력 발전소들이 지난 10월 문을 닫았다고 보고한다. 천연가스는 이제 미국에서 훨씬 더 유망한 에너지 선택지이다. 그러나 확인된 바와 같이, 디젤과 제트 연료와 같은 다른 연료들에 대한 수요의 증가가 여전히 운송을 미국 탄소 배출량의 가장 큰 원인이 되는 산업으로 만든다.

**어휘** coal-fired 석탄을 때는 power station 발전소 promising 유망한 confirm 확인하다 transportation 운송 emission 배출(량)

② 등위·상관 접속사 구문 ‹p.192›

(1) 상관접속사의 짝이 맞는지 확인

(2) 수일치에 유의

(3) 영작 문제로 출제된 경우, 상관접속사의 의미도 맞는지 확인

| | |
|---|---|
| both A and B  A와 B 모두 | either A or B  A 또는 B인 |
| not A but B  A가 아니라 B인 | neither A nor B  A도 B도 아닌 |
| not only A but also B  A뿐만 아니라 B도 | B as well as A  A뿐만 아니라 B도 |

③ that 069

(1) 앞에 명사가 있는지 확인 (관계대명사 → 뒤에 불완전한 문장)

(2) 앞에 동사가 있는지 확인 (명사절을 이끄는 접속사 → 뒤에 완전한 문장)

(3) 앞에 콤마 또는 전치사가 없는지 확인 (콤마 X, 전치사 X)

④ to RV만 목적어로 취하는 동사 : 소기계약동결 ‹p.185›

(1) 소망/기대 : want, expect

(2) 계획 : plan

(3) 약속 : promise

(4) 동의 : agree

(5) 결정 : choose, decide, refuse

(6) 기타 : afford, manage, fail

복합관계사 ‹p.190›

(1) 해석

복합관계대명사
- whoever / whomever / whosever
  - 명사절 : ~하는 사람이면 누구나
  - 부사절 : ~하는 사람이면 누구든지 간에
- whichever
  - 명사절 : ~하는 것이면 어느 것이든 (제한된 선택)
  - 부사절 : ~하는 것이면 어느 것이든지 간에
- whatever
  - 명사절 : ~하는 것이면 무엇이든 (막연한 선택)
  - 부사절 : ~하는 것이면 무엇이든지 간에

복합관계부사
- whenever 부사절 : ~할 때면 언제든지
- wherever 부사절 : ~하는 곳이면 어디든
- however 부사절 : 아무리 ~해도

(2) 완전 vs 불완전

- 복합관계대명사 + 불완전한 문장
- 복합관계부사 + 완전한 문장

(3) 격

· 복합관계사의 격은 주절에서의 격이 아니라 복합관계절 내의 격에 의해 결정됨

**05** 두 사람의 대화 중 가장 어색한 것은?

① A: Let's call it a day, shall we?
B: Yes, I think we've done enough for today.

② A: Would you knock it off with the noise?
B: Okay, I'll knock on the door before I enter your room.

③ A: Be my guest if you want to wear my dress.
B: Oh, thanks! I needed a dress to wear at the party.

④ A: I'm not going to study for the test. I'm too lazy.
B: Suit yourself, but don't regret it later.

① Let's call it a day. 오늘은 여기까지 합시다.

② Knock it off. 그만 좀 해.

③ Be my guest. 편할 대로 하세요. / 제가 살게요.

④ Suit yourself. 좋을 대로 하세요.
= Do as you please.
= Have it your way.

**해석** ① A: 오늘은 이만 여기까지 할까?
B: 응, 우리 오늘 할 만큼은 한 것 같아.
② A: 시끄러운 소리 좀 그만 낼래?
B: 알았어, 네 방에 들어가기 전엔 문을 두드릴게.
③ A: 내 드레스 입고 싶으면 입어도 돼.
B: 오, 고마워! 파티에 입을 드레스가 필요했어.
④ A: 나 시험공부 안 할 거야. 너무 귀찮아.
B: 마음대로 해, 근데 나중에 후회하지는 마.

**어휘** call it a day 그만하기로 하다 knock it off 그만 좀 해 be my guest (긍정적) 그렇게 해 lazy 귀찮은 듯한, 게으른 suit yourself (부정적) 마음대로 해

MEMO

**01** 밑줄 친 부분과 의미가 가장 가까운 것은?

> The fantasy novel described an <u>elaborate</u> world filled with mythical creatures and magical landscapes.

① vast 방대한, 거대한
② ultimate 최후의, 궁극적인, 절대적인; 근본적인
③ delicate 정교한, 섬세한; 연약한; 민감한
④ fascinating 매혹적인, 매력적인

elaborate 공들인, 정교한; 복잡한; 정교하게 만들다; 자세히 설명하다

정교한, 공들인
elaborate sophisticated (+ 세련된)
delicate

복잡한, 뒤얽힌
complex profound
complicated intricate
abstract elaborate

취약한, 연약한
weak vulnerable
fragile susceptible
delicate infirm (+ 병약한, 노쇠한)

해석 그 판타지 소설은 신화적 생물과 마법 같은 풍경으로 가득한 <u>정교한</u> 세계를 묘사했다.
① 방대한 ② 궁극적인 ③ 정교한 ④ 매력적인
어휘 mythical 신화의

**02** 밑줄 친 부분에 들어갈 말로 가장 적절한 것은?

> By virtue of <u>using simple illustrations</u>, the teacher was able to ____(+)____ the difficult concept to the students.

① tear up 찢다, 무효화하다
② hold over 연장하다; 연기하다 (= delay, postpone, defer, put off, hold off)
③ look out 조심하다 (= watch out); 찾아보다
④ get across ~을 이해시키다; ~을 건너다, 가로질러 가다

해석 그 교사는 간단한 삽화를 이용한 덕분에 어려운 개념을 학생들에게 <u>이해시킬</u> 수 있었다.
① 파기하다 ② 미루다 ③ 찾아보다 ④ 이해시키다
어휘 by virtue of ~덕분에 illustration 삽화, 실례

**03** 어법상 옳은 것은?

① This medicine is less effective ~~as~~ (than) the previous one.
(A ~ B: 비교되는 두 대상의 급 확인)

② The engineer was well aware of [how ~~did the system work~~] (071-1: the system worked)

③ It starts with ~~address~~ (addressing; 준(능동)) the factors (that affect people's health risks) (069-1: 주격 관·대, 3V 동(복수/능동), O → 불완전)

④ Exposed (준(수동)) to dry conditions, the forest was regarded (동(단수/수동)) as a fire hazard.

① more[-er] ~ than 089 / as 088-1 / -est

(1) 혼용 · 중복 금지

as ~ than / as -er as / more -er / the most -est → X

(2) 비교되는 두 대상의 급 확인

② 관계사/의문사 ‹p.191›

N + (1) 관계대명사 ① 그런데 그 명사 ② 불완전 ③ 격 ④ 콤마·전치사 + that X
N + (2) 관계부사 ① 그런데 그 명사에서(는) ② 완전
~~N~~ + (3) 의문사 ① 해석 ② 완전/불완전 ③ 격 ④ 간접의문문 어순 (의+S+V)
(4) 복합관계대명사 ① 해석 ② 불완전 ③ 격
(5) 복합관계부사 ① 해석 ② 완전

③ REMALIODASC : 자동사 같은 타동사 ‹p.171›

R resemble 015, reach 016
E enter
M marry 104-1, mention
A accompany 017, affect 105, approach
L leave
I influence 106-2
O obey, oppose
D discuss 013
A answer, attend, address
S survive 018
C consider, contact 014

④ 간주동사

[regard 102 / see 023-2 / think of 033-2 / look upon] O as O.C [형/명]

[think 033-2 / believe] O ~~as~~ (to be) O.C [형/명]

consider 019-1 O (as / (to be)) O.C [형/명]

**해석** ① 이 약은 이전 약보다 덜 효과적이다.
② 그 엔지니어는 그 시스템이 어떻게 작동하는지 잘 알고 있었다.
③ 그것은 사람들의 건강 위험에 영향을 미치는 요인들을 다루는 것으로 시작한다.
④ 건조한 환경에 노출된 그 숲은 화재 위험 요소로 간주되었다.

**어휘** aware 알고 있는 address 다루다 hazard 위험 (요소)

**04** 우리말을 영어로 잘못 옮긴 것은?

① 그들은 집에 도착하자마자 잠자리에 들었다.

→ Hardly had they reached home when they went to bed.
(they: S, reached: p.p. (3V), home: O, went: 과거V)

② 어떤 사람들은 그가 혼잣말하는 것이 불쾌하다고 생각했다.

→ Some people found unpleasant[that he talked to himself]
(it 가O, unpleasant: OC 형용사, that절: 진O, talked to 112, himself: S = O → 재귀대명사)

③ 대부분의 탄소 배출은 석유와 석탄을 태우는 데서 비롯된다.

→ Most of the carbon emissions result from burning oil and coal.
(Most: 부분명사, the carbon emissions: 전체명사 (결과), result from: 동(복수/능동), burning: 준(능동) (원인))

④ 오늘날 사람들은 오프라인 매장에 가는 것보다 온라인으로 쇼핑하는 것을 더 좋아한다.

→ People today prefer shopping online to walking to a physical store.

① ~하자마자 …했다 ‹p. 178›

(1) Hardly 041 had + S + p.p. (when / before / than) S + 과거V
(2) Scarcely 042 // (when / before) //
(3) No sooner 043 // than //

④ prefer 136-2

(1) 비교 대상이 없는 경우, 목적어로 to RV와 동명사 모두 가능

(2) 비교 대상이 있는 경우, 'RVing to RVing' 또는 'to RV (rather) than (to) RV' 구조인지 확인

(3) preferable 뒤에 전치사 to가 있는지 확인 (than X)

어휘 unpleasant 불쾌한 carbon 탄소 emission 배출(량) coal 석탄 physical store 오프라인 매장

② find 032

(1) 가목적어-진목적어 구문일 경우,

· 가목적어 it이 있는지 확인 (it 생략 X)

· 목적격 보어가 형용사인지 확인 (부사 X)

(2) 목적격 보어에 RVing 또는 p.p.가 왔는지 확인 (원형부정사 X)

ex) I found him ~~sit~~ sitting on a chair.

③ '부분명사 of 전체명사'의 수일치 ‹p.176›

부분을 나타내는 부정대명사 : some / any / most 004 / all 145-1

부분명사
- 일부 : part / portion / half / the rest
- 분수 : one third / two thirds …
- 백분율 : 30 percent …

+ of + 복수N + 복수V
+ 단수N + 단수V

영작 문제에서 A와 B를 바꾸는 것에 주의 ‹p.207›

(1) 원급·비교급 표현

(2) 원인·결과 표현 : result in, result from / influence 106-1, be influenced by

(3) would rather A than B 054-2 / not so much A as B 172
(B하기보다는 차라리 A하겠다) (A라기보다는 오히려 B인)

(4) not until A, B / cannot A without B

Hardly[Scarcely] A when[before] B
(041-1, 042)

**05** 밑줄 친 부분에 들어갈 말로 가장 적절한 것은?

> A: Guess what? Ken proposed to me last night!
> B: Really? I'm so happy for you! How did he propose?
> A: We were dining at the restaurant where we had our first date, and out of nowhere, he got down on one knee and asked me to marry him.
> B: That's very romantic. ____어떻게 반응했는지 묻는 표현____?
> A: I immediately said "yes," and gave him a big hug.

① How did you respond 너는 어떻게 반응했니
② Did he have a wedding ring 그는 결혼 반지를 갖고 있었니
③ When are you getting married 너는 언제 결혼할 예정이니
④ Why did he choose to propose that way 왜 그는 그렇게 청혼하는 걸 선택했니

out of nowhere 갑자기, 어디선지 모르게 (= all of a sudden, out of the blue)

**해석** A: 그거 알아? Ken이 어젯밤 나한테 청혼했어!
B: 진짜? 정말 잘됐다! 그가 어떻게 청혼했어?
A: 우리가 첫 데이트를 했던 레스토랑에서 식사하고 있었는데, 갑자기 그가 한쪽 무릎을 꿇고 결혼해 달라고 했어.
B: 정말 로맨틱하다. 너는 어떻게 반응했어?
A: 나는 바로 "응"이라고 말하고 그를 꽉 안아줬어.
① 너는 어떻게 반응했어?
② 그가 결혼반지를 가지고 있었어
③ 너 언제 결혼해
④ 왜 그가 그렇게 청혼하기로 했대

**어휘** dine 식사하다 out of nowhere 갑자기 immediately 즉시

MEMO

**01** 밑줄 친 부분과 의미가 가장 가까운 것은?

His knowledge of the subject was <u>superficial</u>, limited to basic facts rather than a profound understanding.
심오한

① simple 간단한, 단순한
② shallow 피상적인, 얕은
③ accurate 정확한 (= exact, precise, correct)
④ deficient 부족한, 결핍된 (cf) defective 결함[결점]이 있는

superficial 표면(상)의, 피상적인 (= shallow)

해석 그 주제에 대한 그의 지식은 깊은 이해보다는 기본적인 사실에 국한되어서 피상적이었다.
① 단순한 ② 피상적인 ③ 정확한 ④ 부족한

어휘 profound 깊은

**02** 밑줄 친 부분에 들어갈 말로 가장 적절한 것은?

As the latest update was released, everyone wanted to use the new software; the original one became ___(-)___.

① out of date 구식의
② out of control 통제 불능의
③ out of stock 품절된
④ out of question 의심의 여지가 없는 (= certain, beyond question)

out of와 관련된 숙어 표현 추가 정리
out of the question 불가능한 (= impossible)
out of the blue 갑자기 (= suddenly, all of a sudden)
out of order 고장이 난; 부적절한
out of reach 손이 닿지 않는 곳에, 힘이 미치지 않는
out of mood 기분이 안 좋은
out of job 실직한
out of business 폐업한, 사업이 망한
get out of ~에서 벗어나다, 탈출하다, 피하다
run out of ~을 다 써버리다

해석 최신 업데이트가 공개되면서, 모두가 새 소프트웨어를 사용하고자 했다. 즉, 원래의 것은 구식이 된 것이다.
① 구식이 된 ② 통제할 수 없는 ③ 품절이 된 ④ 의심할 여지 없는

**03** 밑줄 친 부분 중 어법상 옳지 않은 것은?

Human beings are the only species that deliberately deprive themselves ① of sleep without legitimate gain. Every component of health and countless threads of societal fabric ② are being eroded as we neglect sleep. It is no coincidence that several countries ③ where sleep time has declined (most dramatically) (over the past century) ④ is also suffering the greatest increase in rates of physical diseases and mental disorders.

(A: themselves, B: sleep, S1: Every component of health, S2: countless threads, ② 동(복수/수동), ③ 074-2, S: several countries, S': sleep time, V': has declined → 완전, ④ 동(복수)(→ are))

① 기타 주의해야 할 동사 ‹p.174›

분리·박탈 동사 + A + of + B
- rob
- deprive  + A + of + B
- relieve

제공 동사 + A + with + B
- provide
- supply
- present  + A + with + B
- equip

인지동사 + A + of + B
코인노래방 완전 아주잘해
- 코 convince 094
- 인 inform 095
- 노 notify  + A + of + B
- 래 remind 096  + A + that절
- 완 warn
- 아주 assure

금지·억제 동사 + A + from RVing
- prevent 022
- prohibit
- discourage  + A + from RVing
- stop 040-2
- keep 021
- deter

해석 인간은 합당한 이득 없이 일부러 스스로 잠을 박탈하는 유일한 종이다. 우리가 잠을 소홀히 하면서 건강의 모든 요소와 사회 구조의 수많은 가닥이 약화되고 있다. 지난 세기 동안 수면 시간이 가장 급격히 감소한 여러 국가에서 신체 질환과 정신 장애의 발병률이 가장 많이 증가한 것은 우연의 일치가 아니다.

어휘 deliberately 고의로 legitimate 합당한 component 구성 요소 countless 수많은 fabric (사회의) 구조 erode 약화시키다 neglect 소홀히 하다 coincidence 우연의 일치 decline 감소하다 dramatically 급격하게 disorder 장애

**04** 우리말을 영어로 잘못 옮긴 것은?

① 그 단체는 8개월마다 회의를 주최한다.

→ The organization hosts a conference every eight months. (O) / eighth month (O)
(기수 + 복수N / 서수 + 단수N)

② 그 길을 따라 있는 해안 도시들은 발견될 가치가 있었다.

→ The coastal towns (along the route) were worth discovering.
(S, 동(복수), + RVing)

③ 넌 휴가 때 그렇게 많은 돈을 쓰지 말았어야 했어.

→ You ought not to have spent so much money on the vacation.
ought not to have p.p. : 당연히 ~하지 말았어야 했는데 했다 / 080-2 + 불가산N

④ 장비를 다시 사용하기 전에 수리가 먼저 되게 해라.

→ Before the equipment is used again, let the repairs ~~conducted~~ first.
(불가산N, S, 동(단수/수동), O, OC, be conducted)

① every 143-2

(1) 뒤에 단수명사 + 단수동사가 왔는지 확인 (복수명사 X, 복수동사 X)

(2) every + 기간명사가 나오는 경우 (~마다, ~에 한 번)
기수 + 복수명사 또는 서수 + 단수명사인지 확인
ex) 이틀마다/격일로
every two days = every second day = every other day

(3) 앞에 not이 있으면 해석이 부분부정인지 확인 (전체부정 X) ‹영작›
ex) Not every man can be a poet.
→ 모든 사람이 시인이 될 수 없다. (X)
→ 모든 사람이 다 시인이 될 수 있는 것은 아니다. (O)

어휘 host 주최하다 conference 회의 coastal 해안의 conduct 행하다

② worth 135

(1) 뒤에 동명사가 왔는지 확인 (to RV X)

be worth RVing ~할 가치가 있다

(2) 동명사의 목적어가 주어로 오는 경우, 동명사의 목적어가 없는지 확인 (목적어 중복X)

ex) This movie is certainly worth watching ~~it~~.

it/them 목적어 중복 X ‹p.202›

(1) A + 목적격 관계대명사 + S + V + it/them (X)

(2) A + to RV + it/them (X)

(3) A + be + 난이형용사 + to RV + it/them (X)

(4) A + be + too + 형용사 + to RV + it/them (X)

(5) A + be + worth + 동명사 + it/them (X)

③ 조동사 + have p.p. : 과거 사건에 대한 추측이나 후회 ‹p.182›

must have p.p.
반드시 ~했음이 틀림없다

must not have p.p.
반드시 ~하지 않았음이 틀림없다

should have p.p. 056
당연히 ~해야 했는데 하지 않았다

should not have p.p.
당연히 ~하지 말았어야 했는데 했다

may[might] have p.p.
아마 ~했었을 것이다

may[might] not have p.p.
아마 ~ 안 했었을 것이다

cannot have p.p.
~했었을 리가 없다

ought to have p.p. 129-3
당연히 ~해야 했는데 하지 않았다

need not have p.p.
~했을 필요는 없었는데 했다

[had better / would rather / may as well] have p.p. ~했던 편이 나았는데

④ 지각동사 · 사역동사 ‹p.172›

(1) 지각동사

watch, see 023-1, notice 099, hear 026, listen to, feel + O + RV · RVing (능동) / to RV (X) / p.p. (수동)

(2) 사역동사

make 027-1, have 028 + O + RV(능동) / p.p.(수동)

let 029 + O + RV(능동) / be p.p.(수동) (p.p. (X))

(3) 지각동사 · 사역동사의 수동태

S + 지각/사역 V + O + RV → O + be p.p. + to RV (RV (X))

**05** 밑줄 친 부분에 들어갈 말로 가장 적절한 것은?

A: Hey, what do you think of this coat?

B: Wow, it looks great on you! The design really suits you.

A: Oh, I just looked at the price tag. <u>It's more expensive than I thought.</u>

B: ________________ 돈을 얼마나 쓰려고 하는지 묻는 표현

A: <u>$500 maximum. But this coat is $650</u>.

B: Hmm. Then let's look at other ones first. Maybe there's a coat that looks just as great at a lower price.

A: Okay, you're right.

① What's the price of the coat? 그 코트 가격 얼마니?

② Can I get a refund on this item? 제가 이 상품을 환불 받을 수 있을까요?

③ You should get it when it's on sale. 너는 그것이 할인 중일 때 사야 해.

④ How much are you willing to spend? 넌 돈을 얼마나 많이 쓰려고 하는데?

**해석** A: 저기, 이 코트 어떤 거 같아?
B: 와, 너한테 잘 어울린다! 디자인이 너랑 정말 어울려.
A: 아, 가격표를 방금 봤어. 내 생각보다 더 비싸네.
B: <u>돈을 얼마나 쓰려고 하는데?</u>
A: 최대 500달러. 근데 이 코트는 650달러야.
B: 흠. 그럼 다른 코트들을 먼저 보자. 더 싼 가격에 그만큼 좋아 보이는 코트가 있을지도 몰라.
A: 그래, 네 말이 맞아.
① 그 코트 가격은 얼마야?
② 이 상품을 환불받을 수 있나요?
③ 그거 할인할 때 사야겠다.
④ 돈을 얼마나 쓰려고 하는데?

**어휘** suit 어울리다 refund 환불

MEMO

**01** 밑줄 친 부분과 의미가 가장 가까운 것은?

> The weather is a <u>variable</u> factor that can impact outdoor events and activities.

① staple 주요한
② decisive 결정적인, 확정적인 (= conclusive)
③ changeable 가변적인, 변하기 쉬운
④ unfavorable 불리한; 비판적인

variable 변하기 쉬운, 가변적인, 변덕스러운; 변수

변하기 쉬운, 가변적인, 변덕스러운

| | |
|---|---|
| changeable | volatile |
| variable | fickle |
| fluctuating | whimsical |

주요한, 주된

| | |
|---|---|
| main | prime (+ 최고의; 전성기; 초기) |
| major (+ 중대한; 전공의; 전공; 전공하다) | primary (+ 최초의, 초기의) |
| chief (+ 중요한; 우두머리, 장) | principal (+ 제일의; 우두머리, 교장) |
| staple (+ 주요 산물) | paramount (+ 최고의) |

해석 날씨는 야외 이벤트 및 활동에 영향을 줄 수 있는 <u>가변적인</u> 요소이다.
① 주된 ② 결정적인 ③ 가변적인 ④ 불리한

**02** 밑줄 친 부분과 의미가 가장 가까운 것은?

> We were passing along a quiet street in a neighborhood and then ended up <u>running into</u> our favorite author.

① visiting visit 방문하다
② recognizing recognize 알아보다, 인지하다; 인정하다
③ addressing address 연설하다; 말을 걸다; 다루다; 주소; 연설
④ encountering encounter 우연히 만나다, 마주치다, 맞닥뜨리다; 만남; 충돌, 교전

run into ~와 우연히 만나다 (= encounter, come across, run across, bump into)

into와 관련된 중요 이어동사 추가 정리

break into 침입하다; 갑자기 ~하기 시작하다
look into ~을 조사하다, 들여다보다
go into ~에 들어가다; 종사하다, 뛰어들다; 분석하다, 연구하다
turn into ~으로 변하다

해석 우리는 한 동네에서 조용한 길을 지나다가 우리가 가장 좋아하는 작가와 <u>우연히 마주치게</u> 되었다.
① 찾아가다 ② 알아보다 ③ 연설하다, 말을 걸다 ④ 우연히 마주치다

어휘 neighborhood 동네 end up (어떤 처지에) 처하게 되다

**03** 어법상 옳은 것은?

① The ~~wealth~~ (wealthy) need (+ to RV) to step in to help the poor.

② The renovations [are expected] [to be completed] by next spring.
㉮(복수/수동) ㉯(수동) └ 동작의 완료 시점

③ I will bring my charger in case my phone battery ~~will run~~ (runs) low.
조건 부사절 접속사 + S + V

④ As the price of luxuries increases, so ~~do~~ (does) the desire of consumers.
대동사 / V / S

① the + ⓐ 159

(1) 복수명사(~하는 사람들) → 복수동사 수일치 (단수동사 X)

(2) the + 형용사 → 명사, 부사 X

the poor 가난한 사람들
the rich/wealthy 부자들
the young 젊은이들
the old/elderly 노인들
the injured/wounded 부상자들
the unemployed 실업자들

② until VS by 165

until : 동작이나 상태의 지속 → '계속'이라는 말을 넣어 해석
by : 동작의 완료 시점 → '늦어도'라는 말을 넣어 해석

**해석** ① 부자들은 가난한 사람들을 돕기 위해 나설 필요가 있다.
② 보수 공사는 내년 봄까지 완료될 것으로 예상된다.
③ 나는 휴대폰 배터리가 부족할 경우를 대비해서 충전기를 가져올 것이다.
④ 사치품의 가격이 오름에 따라 소비자들의 욕망도 커진다.

**어휘** step in 나서다, 개입하다 renovation 보수, 수리 charger 충전기 luxury 사치품

목적격 보어에 to 부정사를 사용하는 동사 : 코리아 파이팅 동사 (COREAF/P) ⟨p. 173⟩

C cause 100, compel
O order 101-1
R require 098-2
E enable, expect, encourage
A ask 024-2, allow 025, advise
F/P force, permit, persuade

③ in case (that) 117

(1) 뒤에 현재시제가 쓰였는지 확인 (미래시제 X)

(2) 뒤에 절이 오는 경우, in case (that)인지 확인 (in case of X)

in case (that) S + V : ~의 경우에 대비해서, 만약 ~하는 경우
in case of 명사(구) : ~의 경우에 대비해서

④ S도 또한 그렇다(긍정 동의)/안 그렇다(부정 동의) ⟨p. 208⟩

~ , and(1) so/neither(2) [V](4) + S(3)   (5): and so/neither

(1) and가 있는지
(2) 긍정(so)인지 부정(neither)인지
(3) V + S의 어순이 맞는지
(4) 대동사[do동사/be동사/조동사]가 제대로 왔는지
(5) and neither = nor

**04** 우리말을 영어로 잘못 옮긴 것은?

① 몸을 튼튼하고, 활동적이고, 건강하게 유지할 것을 기억하세요.

→ Remember to keep your body fit, active, and healthy.
(+ to RV / 5V / O / OC)

② 나는 그 사진을 볼 때마다 항상 어머니가 생각났다.

→ Whenever I saw the picture, I was always reminded (of) my mother.
(동(단수/수동) 096-1)

③ 그녀는 눈을 질끈 감고 입을 굳게 닫은 채 서 있었다.

→ She was standing with her eyes tightly closed and her lips sealed.
(동(단수/능동), O1, OC1 준(수동), O2, OC2 준(수동))

④ 그 의사는 그에게 처방된 약을 일주일 동안 복용할 것을 권했다.

→ The doctor recommended (that) he (should) take the prescribed medication for a week.

① to 부정사와 동명사 둘 다 목적어로 취하지만 의미가 다른 동사 ‹p.185›

- to 부정사 : 미래적 (동작이 아직 X)
- 동명사 : 과거적 (동작이 일어남)

| | | | |
|---|---|---|---|
| · remember to RV | ~하기로 한 것을 기억하다 | · regret to RV | ~하게 돼서 유감이다 |
| 037 RVing | ~한 것을 기억하다 | 039 RVing | ~한 것을 후회하다 |
| · forget to RV | ~하기로 한 것을 잊다 | · try to RV | ~하기 위해 노력하다 |
| 038 RVing | ~한 것을 잊다 | RVing | 시험 삼아 ~해보다 |
| · stop to RV | ~하기 위해 멈추다 | | |
| 040-1 RVing | ~하는 것을 그만두다 | | |

어휘 fit 튼튼한 seal 봉하다, 굳게 다물다 prescribe 처방하다

② 분리·박탈 / 인지 / 제공 / 금지 동사의 수동태 ‹p. 177›

be
- robbed, deprived, relieved / convinced, informed, reminded, warned, assured, notified + of + B
- provided, supplied, presented, equipped + with + B
- prevented, prohibited, discouraged, stopped, kept, deterred + from + B

③ with 분사구문 [부대 상황]

(1) with + O + [RVing (능동) / p.p. (수동) / 형용사(구) / 전명구]

(2) 해석: O가 ~하면서, ~한 채로, ~하는 동안에

④ 주요명제충결 V + that + S + (should) RV ‹p.183›

(1) 주장 insist 060-1, argue, urge
(2) 요구 ask 024-1, demand 058, require 098-1, request 097
(3) 명령 order 101-2, command
(4) 제안 suggest 061-1, propose
(5) 충고 advise, recommend 059
(6) 결정 decide

**05** 밑줄 친 부분에 들어갈 말로 가장 적절한 것은?

A: Hello, welcome to Shimson Amusement Park.
B: Hi, I'd like all-day passes for two adults, please.
A: Sure, that will be a total of $80. And I'd like to inform you that a few of our rides are unavailable due to renovation.
B: Oh, I didn't know that. Which ones?
A: 이용 불가능한 놀이기구 목록에 대해 안내하는 표현

① You can check this notice for the list. 당신은 그 목록에 대해 이 공지를 확인하실 수 있습니다.
② These are the restaurants you can visit. 이것들은 당신이 방문할 수 있는 식당들입니다.
③ There is a discount if you're a member. 회원이시면 할인이 있습니다.
④ Passes are more expensive on weekends. 이용권은 주말에 더 비쌉니다.

해석 A: 안녕하세요, Shimson 놀이공원에 오신 것을 환영합니다.
B: 안녕하세요, 성인 두 명 종일 이용권 주세요.
A: 네, 총 80달러입니다. 그리고 몇몇 놀이 기구가 보수로 인해 이용 불가능함을 알려드리고자 합니다.
B: 아, 그건 몰랐네요. 어떤 것들이요?
A: 그 목록은 이 안내문에서 확인하실 수 있습니다.
① 그 목록은 이 안내문에서 확인하실 수 있습니다.
② 이곳들이 방문하실 수 있는 음식점들입니다.
③ 회원이시면 할인됩니다.
④ 이용권은 주말에 더 비쌉니다.

어휘 pass 이용권 unavailable 이용할 수 없는 discount 할인

MEMO

**01** 밑줄 친 부분에 들어갈 말로 가장 적절한 것은?

> Experiencing heartbreaking moments at the animal shelter deepened my ________ toward the dogs in need.

① resentment 분개, 분노
② compassion 연민, 동정 (= sympathy, pity) (cf) empathy 감정 이입, 공감
③ anticipation 예상, 기대
④ contentment 만족

해석 동물 보호소에서 가슴 아픈 순간들을 겪으면서 도움이 필요한 개들을 향한 내 연민이 깊어졌다.
① 분개 ② 연민 ③ 기대 ④ 만족
어휘 heartbreaking 가슴 아픈 shelter 보호소

**02** 밑줄 친 부분에 들어갈 말로 가장 적절한 것은?

> Can you ________ the grocery store on your way home and buy some fresh bread for us?

① drop by 들르다 (= visit, stop by, go by, come by, come over, call on)
② go off 폭발하다; 울리다; 자리를 뜨다; ~에 대해 시들해지다
③ show off 자랑하다; 과시하다
④ break in 침입하다; 끼어들다; 길들이다

(cf) call on 방문하다; 요구하다
go over 검토하다, 조사하다; 건너가다

by와 관련된 중요 이어동사 추가 정리
go by ~을 따르다, 준수하다; 지나다, 지나가다, ~에 들르다
get by 그럭저럭 살아가다, 겨우 해내다
come by 얻다, 구하다; 들르다
stand by 지지하다; 대기하다

해석 집에 오는 길에 식료품점에 들러서 우리를 위해 신선한 빵을 좀 사다 줄 수 있니?
① ~에 들르다 ② 떠나다, 폭발하다 ③ ~을 과시하다 ④ ~에 침입하다
어휘 grocery store 식료품점

## 03 어법상 옳은 것은?

① Some traditional foods are at risk of ~~being disappeared~~
준(능동)(→ disappearing)

② The toll has to be paid (in cash) unless you pay (in advance)
동(단수/수동) 051 동(복수/능동)

③ It ~~was~~ the unofficial uniform of America's laborers since 1889.
has been 050-F + 명사(과거시점)

④ ~~Realized~~ (that) [he had gotten off the subject] the professor returned to his lesson.
준(능동)(→ Realizing)

③ 현재완료 시제와 함께 쓰이는 시간부사구 ‹p.178›

(1) ~ 이래로 050 : [since + 명사(과거시점) / since + 과거V], S + 현재완료V

(2) 지금까지 : up to now / until now / so far

(3) ~ 동안 049 : [for / over] the [last / past] 기간

해석 ① 일부 전통 음식들이 사라질 위험에 처해 있다.
② 통행료는 미리 지불하지 않으면 현금으로 지불해야 한다.
③ 그것은 1889년부터 미국 노동자들의 비공식적인 유니폼이었다.
④ 그 교수는 자신이 주제에서 벗어났다는 것을 깨닫고 수업으로 돌아갔다.

어휘 toll 통행료 in advance 미리 get off ~에서 벗어나다

## 04 우리말을 영어로 잘못 옮긴 것은?

① 우리는 그 보석의 가치가 거의 없다고 확신했다.
→ We were convinced [that the gem was of little value]
069-2 동(복수/수동) 명사절 접속사 + 완전 S 2V SC of + 추상명사 = 형용사

② 모든 비타민 제품이 광고된 것만큼 효과적인 것은 아니다.
→ Not all vitamin products are as effective as advertised.
145-2 모두 ~한 것은 아니다 (부분 부정) S 2V SC@ 088-1 준(수동)

③ 그는 골동품 자동차들을 수집했는데, 그것들은 모두 그의 개인 박물관에 전시되었다.
→ He collected antique cars, all of which ~~displayed~~ (in his private museum)
동(능동) 동(복수/수동) (→ were displayed)

④ 장학금이 없었다면, 나는 대학을 졸업할 수 없었을 것이다.
→ Had it not been for the scholarship, I could not have graduated from college.
122

① convince 094

(1) convince A[사람] of B 구문에서 A[사람] 뒤에 전치사 of가 왔는지 확인 (of 생략 X)

(2) 수동태로 쓰인 경우, 뒤에 of (동)명사 또는 that S+V가 왔는지 확인

- convince A of B : A에게 B를 확신시키다
- → A be convinced of B : A는 B를 확신한다
- convince A that S+V : A에게 that절을 확신시키다
- → A be convinced that S+V : A는 that절을 확신한다

어휘 gem 보석 antique 골동품인 scholarship 장학금

of + 추상명사 138

(1) 형용사로 쓰였는지 확인

(2) of 뒤에 명사가 왔는지 확인

| | |
|---|---|
| of ability | 유능한(able) |
| of importance | 중요한(important) |
| of use | 유용한(useful) |
| of help | 도움이 되는(helpful) |
| of benefit | 이익이 되는(beneficial) |

③ ,(콤마) + some[all] of whom[which] 139

목적격 관계대명사 whom[which]이 왔는지 확인

④ 가정법 도치 ‹p.180›

| | |
|---|---|
| (1) 가정법 과거 | Were + S ~ , S + 조동사의 과거형 + RV |
| (2) 가정법 과거완료 | Had + S + p.p. ~ , S + 조동사의 과거형 + have p.p. |
| (3) 가정법 미래 | Should + S + RV ~ , S + 조동사의 과거형/현재형 + RV |
| | Were + S + to RV ~ , S + 조동사의 과거형 + RV |
| (4) 혼합 가정법 | Had + S + p.p. ~ , S + 조동사의 과거형 + RV + (now/today) |

~이 없다면/없었다면 ‹p.180›

| | |
|---|---|
| ~이 없다면 | If it were not for ~, S + 조동사의 과거형 + RV |
| (가정법 과거) | = Were it not for ~, |
| | = But[Except] for ~, |
| | = Without ~, |
| ~이 없었다면 | If it had not been for ~, S + 조동사의 과거형 + have p.p. |
| (가정법 과거완료) | = Had it not been for ~, |
| | = But[Except] for ~, |
| | = Without ~, |

**05** 밑줄 친 부분에 들어갈 말로 가장 적절한 것은?

A: Hey, what happened to your face?
B: It's a rash from an allergic reaction.
A: Oh no, what are you allergic to?
B: I'm allergic to nuts, and I accidentally ate some snacks with traces of them.
A: Did you go to the doctor?
B: No, I just had some allergy pills. I always carry them with me.
A: 갖고 다니는 약이 효과가 있는지 묻는 표현 ?
B: They don't relieve the symptoms as rapidly as a shot does, but they are still effective. I'll get better soon.

① Where did you get them from 너는 그것들을 어디서 구했니
② Do the pills work well for you 그 약이 너에게 효과가 있니
③ Did the doctor give you a shot 의사가 너에게 주사를 놔줬니
④ Do you have any other symptoms 너는 다른 증상도 있니

해석 A: 야, 네 얼굴에 무슨 일이 있었던 거야?
B: 알레르기 반응으로 생긴 발진이야.
A: 아 이런, 뭐에 알레르기가 있는데?
B: 난 견과류 알레르기가 있는데, 실수로 견과류가 묻은 과자를 좀 먹었어.
A: 병원엔 가봤어?
B: 아니, 그냥 알레르기 약을 좀 먹었어. 난 항상 가지고 다니거든.
A: 그 약이 너한테 효과가 있어?
B: 주사만큼 빨리 증상을 낫게 해주지는 않지만 그래도 효과는 있어. 곧 나아질 거야.
① 그건 어디서 구했어
② 그 약이 너한테 효과가 있어
③ 의사가 주사를 놔 줬어
④ 다른 증상도 있어

어휘 rash 발진 allergic 알레르기의 accidentally 우연히 trace 흔적, 미량 pill 알약 symptom 증상 rapidly 빨리 shot 주사

MEMO

**01** 밑줄 친 부분에 들어갈 말로 가장 적절한 것은?

> Poor air quality has the potential to make individuals more ____(-)____ to respiratory problems.

① flawless 흠이 없는, 완전한
② susceptible 영향 받기 쉬운, 취약한, 민감한; (병에) 걸리기 쉬운
③ hesitant 망설이는, 주저하는 (= reluctant, uncertain)
④ compulsory 의무적인, 강제적인, 필수의

취약한, 연약한, 부서지기 쉬운

| | |
|---|---|
| weak | vulnerable |
| fragile | susceptible |
| delicate | infirm (+ 병약한, 노쇠한) |

필수적인, 의무적인

| | |
|---|---|
| essential | fundamental (+ 근본적인, 기본적인) |
| necessary | requisite (+ 필요조건) |
| vital (+ 생명의; 활기찬) | imperative |
| mandatory (+ 명령의, 의무적인) | inevitable (+ 피할 수 없는, 필연적인) |
| obligatory | indispensable |
| compulsory | |

**해석** 공기의 질이 좋지 않으면 개인이 호흡기 질환에 더 취약해질 가능성이 있다.
① 흠 없는 ② 취약한 ③ 망설이는 ④ 의무적인
**어휘** respiratory 호흡 기관의

**02** 밑줄 친 부분과 의미가 가장 가까운 것은?

> By and large, the staff members became compliant to the new company policy.

① Generally 대개, 대체로, 일반적으로
② Exclusively 독점적으로, 전적으로, 배타적으로
③ Mercifully 다행히도, 친절하게
④ Increasingly 점점 더, 갈수록

by and large 전반적으로, 대체로

**해석** 대체로, 직원들은 새로운 회사 정책에 순응하게 되었다.
① 대체로 ② 전적으로 ③ 다행히도 ④ 점점 더
**어휘** compliant 순응하는

**03** 밑줄 친 부분 중 어법상 옳지 않은 것은?

Scientists have studied a naturally mummified *Alpine Iceman*, (① whom hikers discovered (in the melting ice)(at an elevation of 10,530 feet)) They disclosed that he was European born and bred, closely ② tied to modern Northern and Alpine Europeans. An international research team states the genetic findings make it ③ unlikely [that the discovery is false] (Among the latest research results) ④ are a descriptive inventory of Alpine fashions in those remote times.

(필기: S / 3V → 불완전 / 066 목적격 관·대 / 준(수동) / 5V 가O OC@ 진O / 169 장소·방향의 부사구가 문두 → 도치 / 동(단수) / S)

④ among/under/on 169

(1) 장소·방향의 전치사가 문두에 오고

(2) 주어가 일반명사(대명사 X) 이며

(3) 1형식 자동사인 경우

(be동사의 경우 '있다'의 의미 → 1형식 자동사)

→ 주어와 동사의 도치 확인

**해석** 과학자들은 등산객들이 해발 10,530피트의 녹고 있는 얼음 속에서 발견한 한 자연적으로 미라가 된 Alpine Iceman을 연구해 왔다. 그들은 그가 현대 북부 및 알프스 유럽인과 밀접한 관련이 있으며, 유럽에서 나고 자랐음을 밝혀냈다. 한 국제 연구팀은 그 유전 연구 결과로 인해 그 (미라) 발견이 거짓일 가능성이 작아진다고 말한다. 가장 최근 연구 결과 중에는 그 먼 시대의 알프스 패션을 설명하는 목록이 있다.

**어휘** mummify 미라로 만들다 Alpine 알프스의 elevation 해발 높이 disclose 밝히다 breed 기르다 genetic 유전의 false 거짓의 descriptive 서술하는 inventory 목록 remote 먼

**04** 우리말을 영어로 가장 잘 옮긴 것은?

① 그녀는 내게 내가 가진 돈의 대부분을 빌려달라고 했다.

→ She asked me to ~~borrow~~ her most of the money (I had)

(필기: 5V O OC / lend IO DO / (that) 목적격 관·대 생략)

② 그들을 만난 후 상황이 매우 달라지려 했다.

→ After ~~meeting~~ them, things were going to be very different.

(필기: 의미상 주어 다름 / 부사절 접속사 I met)

③ 그는 마음을 바꾸지 않을 테니 그와 논쟁해도 소용이 없다.

→ As he won't change his mind, it is no use arguing with him.

(필기: + RVing)

④ 부모들은 아이들에게 방을 치우게 하는 분투를 안다.

→ Parents know the struggle of getting the kids ~~clean~~ their rooms.

(필기: 030-1 / O OC / to clean)

① 목적격 보어에 to 부정사를 사용하는 동사 : 코리아 파이팅 동사 (COREAF/P) 〈p. 173〉

C cause 100, compel

O order 101-1

R require 098-2

E enable, expect, encourage

A ask 024-2, allow 025, advise

F/P force, permit, persuade

**어휘** struggle 분투

ask

: 목적격 보어에 to RV가 왔는지 확인

(원형부정사, 동명사 X)

borrow 111

: lend와 의미 구별

┌ borrow : 빌리다 (3형식)

└ lend : 빌려주다 (3형식/4형식)

③ it is no use 132

· 뒤에 동명사가 왔는지 확인 (to RV X)

※ ~해도 소용없다

It is no use RVing

= It is of no use to RV

준동사 관용 표현 ⟨p.186⟩

(1) It is no use[good] 132 RVing : ~해도 소용없다

= It is of no use to RV

(2) There is no RVing : ~하는 것은 불가능하다

(3) be worth 135-1 RVing : ~할 가치가 있다

(4) be busy 063 (in) RVing : ~하느라 바쁘다

(5) make a point of RVing : ~하는 것을 원칙으로 삼다

= make it a rule to RV

(6) have difficulty[trouble, a hard time] (in) RVing : ~하는 데 어려움을 겪다

(7) On[Upon] RVing : ~하자마자

(8) spend 134 + 시간/돈 + (in) RVing : ~하는 데 시간/돈을 쓰다

(9) come near to RVing : 거의 ~할 뻔하다

**05** 두 사람의 대화 중 가장 어색한 것은?

① A: Hey, you just cut in line!
B: Oh sorry, I didn't know there was a waiting line.

② A: I really don't get why she's so upset.
B: If you put yourself in her shoes, you might understand why.

③ A: I find that you always doze off during history class.
B: I do. History has always been fascinating to me.

④ A: Do you happen to know someone named Nessa Reed?
B: Yes, the name rings a bell.

② in one's shoes ~의 입장에서, ~의 입장에 있는

④ The name rings a bell. 그 이름 들어본 적 있어요.
The name doesn't ring a bell. 그 이름은 들어본 적 없어요.

**해석** ① A: 이봐요, 방금 새치기하셨어요!
B: 아 죄송합니다, 대기 줄이 있는 줄 몰랐어요.
② A: 난 그녀가 왜 그렇게 화났는지 정말 모르겠어.
B: 네가 그녀의 입장이 되어보면 이유를 이해할 수 있을지도 몰라.
③ A: 넌 역사 수업 시간에 항상 조는 것 같아.
B: 맞아. 역사는 항상 내게 매력적이었어.
④ A: 혹시 Nessa Reed라는 이름을 가진 사람을 아시나요?
B: 네, 이름이 낯이 익어요.

**어휘** cut in 끼어들다 put oneself in one's shoes ~의 입장이 되어보다 doze off 잠이 들다 fascinating 매력적인 ring a bell 낯이 익다, 들어본 적이 있다

MEMO

## 01 밑줄 친 부분과 의미가 가장 가까운 것은?

Innovation becomes <u>tangible</u> when groundbreaking ideas are translated into products that improve our daily lives.

① concrete 구체적인, 실체적인 (= substantial); 고체의 (= solid)
② imminent 긴박한, 임박한 (= impending)
③ enduring 지속하는
④ influential 영향력 있는

tangible 분명히 실재하는, 유형의; 확실한; 만질 수 있는 (= touchable)
↔ abstract 추상적인; 난해한, 심오한; 요약하다, 발췌하다; 추출하다; 요약, 발췌

분명한, 명백한

clear
plain
evident
apparent
obvious
distinct
definite
manifest
explicit
tangible

해석 혁신은 획기적인 아이디어가 우리의 일상생활을 향상하는 제품으로 전환될 때 <u>실체화된다</u>.
① 실체적인 ② 긴박한 ③ 오래가는 ④ 영향력 있는
어휘 innovation 혁신 groundbreaking 획기적인

## 02 밑줄 친 부분과 의미가 가장 가까운 것은?

The student <u>touched on</u> the importance of historical context in understanding literature.

① realized 깨닫다
② considered 고려하다
③ mentioned 언급하다
④ emphasized 강조하다

touch on ~을 언급하다; ~에 접근하다

on과 관련된 이어동사 추가 정리

| | |
|---|---|
| let on 털어놓다, 누설하다 | put on 착용하다; 공연하다 |
| get on ~에 타다; 성공하다 | bring on 초래하다, 가져오다 |
| take on 떠맡다; 띠다 | try on 입어보다 |
| call on 방문하다; 요구하다 | carry on 계속하다, 이어가다 |
| go on 계속하다, 이어지다 | depend (up)on ~에 의존하다, 달려 있다; 의지하다 |
| turn on 켜다; 자극하다 | hit (up)on ~을 생각해내다 |

해석 그 학생은 문학을 이해하는 데 있어 역사적 맥락의 중요성을 <u>간단히 언급했다</u>.
① 깨닫다 ② 고려하다 ③ 언급하다 ④ 강조하다
어휘 literature 문학

**03** 어법상 옳지 않은 것은?

① It is necessary [that changes (implemented widely) (should) be practical.]
S (준)(수동) V SC

② If I had had a frugal mindset when young, I would certainly be rich now.
→ 혼합 가정법

③ Some countries protect their economies, raising taxes (on imported goods.)
(동)(복수/능동) (준)(능동) (준)(수동)

④ There are a number of patients (whose symptoms have (been) effectively addressed.)
(동)(복수) 복수 N 소유격 관·대 + 명사 + 불완전한 문장 (동)(복수/수동)

① 이성적 판단의 형용사 구문 ‹p.195›

It is + 이성적 판단의 형용사 + that + S + (should) + RV

- 중요한/필수적인 : important, necessary 128, vital, essential, required, imperative, urgent
- 당연한/마땅한 : advisable, desirable, natural, right, proper

② 가정법 공식 ‹p.180›

| | |
|---|---|
| (1) 가정법 과거 | If + S + 과거V / were ~ , S + 조동사의 과거형(swcm) + RV |
| (2) 가정법 과거완료 | If + S + had p.p. ~ , S + 조동사의 과거형 + have p.p. |
| (3) 가정법 미래 | If + S + should RV (불확실한 미래) ~ , S + 조동사의 과거형/현재형 + RV |
| | If + S + were to RV (불가능) ~ , S + 조동사의 과거형 + RV |
| (4) 혼합 가정법 | If + S + had p.p. ~ , S + 조동사의 과거형 + RV + (now/today) |

③ rise / arise / raise 034

자동사(rise/arise)인지 VS 타동사(raise)인지 확인

- rise - rose - risen (자V) 오르다, 일어나다
- arise - arose - arisen (자V) 생기다, 발생하다
- raise - raised - raised (타V) 들어 올리다, 일으키다

④ there be 002

뒤에 나온 명사에 수일치 했는지 확인

a / the number of 001

- a number of + 복수명사 + 복수동사
  (많은)
- the number of + 복수명사 + 단수동사
  (~의 수)

whose 067

(1) '그런데 그 명사의'로 해석되는지 확인

(2) 'whose + 명사' 뒤에 불완전한 문장이 왔는지 확인 (완전한 문장 X)

ex) They saw a house whose windows were all broken.
whose + N 불완전한 문장

**해석** ① 광범위하게 시행되는 변화는 실용적일 필요가 있다.
② 내가 젊었을 때 검소한 사고방식을 가졌더라면 지금 분명 부자일 것이다.
③ 일부 국가들은 수입품에 대한 세금을 인상하여 자국 경제를 보호한다.
④ 증상이 완전히 사라진 환자들이 많이 있다.

**어휘** implement 시행하다 practical 실용적인 frugal 검소한 mindset 사고방식 import 수입하다 symptom 증상 address 해결하다

**04** 우리말을 영어로 잘못 옮긴 것은?

① 그는 지금 스페인어 수업을 들은 지 꽤 됐어요, 그렇죠?

→ He's been taking Spanish lessons for a while now, hasn't he?

= He has been

부가의문문
- 긍정 → 부정, 부정 → 긍정
- 주절의 동사 종류와 시제 맞출 것

② 난독증이 있는 아이들은 읽고 쓰는 데 어려움을 겪을 수 있다.

→ Children(with dyslexia)may have difficulty reading(+ RVing1) and spelling(RVing2).

③ 나는 밖이 너무 추워서 겨울 코트를 꺼내러 옷장을 뒤져야 했다.

→ Being so cold outside, I had to dig in the wardrobe(for my winter coat)

날씨 → 비인칭 독립 분사구문 / It / 의미상 주어 다름

④ 전 세계의 부모들은 자신이 생각하기에 자녀들에게 최선인 것을 원한다.

→ Parents(around the world)(S) want [what(O)(they think)is best(for their children)]

동(복수/능동) 070-2 / S+V 삽입 / V' SC' → 불완전

③ 독립분사구문 : 분사구문의 의미상S가 주절S와 다르면 → 분사구문 앞에 주격으로 표시

- (There) Being (no) ~, S + V ···
  있어서(없어서)
- (It) Raining ~, S + V ···
  Being fine ~, S + V ···
  날씨

어휘 dyslexia 난독증 spell (철자를) 쓰다 wardrobe 옷장

② 준동사 관용 표현 (p.186)

(1) It is no use[good] 132 RVing : ~해도 소용없다

= It is of no use to RV

(2) There is no RVing : ~하는 것은 불가능하다

(3) be worth 135-1 RVing : ~할 가치가 있다

(4) be busy 063 (in) RVing : ~하느라 바쁘다

(5) make a point of RVing : ~하는 것을 원칙으로 삼다

= make it a rule to RV

(6) have difficulty[trouble, a hard time] (in) RVing : ~하는 데 어려움을 겪다

(7) On[Upon] RVing : ~하자마자

(8) spend 134 + 시간/돈 + (in) RVing : ~하는 데 시간/돈을 쓰다

(9) come near to RVing : 거의 ~할 뻔하다

④ 관계사 + S + believe 140

(1) 관계사의 격(주격 vs 목적격) 확인

(2) 관계사절 내 동사의 수일치 확인

※ 삽입절 구문: S + believe/think/say

**05** 밑줄 친 부분에 들어갈 말로 가장 적절한 것은?

A: I have a family gathering soon with some distant relatives. I'm worried about how awkward it'd be.

B: Well, they're family after all. It might be awkward at first but you'll feel more comfortable once you 어색한 분위기를 깨라는 표현.

A: Do you have any suggestions on how to do that?

B: I find it best to engage in small talk, about something trivial like the weather, sports games, or movies. The topic doesn't really matter as long as you're making conversation.

A: That sounds like a good idea. Thanks for the advice.

① slack off 게으름을 부리다, 태만해지다
② burn bridges 관계를 끊다, 절연하다
③ break the ice 서먹한 분위기를 깨다
④ hold your tongue 입을 다물다, 침묵하다

해석 A: 나 곧 먼 친척들 몇 명과 가족 모임이 있는데. 얼마나 어색할지 걱정돼.
B: 뭐, 그분들도 결국 가족이잖아. 처음엔 어색할지 몰라도 일단 서먹한 분위기를 깨고 나면 더 편안해질 거야.
A: 그렇게 하는 방법에 대해 제안해 줄 게 있어?
B: 난 날씨, 스포츠 경기, 아니면 영화 같은 사소한 것에 관해 소소한 대화를 나누는 게 가장 좋다고 생각해. 대화를 나누기만 하면 주제는 별로 중요하지 않아.
A: 그거 좋은 생각인 것 같네. 조언 고마워.
① 게으름을 피우다
② 관계를 끊다
③ 서먹한 분위기를 깨다
④ 잠자코 있다

어휘 gathering 모임 distant 먼 relative 친척 awkward 어색한 trivial 사소한

MEMO

**01** 밑줄 친 부분과 의미가 가장 가까운 것은?

Her <u>indulgent</u> look suggested that she was more than willing to condone his faults.

① subtle 미묘한; 섬세한
② bright 밝은, 빛나는; 영리한; 쾌활한
③ generous 관대한, 너그러운; 풍부한
④ suspicious 의심스러운, 의심에 찬

indulgent 관대한, 멋대로 하게 하는

관대한, 너그러운

generous
tolerant
benevolent
charitable
liberal (+ 자유주의의, 자유로운; 자유주의자)
indulgent

해석 그녀의 <u>너그러운</u> 표정은 그녀가 그의 잘못을 기꺼이 묵인하고 있음을 암시했다.
① 미묘한 ② 밝은 ③ 너그러운 ④ 의심에 찬

어휘 condone 용납하다, 묵인하다 fault 잘못

**02** 밑줄 친 부분에 들어갈 말로 가장 적절한 것은?

To ease her family's worries, Sarah had to ________ the loss of her loved one.

① call on 요구하다, 요청하다; 방문하다
② set back 방해하다, 지연시키다
③ long for ~을 갈망하다 (= yearn for)
④ cope with ~을 극복하다; ~에 대처하다

with와 관련된 숙어 표현 추가 정리

dispense with ~없이 지내다 (= do without)
keep up with ~의 유행을 따르다, ~에 뒤처지지 않다; ~와 계속 연락하고 지내다
come up with ~을 생각해내다, 제안하다
put up with ~을 참다, 견디다
get along with ~와 사이좋게 지내다
go along with ~의 말에 동의하다, ~에 따르다
get away with 달아나다, 모면하다, 피하다
do away with ~을 없애다, 폐지하다
get on with ~을 계속하다; ~와 사이좋게 지내다
go down with (병에) 걸리다

해석 가족들의 걱정을 덜어주기 위해 Sarah는 사랑하는 사람을 잃은 것을 <u>극복해야</u> 했다.
① 요청하다 ② 지연시키다 ③ 갈망하다 ④ 극복하다

**03** 어법상 옳은 것은?

시제 일치 / would / 전치사의 목적어 X

① Little did we know[what the tomorrow's weather will be like]

V S O 070 S' V' 전치사 → 불완전

② She is impossible to accept a life(away from the stage(she loves))

It is impossible for her 준(능동) (that) S V → 불완전 / 목적격 관·대 생략

③ The CEO as well as the employees values a positive work environment.

A에 수일치 B 동(단수/능동)

④ The observation(of such small an object) is viable(only with a microscope)

S such (+ a/an) + (형) + 명 SC

076 a small object 동(단수)

① (a) little 079-1

(1) little이 문두에 오는 경우, 주어와 동사가 도치되었는지 확인

(2) 뒤에 단수명사(불가산명사)가 왔는지 확인 (복수명사 X)

(3) little(거의 없는)과 a little(약간의, 조금 있는)의 의미 구별 〈영작〉

② 난이형용사 구문 077

: difficult, hard, tough / easy / possible, impossible

(1) 문장의 주어 확인 (to RV의 의미상 주어는 주어 자리에 X)

(2) to RV의 목적어가 문장의 주어로 오는 경우,

to RV의 목적어가 없는지 확인 (목적어 중복 X)

(3) 진주어 자리에 to RV가 왔는지 확인 (that절 X)

(cf) possible, impossible의 경우 진주어로 that절 가능

③ A as well as B 154 : B뿐만 아니라 A도

A에 수일치했는지 확인 (B에 수일치 X)

등위·상관 접속사 구문 (p. 192)

(1) 상관접속사의 짝이 맞는지 확인

(2) 수일치에 유의

(3) 영작 문제로 출제된 경우, 상관접속사의 의미도 맞는지 확인

| | | | |
|---|---|---|---|
| both A and B | A와 B 모두 | either A or B | A 또는 B인 |
| not A but B | A가 아니라 B인 | neither A nor B | A도 B도 아닌 |
| not only A but also B | A뿐만 아니라 B도 | B as well as A | A뿐만 아니라 B도 |

**해석** ① 우리는 내일 날씨가 어떨지 거의 알지 못했다.
② 그녀가 자신이 사랑하는 무대에서 멀어진 삶을 받아들이는 것은 불가능하다.
③ 직원들뿐만 아니라 CEO도 긍정적인 업무 환경을 중요하게 여긴다.
④ 그렇게 작은 물체를 관찰하는 것은 현미경으로만 가능하다.

**어휘** value 가치 있게 여기다 viable 실행 가능한 microscope 현미경

**04** 우리말을 영어로 잘못 옮긴 것은?

① 내 친구가 내기에서 이겨서 장난스럽게 내 손목을 때렸다.

→ My friend won the bet (V1) and playfully hit (V2) me on the wrist.
+ 사람 + on the 신체 부위

② 그들은 골치 아픈 회의가 끝난 후 안도하며 농담 몇 마디를 나눴다.

→ Relieved (after the stressful meeting) they shared a few jokes.
㈜(수동) + 복수N

③ 팔 골절이 의심되는 한 남자가 즉시 검사를 받았다.

→ A man (S) (with a suspected broken arm) had (사역V) it (O) check (OC) right away.
㈜(수동) ㈜(수동) ㈜(수동)(→ checked)

④ 우리가 이사하는 집에는 현대적인 가전제품이 갖춰져 있다.

→ The house (S) (that) (목적격 관·대 생략) (we are moving to) (전치사의 목적어 X) is equipped with modern appliances.
㈜(복수/능동) ㈜(단수/수동)

① 사람과 신체 부위를 분리 표현하는 경우 ‹p.200› : the 자리에 소유격 사용 금지

- 때리다, 치다 hit, strike, touch + 사람 + on the 신체 부위
- 잡다 catch, take, hold + 사람 + by the 신체 부위
- 보다 look 008-3, stare, gaze + 사람 + in the 신체 부위

② (a) few 078

(1) 뒤에 복수 명사가 왔는지 확인 (단수 명사 X)
- (a) few + 복수 명사(가산명사)
- (a) little + 단수 명사(불가산명사)

(2) few와 a few의 의미 구별 ‹영작›
- few : 거의 없는
- a few : 약간의

③ 지각동사·사역동사 ‹p.172›

(1) 지각동사

watch, see 023-1, notice 099, hear 026, listen to, feel + O + RV·RVing (능동) (to RV (X)) / p.p. (수동)

(2) 사역동사

make 027-1, have 028 + O + RV(능동) / p.p.(수동)

let 029 + O + RV(능동) / be p.p.(수동) (p.p. (X))

(3) 지각동사·사역동사의 수동태

S + 지각/사역 V + O + RV → O + be p.p. + to RV (RV (X))

④ 분리·박탈 / 인지 / 제공 / 금지 동사의 수동태 ‹p. 177›

be
- robbed, deprived, relieved / convinced, informed, reminded, warned, assured, notified + of + B
- provided, supplied, presented, equipped + with + B
- prevented, prohibited, discouraged, stopped, kept, deterred + from + B

어휘 bet 내기 wrist 손목 relieve 안도하게 하다 appliance 가전제품

**05** 밑줄 친 부분에 들어갈 말로 가장 적절한 것은?

A: Hey, that sweater looks really nice.
B: Thanks. You know Jessica, right? It was a birthday gift from her.
A: Yeah, I know who she is. Do you know where she bought it?
B: Oh, I saw the brand on the label but I cut it off and don't remember which brand anymore. ＿＿＿＿＿＿＿＿ 스웨터를 어디서 샀는지 대신 물어봐 주겠다는 표현

① But I could ask her for you. 그런데 널 위해 걔한테 물어봐 줄 수 있어.
② You can check the label on my sweater. 내 스웨터에 붙은 라벨을 확인해도 돼.
③ I knew it would suit you well when I bought it. 내가 그것을 살 때 너에게 잘 어울릴 걸 알고 있었어.
④ I can't believe she didn't get anything for my birthday. 걔가 내 생일에 아무것도 안 사줬다는 걸 믿을 수 없어.

해석 A: 야, 그 스웨터 진짜 좋아 보인다.
B: 고마워. Jessica 알지? 걔한테 받은 생일 선물이야.
A: 응, 누군지 알아. 걔가 그걸 어디서 샀는지 알아?
B: 아, 라벨에서 브랜드를 봤었는데 잘라버려서 어느 브랜드인지 이제 기억이 안 나. 근데 너 대신 걔한테 물어봐 줄 수 있어.
① 근데 너 대신 걔한테 물어봐 줄 수 있어.
② 내 스웨터에 있는 라벨을 확인해도 돼.
③ 내가 그거 살 때 그게 너한테 잘 어울릴 걸 알았어.
④ 걔가 내 생일에 아무것도 안 사줬다니 믿기지 않아.

어휘 label 라벨, 상표

MEMO

**01** 밑줄 친 부분과 의미가 가장 가까운 것은?

The <u>transient</u> scent of wildflowers carried on the breeze evoked memories of a distant summer.

① peculiar 독특한; 이상한 (= odd, strange, weird, abnormal, eccentric, bizarre)
② fragrant 향기로운 (= aromatic)
③ refreshing 상쾌한, 신선한
④ momentary 순간적인, 잠깐의 (cf) momentous 중대한, 중요한

transient 순간적인, 일시적인

| 일시적인, 짧은, 임시의 ↔ | 끊임없는, 영구적인, 영원한 |
|---|---|
| brief | constant |
| momentary | continuous |
| temporary | lasting |
| tentative | endless |
| transient | eternal |
| provisional | everlasting |
| | persistent |
| | permanent |
| | perpetual |
| | incessant |

해석 산들바람에 실려 온 야생화의 <u>순간적인</u> 향기는 먼 여름의 추억을 불러일으켰다.
① 독특한 ② 향기로운 ③ 상쾌한 ④ 순간적인

어휘 breeze 산들바람 distant 먼

**02** 밑줄 친 부분에 들어갈 말로 가장 적절한 것은?

I should go pick up my son from school as soon as possible since I heard he is ________.

① second to none 누구에게도 뒤지지 않는
② coming in handy 유용해지다, 도움이 되다
③ under the weather 몸 상태가 안 좋은, 아픈 (= sick)
④ keeping his temper 화를 참다 ↔ lose one's temper[cool] 화를 내다

해석 나는 내 아들이 <u>몸이 안 좋다고</u> 들어서 가능한 한 빨리 학교에 데리러 가야 한다.
① 누구에게도 뒤지지 않는 ② 도움이 되고 있는 ③ 몸이 안 좋은 ④ 화를 참고 있는

## 03 밑줄 친 부분 중 어법상 옳지 않은 것은?

Chelmsford Public Library set up a new computer sign-in system(① called the TSSA Computer System.)The system helps keep track of printing so that library users know[how many pages they are ② printing/before they officially print their documents.] Users have adjusted to the new system and commented that it is easy to use, ③ help by monitoring their time, and allows them ④ to choose [which computer they want.]

(① called: 준(수동) / are printing: O S V 동(복수/능동) / S: it, V1: is / V2 (1형식 자동사) help: 동(단수/능동)(→ helps) / V3 allows, O them, OC to choose: 준(능동))

① call 020

(1) 능·수동 확인

(2) 목적격 보어에 명사가 왔는지 확인

④ 목적격 보어에 to 부정사를 사용하는 동사 : 코리아 파이팅 동사 (COREAF/P) ‹p. 173›

C cause 100, compel

O order 101-1

R require 098-2

E enable, expect, encourage

A ask 024-2, allow 025, advise

F/P force, permit, persuade

해석 Chelmsford 공공 도서관은 TSSA 컴퓨터 시스템이라고 불리는 새로운 컴퓨터 로그인 시스템을 설치했다. 그 시스템은 도서관 이용자들이 문서를 정식으로 인쇄하기 전 그들이 몇 페이지를 인쇄하고 있는지 알도록 인쇄 상황을 계속 파악하게끔 도와준다. 이용자들은 그 새로운 시스템에 적응했으며, 그것이 사용하기 쉽고, (이용) 시간을 모니터링하여 도움을 주고, 그들이 어떤 컴퓨터를 원하는지 선택할 수 있게 해준다고 견해를 밝혔다.

어휘 keep track of ~에 대해 계속 파악하고 있다 officially 정식으로 adjust to ~에 적응하다 comment 견해를 밝히다

## 04 우리말을 영어로 잘못 옮긴 것은?

① 나는 어떤 변화든 일어나는 대로 그들에게 계속 알려준다.

→ I keep them informed of any changes/as they arise.

(5V keep, O them, OC informed: 준(수동) / 접 as, S they, arise: 동(복수/능동))

② 저희 측에서 내일 제품을 받지 못하면 대금이 지급되지 않을 것입니다.

→ You will not be paid unless we receive the product tomorrow.

(will not be paid: 동(수동) / unless: 051-2 조건 부사절 접속사 / receive: 동(복수/능동/현재) 미래시제 X)

③ 선택이 제한된 상황에 직면한 그녀는 그것을 받아들일 수밖에 없었다.

→ Faced with limited options, she had no choice but to accept it.

(Faced: 준(수동) / limited: 준(수동) / but to + RV)

④ 그 추문은 그가 출마한 선거를 이틀 앞두고 터졌다.

→ The scandal broke two days before the election(for that he was running)

(broke: 동(능동) / that → which, S he, V was running → 완전)

① 인지동사 + A + of + B ‹p. 174›

코인노래방 완전 아주잘해

코 convince 094

인 inform 095

노 notify + A + of + B

래 remind 096 + A + that절

완 warn

아주 assure

어휘 scandal 스캔들, 추문

분리·박탈 / 인지 / 제공 / 금지 동사의 수동태 ‹p. 177›

be [ robbed, deprived, relieved / convinced, informed, reminded, warned, assured, notified ] + of + B

provided, supplied, presented, equipped + with + B

prevented, prohibited, discouraged, stopped, Kept, deterred + from + B

rise / arise / raise 034

자동사(rise/arise)인지 VS 타동사(raise)인지 확인

| | |
|---|---|
| rise - rose - risen | (자V) 오르다, 일어나다 |
| arise - arose - arisen | (자V) 생기다, 발생하다 |
| raise - raised - raised | (타V) 들어 올리다, 일으키다 |

② 시제 일치의 예외 ‹p.179›

(1) 항상 현재인 경우 : 불변의 진리/속담/습관

· 지구는 둥글다, 빛은 빠르다, 해는 동쪽에서 뜬다, 정직이 최선의 방책이다

· always, usually, every day

(2) 항상 과거인 경우 : 역사적 사실

· 한국 전쟁, 제1차 세계대전, 콜럼버스의 미국 발견

(3) 시간·조건의 부사절 : 내용상 미래(완료)시제를 현재(완료) 시제로 대신 사용

· 시간 접속사 : when, while, until, after, before, as soon as, by the time

· 조건 접속사 : if, unless, once, in case, as long as

③ cannot help RVing 133 ~하지 않을 수 없다 (help: 피하다(avoid))

= cannot but RV (but: 제외하고(부사))

= have no choice but to RV

= cannot choose[help] but RV

④ that 069

(1) 앞에 명사가 있는지 확인 (관계대명사 → 뒤에 불완전한 문장)

(2) 앞에 동사가 있는지 확인 (명사절을 이끄는 접속사 → 뒤에 완전한 문장)

(3) 앞에 콤마 또는 전치사가 없는지 확인 (콤마 X, 전치사 X)

**05** 밑줄 친 부분에 들어갈 말로 가장 적절한 것은?

A: You know, I've recently registered at a local gym.
B: Oh, finally! Good for you. Are you going to get personal training?
A: No, I'm going to try starting on my own. But the problem is that I don't exactly know what kind of exercise I should do. 운동 루틴을 공유해줄 수 있는지 묻는 표현
B: Of course not. But it'll be a lot easier to show you than to tell you. So how about I come along sometime and teach you?
A: That'll be awesome! Thanks.

① Doing exercise is so rewarding. 운동하는 것은 너무 보람 있어.
② Can you teach me some of them? 나에게 그것들 중 몇 가지를 가르쳐 줄 수 있니?
③ Do you mind sharing your workout routine? 네 운동 루틴을 공유해주는 것을 꺼리니?
④ I bet you'll end up getting personal training. 너는 틀림없이 결국 개인 트레이닝을 받게 될 거야.

Do[Would] you mind RVing ~? ~해 주시겠어요?
Do[Would] you mind if ~? ~해도 될까요?
→ 이에 대한 "네, 좋습니다."라는 대답은 "Of course not." "Certainly not." 또는 "No, not at all."로 한다. (아니오 ~ 전혀 꺼리지 않아요!라는 의미)

**해석** A: 있잖아, 나 최근에 동네 헬스장에 등록했어.
B: 오, 드디어! 잘 됐다. 개인 트레이닝 받을 거야?
A: 아니, 혼자서 시작해 보려고. 근데 문제는 어떤 운동을 해야 할지 정확히 모르겠다는 거야. 네 운동 루틴을 공유해 주는 건 혹시 꺼려질까?
B: 당연히 아니지. 근데 말해주는 것보다 보여주는 게 훨씬 쉬울 거야. 그럼 내가 언제 한번 같이 가서 가르쳐 주면 어때?A: 그럼 정말 좋겠다! 고마워.
① 운동하는 건 정말 보람 있어.
② 나한테 그중 몇 가지 가르쳐 줄 수 있어?
③ 네 운동 루틴을 공유해 주는 건 혹시 꺼려질까?
④ 넌 틀림없이 결국 개인 트레이닝을 받게 될 거야.

**어휘** register 등록하다 gym 헬스장 rewarding 보람 있는 mind 꺼리다 workout 운동 end up 결국 ~하게 되다

MEMO

**01** 밑줄 친 부분에 들어갈 말로 가장 적절한 것은?

Successful ____(+)____ of talented people is crucial for building a skilled and diverse workforce.

① discharge 방출, 석방, 해고, 제대; 수행, 이행; 내보내다, 방출[석방, 해고]하다
② transportation 운송, 수송, 교통
③ acquisition 획득(물), 취득(물)
④ discrimination 차별, 구별, 차이

해석 성공적인 인재 획득은 숙련되고 다양한 인력을 구축하는 데 매우 중요하다.
① 방출 ② 운송 ③ 획득 ④ 차별

어휘 talented 재능 있는 crucial 매우 중요한

**02** 밑줄 친 부분과 의미가 가장 가까운 것은?

It's important to stand up for what you believe in, even when it's challenging.

① deny 부인하다, 부정하다
② defend 옹호하다; 방어하다
③ choose 선택하다
④ practice 연습하다; 실천하다; 연습; 실행; 관습

stand up for 지지하다, 옹호하다

지지하다, 옹호하다
support
advocate
back up
stand by
stand (up) for
stick up for
bolster (+ 강화하다, 북돋우다)
uphold (+ 떠받치다)

해석 힘들더라도 자신이 믿는 바를 옹호하는 것이 중요하다.
① 부인하다 ② 옹호하다 ③ 선택하다 ④ 실천하다

어휘 challenging 힘든

**03** 어법상 옳은 것은?

① She put it in a large font, lest there (should) be any misunderstanding.

② I spent nearly every day of the past month (시간) ~~to study~~ (in) RVing → studying for the exam.

③ With his jacket (O) ~~throwing~~ (OC) (over the chair) he stared out the window.
준(수동)(→ thrown)

④ The team's strategy proved to be superior ~~than~~ the opposing team.
to that of — 비교 대상이 일치할 것! 팀의 전략 - 상대 팀의 전략

① lest 052

(1) not이나 never가 없는지 확인 (부정어 중복 X)

(2) unless와 의미 구별

- lest S (should) RV : ~하지 않도록
- unless : ~하지 않는다면

there be 002

뒤에 나온 명사에 수일치 했는지 확인

② 준동사 관용 표현 ‹p.186›

(1) It is no use[good] 132 RVing : ~해도 소용없다
= It is of no use to RV

(2) There is no RVing : ~하는 것은 불가능하다

(3) be worth 135-1 RVing : ~할 가치가 있다

(4) be busy 063 (in) RVing : ~하느라 바쁘다

(5) make a point of RVing : ~하는 것을 원칙으로 삼다
= make it a rule to RV

(6) have difficulty[trouble, a hard time] (in) RVing : ~하는 데 어려움을 겪다

(7) On[Upon] RVing : ~하자마자

(8) spend 134 + 시간/돈 + (in) RVing : ~하는 데 시간/돈을 쓰다

(9) come near to RVing : 거의 ~할 뻔하다

시간이 걸리다

(사람이) to RV하는 데 시간/노력이 걸리다[들다]

: It takes + (사람) + 시간/노력 + to RV

③ with 분사구문 [부대 상황]

(1) with + O + [RVing (능동) / p.p. (수동) / 형용사(구) / 전명구]

(2) 해석: O가 ~하면서, ~한 채로, ~하는 동안에

해석 ① 그녀는 어떤 오해도 생기지 않도록 그것을 큰 글씨체로 써넣었다.
② 나는 지난달 거의 매일을 시험공부 하는 데 보냈다.
③ 그는 재킷을 의자 위로 던져놓고 창밖을 바라보았다.
④ 그 팀의 전략은 상대 팀의 것보다 우수한 것으로 드러났다.

어휘 misunderstanding 오해 strategy 전략

④ 2형식 관련 주요 문제 〈p.171〉

(1) 오감V look [008-1], smell, taste, sound, feel + ⓐ / like + 명사(구)(절)

(2) 판단·입증V seem, appear, prove, turn out + (to be) ⓐ / to RV

(3) 상태변화V (~되다) become [009], get [030-2], turn, grow, go, come, run, fall + ⓐ

(4) 상태유지V (~이다) be, remain [010], stay [011], keep, hold + ⓐ

superior [137] / inferior

(1) ┌ 뒤에 전치사 to가 왔는지 확인 (than X) / preferable 뒤에도 to가 나옴
└ 비교되는 두 대상의 급이 맞는지 확인

(2) (by) far / even / much / still / a lot으로 수식했는지 확인 (very X, more X)

## 04 우리말을 영어로 잘못 옮긴 것은?

① 그 책상 위에는 엄마가 나에게 써주신 편지들이 있었다.
장소·방향의 부사구가 문두 → 도치 S' 4V' IO' → 불완전
→ (On the desk) were letters (my mom had written me)
동(복수) S (that) 목적격 관·대 생략 DO' X

② 그 장소를 찾는 관광객의 수가 기록상 최고치에 달했다.

→ The number of tourists (visiting the site) has reached a record high.
S + 복수N 준(능동) 동(단수/능동) O

③ 그 회사는 불황에서 살아남았을 뿐만 아니라 번창하기까지 했다.

→ Not only did the company survive the recession, but it also thrived.
V S (도치) 동(능동)

B A
④ 나는 속임수로 칭찬받느니 차라리 정직함으로 비난받겠다.
+ RV + RV
→ I would rather face criticism (for my honesty) than ~~praised~~ (for deceit)
A be praised B

① among/under/on [169]

(1) 장소·방향의 전치사가 문두에 오고

(2) 주어가 일반명사(대명사 X) 이며

(3) 1형식 자동사인 경우
(be동사의 경우 '있다'의 의미 → 1형식 자동사)

→ 주어와 동사의 도치 확인

어휘 recession 불황 thrive 번창하다 criticism 비난 deceit 속임수

② a / the number of [001]

- a number of + 복수명사 + 복수동사
  (많은)
- the number of + 복수명사 + 단수동사
  (~의 수)

REMALIODASC : 자동사 같은 타동사 ⟨p.171⟩

R resemble [015], reach [016]

E enter

M marry [104-1], mention

A accompany [017], affect [105], approach

L leave

I influence [106-2]

O obey, oppose

D discuss [013]

A answer, attend, address

S survive [018]

C consider, contact [014]

③ not only A but also B [153]

(1) 주어 자리에 오는 경우, B에 수일치 (A에 수일치 X) 했는지 확인

ex) Not only you but also he ~~are~~ is ~

(2) 문두에 오는 경우, not only 뒤에 주어와 동사의 도치 확인

무조건 도치 ⟨p.208⟩

(1) 부정어
Only + 부사(구)(절) [170] + V + S

(2) 형용사 + be + S

(3) so 형/부 + V + S that ~

(4) and so
and neither + V + S
nor

※ 장소 · 방향의 부사구 (조건 도치)
- S (대명사) + V → 도치 X
- V (1형식 자동사) + S (일반 명사)

④ 구 조동사 + RV ⟨p.182⟩

had better RV1 (than RV2) [055]
would rather RV1 (than RV2) [054]
may as well RV1 (as RV2) [130]
→ (RV2 하는 것보다) RV1 하는 것이 더 낫다

may well RV [130-F] RV하는 것은 당연하다

ought to RV [129] RV해야 한다

used to RV [057] RV하곤 했다

영작 문제에서 A와 B를 바꾸는 것에 주의 ⟨p.207⟩

(1) 원급·비교급 표현

(2) 원인·결과 표현 : result in, result from / influence [106-1], be influenced by

(3) would rather A than B [054-2] / not so much A as B [172]
(B하기보다는 차라리 A하겠다) (A라기보다는 오히려 B인)

(4) not until A, B / cannot A without B

Hardly[Scarcely] A when[before] B
[041-1] [042]

**05** 밑줄 친 부분에 들어갈 말로 가장 적절한 것은?

A: Look, it's pouring outside! Did you bring an umbrella?
B: No, I didn't. The weather forecast said it was going to be sunny all day today.
A: Yeah, that's why I didn't bring one either. Hmm. Should we buy one at the convenience store for the way home?
B: ________ (우산을 사지 말자는 표현) Why don't we just run to our house instead? It's not that far from here.
A: Okay, you're right. We have enough umbrellas at home anyway. Let's put on our hoods and get going!

① Thank goodness you brought one. 네가 가져와서 정말 다행이야.
② That seems like a waste of money. 그것은 돈 낭비인 것 같아 보여.
③ Sure, I needed one sooner or later. 그래, 나는 조만간 하나 필요했어.
④ No, I'll check today's weather forecast. 아냐, 내가 오늘 일기 예보를 확인할게.

**해석** A: 봐, 밖에 비가 마구 쏟아져! 너 우산 가져왔어?
B: 아니, 안 가져왔어. 일기예보는 오늘 온종일 맑을 거라고 했는데.
A: 응, 그래서 나도 안 가져왔어. 흠. 집 가는 길을 위해 편의점에서 하나 살까?
B: 그건 돈 낭비인 것 같아. 대신 그냥 우리 집까지 뛰어가는 게 어때? 여기서 그리 멀지 않으니까.
A: 그래, 네 말이 맞네. 어쨌든 우리 집에는 우산이 충분히 있고. 후드 뒤집어쓰고 출발해 보자!
① 네가 가져와서 정말 다행이다.
② 그건 돈 낭비인 것 같아.
③ 그래, 조만간 하나 필요하긴 했어.
④ 아냐, 오늘 일기예보를 확인해 볼게.

**어휘** pour (비가) 마구 쏟아지다 convenience store 편의점 sooner or later 조만간

MEMO

**01** 밑줄 친 부분에 들어갈 말로 가장 적절한 것은?

Effective waste disposal practices can help ________ environmental pollution.

① alleviate 완화하다, 덜다
② generate 발생시키다, 만들어 내다, 낳다
③ calculate 계산하다
④ aggravate 악화시키다

| 완화시키다, 달래다, 경감하다 ⟷ | 악화되다, 악화시키다, 저하시키다 |
|---|---|
| ease | worsen |
| relieve | aggravate |
| alleviate | deteriorate |
| appease | degenerate |
| mitigate | |
| pacify | |
| soothe | |

**해석** 효과적인 폐기물 처리 실행은 환경 오염을 완화하는 데 도움이 될 수 있다.
① 완화하다 ② 발생시키다 ③ 계산하다 ④ 악화시키다

**어휘** disposal 처리

**02** 밑줄 친 부분에 들어갈 말로 가장 적절한 것은?

We should not ________ the small details when conducting a thorough project review.

① get on ~에 타다 (cf) get on in life[the world] 출세하다, 성공하다
② try on 입어 보다
③ pull over 차를 길가에 세우다
④ pass over 무시하다; 배제하다, 제외시키다 (= exclude)

무시하다, 폄하하다

ignore
neglect
disregard
despise
look down on
make light of
pass over (+ 배제하다, 제외시키다)
put[lay] aside (+ 제쳐 놓다; 저축하다, 비축하다)

**해석** 우리는 철저한 프로젝트 검토를 할 때 작은 세부 사항들을 무시해서는 안 된다.
① 타다 ② 입어보다 ③ 차를 세우다 ④ 무시하다

**어휘** conduct 행하다 thorough 철저한

**03** 밑줄 친 부분 중 어법상 옳지 않은 것은?

> If you want to make someone ① think[that you have insight into their character,]you can just tell them "Although generally you have an upbeat personality, sometimes you find yourself ② depressed without having a clear idea why." ③[That people don't realize]is[how common these self-perceptions are]and so they feel that either a psychologist or a fortune-teller ④ has looked deep into their soul.
>
> (Annotations: make 사역V, someone O, think OC (RV); you 5V, yourself O, depressed OC, ㉫(수동); That → What + 불완전, realize 목적어 X, S; is 2V, how common SC, SC' ⓐ, these self-perceptions S'; are 2V'; either … A, or a fortune-teller B에 수일치; has looked ㉧(단수) 2V; deep SC ⓐ)

① 지각동사·사역동사 ⟨p.172⟩

(1) 지각동사

watch, see 023-1, notice 099, hear 026, listen to, feel + O + RV·RVing (능동) / to RV (X) / p.p. (수동)

(2) 사역동사

make 027-1, have 028 + O + RV(능동) / p.p.(수동)

let 029 + O + RV(능동) / be p.p.(수동) (p.p. (X))

(3) 지각동사·사역동사의 수동태

S + 지각/사역 V + O + RV → O + be p.p. + to RV (RV (X))

**해석** 만약 누군가가 당신이 그의 성격에 대한 통찰력을 가지고 있다고 생각하게 하고 싶다면, 당신은 그저 그에게 "당신은 보통 명랑한 성격이지만, 가끔 이유를 분명히 알지 못한 채 스스로 우울하다고 느끼는군요."라고 말하면 된다. 사람들이 깨닫지 못하는 것은 이러한 자아 인식이 얼마나 흔한가이고, 그래서 그들은 심리학자나 점술가가 그들의 영혼을 깊이 들여다본다고 느끼는 것이다.

**어휘** insight 통찰력 upbeat 명랑한 depress 우울하게 하다 self-perception 자아 인식 psychologist 심리학자 fortune-teller 점술가

③ that 069

(1) 앞에 명사가 있는지 확인 (관계대명사 → 뒤에 불완전한 문장)

(2) 앞에 동사가 있는지 확인 (명사절을 이끄는 접속사 → 뒤에 완전한 문장)

(3) 앞에 콤마 또는 전치사가 없는지 확인 (콤마 X, 전치사 X)

④ 등위·상관 접속사 구문 ⟨p.192⟩

(1) 상관접속사의 짝이 맞는지 확인

(2) 수일치에 유의

(3) 영작 문제로 출제된 경우, 상관접속사의 의미도 맞는지 확인

| | | | |
|---|---|---|---|
| both A and B | A와 B 모두 | either A or B | A 또는 B인 |
| not A but B | A가 아니라 B인 | neither A nor B | A도 B도 아닌 |
| not only A but also B | A뿐만 아니라 B도 | B as well as A | A뿐만 아니라 B도 |

2형식 관련 주요 문제 ⟨p.171⟩

(1) 오감V — look 008-1, smell, taste, sound, feel + ⓐ / like + 명사(구)(절)

(2) 판단·입증V — seem, appear, prove, turn out + (to be) ⓐ / to RV

(3) 상태변화V (~되다) — become 009, get 030-2, turn, grow, go, come, run, fall + ⓐ

(4) 상태유지V (~이다) — be, remain 010, stay 011, keep, hold + ⓐ

**04** 우리말을 영어로 가장 잘 옮긴 것은?

① 우리는 늦게 도착해서 자리가 나길 기다려야 했다.

→ We had to wait for a table because we arrived ~~lately~~. (접 S V; 035-1, 005-1; late ⓐⓓ 늦게)

② 그것이 누구의 돈인지는 그에게 아무런 문제가 되지 않는 것 같았다.

→ [Whose money ~~was it~~] seemed to be of no concern (to him) (의문사 + S + V; it was; of + 추상명사 = 형용사)

③ 사고를 방지하려면 모든 장비를 적절하게 배치해야 한다.

→ All equipment should ~~arrange~~ appropriately to prevent accidents. (불가산N; 동(수동)(→ be arranged); 준(능동))

④ 우리는 해안가에 사는 동안 해변을 오래 산책하곤 했다.

→ We used to take long walks (on the beach) while living (by the coast) (+ RV; 접; 준(능동))

① -ly를 붙이면 뜻이 바뀌는 형용사/부사 ⟨p.196⟩

| | | | | | |
|---|---|---|---|---|---|
| late | 늦은 / 늦게 | lately | 최근에 | latest | 최신의 |
| hard | 힘든, 열심인 / 열심히 | hardly | 거의 ~하지 않는 | | |
| near | 가까운 / 가까이 | nearly | 거의 | | |
| high | 높은 / 높이, 높게 | highly | 매우, 대단히, 고귀하게 | | |
| short | 부족한, 짧은 / 부족하게, 짧게 | shortly | 곧, 즉시 | | |

② whose 067

(1) '그런데 그 명사의'로 해석되는지 확인

(2) 'whose + 명사' 뒤에 불완전한 문장이 왔는지 확인 (완전한 문장 X)

ex) They saw a house [whose windows] were all broken. (whose + N; 불완전한 문장)

관계사/의문사 ⟨p.191⟩

N + (1) 관계대명사 ① 그런데 그 명사 ② 불완전 ③ 격 ④ 콤마·전치사 + that X

N + (2) 관계부사 ① 그런데 그 명사에서(는) ② 완전

~~N~~ + (3) 의문사 ① 해석 ② 완전/불완전 ③ 격 ④ 간접의문문 어순 (의+S+V)

(4) 복합관계대명사 ① 해석 ② 불완전 ③ 격

(5) 복합관계부사 ① 해석 ② 완전

2형식 관련 주요 문제 ⟨p.171⟩

(1) 오감V — look 008-1, smell, taste, sound, feel + ⓐ / like + 명사(구)(절)

(2) 판단·입증V — seem, appear, prove, turn out + (to be) ⓐ / to RV

(3) 상태변화V (~되다) — become 009, get 030-2, turn, grow, go, come, run, fall + ⓐ

(4) 상태유지V (~이다) — be, remain 010, stay 011, keep, hold + ⓐ

④ used to 057 : 3가지 용법에 유의

- be used to RV : ~하는 데 사용되다
- used to RV : ~하곤 했었다
- be[get] used to RVing : ~하는 데 익숙하다[익숙해지다]

어휘 arrange 배치하다 appropriately 적절하게 coast 해안

**05** 두 사람의 대화 중 가장 어색한 것은?

① A: Harry and Sally seem so happy together.
B: I know. They're made for each other.

② A: Do you think we'll win tomorrow's match?
B: Let's face it. Honestly, we don't stand a chance.

③ A: I heard your grandfather recently passed away.
B: Yes, I'm sorry for your loss.

④ A: I blacked out yesterday after taking that medicine.
B: That sounds serious. You should go to a doctor.

② stand a chance 가망성[가능성]이 있다

④ black out 기절하다, 의식을 잃다

해석 ① A: Harry랑 Sally는 함께 있으니 참 행복해 보여.
B: 그러게. 걔넨 천생연분이야.
② A: 넌 내일 경기에서 우리가 이길 것 같아?
B: 현실을 직시하자. 솔직히 우린 가능성이 없어.
③ A: 당신의 할아버지께서 최근에 돌아가셨다고 들었습니다.
B: 네, 삼가 조의를 표합니다.
④ A: 나 어제 그 약 먹고 나서 잠깐 의식을 잃었어.
B: 그거 심각한 것 같은데. 너 병원에 가봐야겠다.

어휘 be made for each other 아주 잘 어울리다, 천생연분이다 stand a chance 가능성이 있다 pass away 돌아가시다 black out (잠깐) 의식을 잃다

MEMO

Shimson_lab

**정답 / 해설**

2024

# 심우철 하프 모의고사

심우철 지음

**This is TRENDY HALF!**

2024 심우철 영어 하프 모의고사 시리즈

**Season 2. 완성편**

넥츠 공단기 gong.conects.
슨영어연구소 카페 cafe.nave

회 차 01 **하프 모의고사**

Date : . . .

Score : / 10

| | | | | | | | | | |
|---|---|---|---|---|---|---|---|---|---|
| 01 | ④ | 02 | ③ | 03 | ④ | 04 | ③ | 05 | ① |
| 06 | ② | 07 | ② | 08 | ① | 09 | ③ | 10 | ② |

## 01

**정답** ④

**해설** offensive는 '불쾌한'이라는 뜻으로, 이와 의미가 가장 가까운 것은 ④ 'unpleasant(불쾌한)'이다.

① 따분한 ② 민감한 ③ 터무니없는

**해석** 그 코미디언의 종교와 정치에 관한 불쾌한 농담은 상당수의 관객이 항의하며 코미디 클럽을 나가 버리게 했다.

**어휘** significant 상당한 in protest 항의하여

## 02

**정답** ③

**해설** wind up은 '끝내다'라는 뜻으로, 이와 의미가 가장 가까운 것은 ③ 'finish(끝내다)'이다.

① 구하다 ② 재개하다 ④ 향상하다

**해석** 그는 새로운 회사로부터 어떠한 제안도 받지 못했기 때문에 그의 경력을 끝내는 수밖에 없었다.

## 03

**정답** ④

**해설** consist of는 '~으로 구성되다'라는 뜻의 '자동사 + 전치사'로, 여기서는 A sentence를 능동의 현재분사 형태로 잘 수식하고 있다. 또한 두 개의 절이 관계사로 '연결되는' 것이므로 수동의 과거분사 connected의 수식도 적절하며, 문장의 주어가 A sentence이므로 동사 is의 수일치는 적절하다.

① (her mother → to her mother) explain은 4형식으로 쓸 수 없는 3형식 동사이므로, 간접목적어 앞에 전치사 to를 써야 한다.

② (celebrate → celebrating) 'look forward to RVing'는 '~하기를 고대하다'라는 의미의 동명사 관용표현이다. 이때 to는 전치사이므로 뒤에 동명사 celebrating이 와야 한다.

③ (enable → enables) each가 대명사로 쓰이는 경우 'each + of + 복수 명사 + 단수 동사'의 구조를 취하므로, enable을 enables로 고쳐야 한다. 참고로 5형식 동사로 쓰인 enable은 to 부정사를 목적격 보어로 취하므로 to have는 적절하게 쓰였고, 불가산명사 pleasure를 수식하는 형용사로 much의 쓰임도 적절하다.

**해석** ① 그녀는 그녀의 어머니에게 스마트폰으로 사진을 보내는 방법을 설명했다.

② 그들은 이번 주말에 그들의 기념일을 축하하기를 고대하고 있다.

③ 그 여섯 이야기 각각은 당신이 많은 창의적 즐거움을 가질 수 있게 해준다.

④ 관계사로 연결된 두 개의 절로 구성된 문장은 복잡하다.

**어휘** celebrate 축하하다 anniversary 기념일 imaginative 창의적인, 상상력이 풍부한 pleasure 즐거움 clause 절 relative 관계사

## 04

**정답** ③

**해설** (feel → to feel) 사역동사 make를 수동태로 전환할 때 목적격 보어로 쓰였던 원형부정사는 to 부정사(주격 보어)로 바꿔야 하므로 feel을 to feel로 고쳐야 한다.

① 'cannot ~ too (much)'는 '아무리 ~해도 지나치지 않다'라는 의미의 관용표현으로, 주어진 우리말에 맞게 적절히 쓰였다.

② 'be used to RV'는 '~하는 데 사용되다'라는 주어진 우리말에 맞게 적절히 쓰였다. 참고로 '~하는 데 익숙하다'라는 뜻인 'be used to RVing'와의 구별에 유의해야 한다. 또한 승리가 '압도된' 것이 아닌 '압도하는' 것이므로 현재분사형 형용사 overwhelming의 쓰임은 적절하다.

④ since절에는 과거시제 retired가, 주절에는 현재완료시제 has become이 적절하게 쓰였다. 또한 주어인 He가 '참여시키는' 것이 아닌 '참여하게 된' 것이므로 수동태 become involved의 쓰임도 적절하다.

**어휘** overwhelming 압도적인 attain ~에 이르다

## 05

**정답** ①

**해설** 발표 방식에 관해 A가 B에게 조언하고 있다. 빈칸에 해당하는 B의 말에 대한 응답으로 A가 그런 경우 침착해야 한다고 한 뒤 충분히 연습하면 그런 일은 일어나지 않을 것이라며 B를 안심시키고 있으므로, 빈칸은 발표 중 벌어질 수 있는 돌발 상황에 대해 걱정하는 내용임을 추측할 수 있다. 따라서 빈칸에 들어갈 말로 가장 적절한 것은 ① '다음에 뭘 말할지 까먹으면 어떡해?'이다.

② 내 발표가 방금 취소됐어.

③ 청중과 소통하는 게 핵심이야.

④ 발표 주제를 결정할 수가 없어.

**해석** A: 그 종이들은 다 뭐야?

B: 내가 내일 발표에서 할 말을 적어뒀어. 읽을 대본이 필요해서.

A: 그냥 중요한 요점만 적어 두고 그걸로 즉흥적으로 하는 게 낫지 않아? 종이를 읽어내는 건 청중에게 호소하는 좋은 방법은 아닌 것 같아.

B: 그치만, 다음에 뭘 말할지 까먹으면 어떡해?

A: 그런 경우엔, 심호흡하고 공황 상태에 빠지지 않으려고 하는 게 중요해. 참고할 메모가 그래도 있을 거라는 점과 충분히 연습하면 그런 일이 일어나지 않을 거라는 점을 기억해.

B: 응, 명심할게. 조언 고마워.

**어휘** script 대본 improvise 즉흥적으로 하다 appeal 호소하다 panic 공황 상태에 빠지다 refer to ~을 참고하다 interact 소통하다

## 06

**정답** ②

**해설** 여러 질병의 발병 가능성을 낮추며 건강한 체중을 촉진하는 것과 같이 커피가 건강에 미치는 긍정적 영향에 관해 서술하는 글이다. 따라서 글의 제목으로 가장 적절한 것은 ② '커피가 건강에 도움이 되는 방식'이다.

① 어느 정도의 카페인이 과도한 것인가? → 카페인의 과다 섭취 기준은 제시되지 않았다.

③ 커피를 마시는 것의 장단점 → 커피의 장점은 언급되나, 단점에 관한 내용은 없다.

④ 카페인: 체중 증가의 숨은 원인 → 오히려 커피 단독으로는 보통 체중 증가를 유발하지 않는다고 했으므로 적절하지 않다.

**해석** 여러분 중 건강에 예민한 커피 애호가들에게 희소식이 있다. 바로 당신이 모순되지 않는다는 것이다. 연구에 따르면 커피 섭취는 제2형 당뇨병, 심장병, 간암, 우울증 발생 가능성을 낮추는 것과 관련 있을 수 있다. 심지어 커피를 마시는 사람은 조기 사망 위험을 줄일 수 있다는 가능성도 있다. 게다가, 커피 단독으로는 보통 체중 증가를 유발하지 않는 것으로 밝혀졌다. 사실 블랙커피는 저열량 음료로, 특히 운동 전에 마시면 건강한 체중을 촉진할 수 있는 유익한 화합물을 함유하고 있다. 물론, 이는 당신이 가장 좋아하는 카페인 음료가 과도한 양의 첨가당과 고지방 커피 크림을 함유하지 않는다는 전제하에 사실이다. 따라서 당신은 죄책감 없이 커피를 음미하고 그것이 제공하는 것을 즐겨도 된다.

**어휘** health-conscious 건강에 예민한 ironic 모순적인 intake 섭취 likelihood 가능성 diabetes 당뇨병 cancer 암 depression 우울증 typically 보통 as a matter of fact 사실은 beverage 음료 beneficial 유익한 compound 화합물 promote 촉진하다 consume 섭취하다 hold true 사실이다, 유효하다 caffeinated 카페인이 함유된 provided that ~라는 전제하에 excessive 과도한 creamer 커피 크림 common sense 상식 savor 음미하다 pros and cons 장단점

## 07

**정답** ②

**해설** 이 글은 신뢰에 관해 두 가지 예시를 들어 설명하고 있다. 은행이 고객에게 호의적인 태도를 보이지 않아도 고객은 은행이 제 역할을 할 것이라는 믿음을 유지하며, 의사가 무관심을 보여도 환자는 그 의사의 전문성을 신뢰하며, 오히려 그 무관심 때문에 더 신뢰할 수도 있다고 말한다. 이는 신뢰 형성이 상대방의 호의 여부와 관계없다는 점을 의미한다. 따라서 빈칸 앞의 조동사 need not에 유의하면, 빈칸에 들어갈 말로 가장 적절한 것은 ② '호의를 필요로 하지는'이다.

① 영구적이지는 → 영구적인 것과는 관계가 없다.

③ 객관성에 의존하지는 → 의료 전문가의 예시에서 객관성은 오히려 신뢰감을 준 것을 알 수 있으므로 반대된다.

④ 어떠한 합의도 요구하지는 → 예시로 언급된 은행과 고객의 관계, 의사와 환자의 관계 모두 합의하에 이루어진다고 볼 수 있으므로 적절하지 않으며, 이는 글의 논지에서도 벗어난다.

**해석** 신뢰는 더욱 까다로운 분석가를 만족시키기 위해선 유의미한 관계를 필요로 할 수도 있지만, 반드시 호의를 필요로 하지는 않아도 된다. A가 사람이고 B가 은행이라면, A는 그 은행이 자신에게 따뜻한 관심을 지니고 있다고 잠시도 상상하지 못하며, 은행이 수수료를 부과하거나 이자율을 조정할 기회를 얻게 되었을 때 그녀의 비용으로 은행의 이익을 확고히 하리라 추측하는 것이 당연하지만, 그녀는 B가 자기 돈을 안전하게 관리할 것이라고 신뢰할 수 있다. 만약 A가 병원에 입원하여 의사 B에게 진찰받는다면, 그녀는 설령 B가 그녀에게 인간적으로는 무관심해 보일지라도 B의 전문적인 기술을 신뢰할 것이다. 비교적 최근까지만 해도 의료 전문가 쪽에서의 무관심이나 명백한 무례함은 오히려 신뢰성의 표시로 여겨졌다. 그것은 전문 기술에 요구되는 객관성을 의미하였고, 의학적 전문 기술이 부여한 우월적 지위를 확고히 했다.

**어휘** demanding 까다로운 analyst 분석가 regard 관심, 배려 suspect 추측[의심]하다 assert 확고히 하다 at one's expense ~의 비용[희생]으로 impose 부과하다 charge 요금, 수수료 manipulate 조정하다 interest rate 이자율 expertise 전문 지식[기술] indifferent 무관심한 plain 명백한 rudeness 무례함 if anything 오히려 trustworthiness 신뢰성 imply 암시하다 objectivity 객관성 superior 우월한 status 위치 grant 부여하다 permanent 영구적인 goodwill 호의

## 08

**정답** ①

**해설** 자본주의의 기본 원칙에 반하는 듯 보였던 TV에 관한 글쓴이의 생각과 경험을 서술하는 글이다. 주어진 문장은 화자가 어린 나이부터 좋은 것들을 얻기 위해선 돈이 필요하다는 자본주의의 기본 원칙을 배웠다는 내용으로, 뒤에는 즐거움을 제공하지만 비용이 들지 않는, 즉 자본주의의 기본 원칙에 들어맞지 않는 TV를 But을 통해 반대 예시로 제시하는 (B)가 이어져야 한다. 그다음으로, 이를 this mystery로 받아, 이 수수께끼를 아버지께 말씀드렸을 때 아버지가 그것이 정확히는 공짜가 아니라는 점을 설명했다는 내용의 (A)가 와야 한다. 마지막으로, 그 말을 듣은 자신은 TV에 나오는 상품을 구매하지 않았으며 그럴 의도도 없기 때문에 그들이 바보라고 생각했지만, 사실은 TV 광고에 영향을 받고 있었다며 글을 마무리하는 (C)가 오는 것이 자연스럽다. 따라서 글의 순서로 가장 적절한 것은 ① '(B) - (A) - (C)'이다.

**해석** 많은 아이들처럼, 나는 어린 나이에 자본주의의 기본 원칙, 즉 사탕, 영화, 비디오 게임처럼 인생에서 좋은 것들이 대부분 구하기 힘든, 작은 직사각형의 녹색 종잇조각과 교환해야만 얻어질 수 있다는 것을 배웠다. (B) 하지만 나를 혼란스럽게 한 것은 TV였는데, 그것은 즐겁게 해줬고, 몇 시간의 재미를 제공했고, 내가 아는 한, 모두 공짜였다. (A) 이 미스터리를 아버지께 말씀드렸을 때 아버지는 그것이 정확히 공짜는 아니라고 내게 느긋이 말해주셨는데, 기업들은 광고를 내보내기 위해 TV 방송국에 돈을 주는데 이는 결과적으로 시청자들이 특정 제품을 구매하도록 설득한다는 것이었다. (C) 내 첫 번째 생각은 '바보들!'이었다. 나는 TV에서 본 어떤 제품도 산 적이 없었고, 그들의 사악한 심리 조종 수법에 대해 알게 되었기 때문에 그럴 의도가 확실히 없었다. 물론, 그 당시나 지금이나 내 취향과 욕구는 TV 광고에 의해 많은 부분 형성되었다.

**어휘** fundamental 기본적인 principle 원칙 capitalism 자본주의 obtain 얻다 hard-to-come-by 구하기 힘든 patiently 인내심 있게, 느긋하게 broadcast 방송하다 commercial 광고 in turn 결과적으로 persuade 설득하다 perplex 혼란스럽게 하다 wicked 사악한 scheme 수법

## 09

정답 ③

해설 유빙과 마찬가지로 산도 침식되면 위로 솟아올라 풍화되는 데 매우 오랜 시간이 걸린다는 내용의 글이다. 따라서 글의 흐름상 가장 어색한 문장은 기후 변화로 인한 해수면 상승을 파악하기 위해 산의 높이를 계산하는 것이 중요하다는 내용의 ③이다.

해석 산은 오직 그 끝부분만을 드러낸 채 지구의 반액체 상태인 맨틀 위에 떠 있다. 그래서 떠다니는 빙산처럼, 산은 그것의 높이보다도 더 깊다. 여기에서 빙산을 보며 유추할 수 있는 산에 관한 하나의 흥미로운 사실이 나온다. 만약 당신이 빙산의 꼭대기를 깎아낼 수 있다면, 그 빙산은 더 가벼워지게 되고, 거의 깎이기 전의 원래 높이까지 떠오를 것이다. 마찬가지로, 산이 침식되면 더 가벼워지고, 아래에서부터 밀려 거의 원래 높이까지 떠오른다. (산의 높이를 계산하는 것은 기후 변화의 영향으로 인한 전 세계의 해수면 상승을 파악하는 데 도움 되므로 중요하다.) 따라서 1킬로미터의 산이 침식으로 없어지면, 1킬로미터의 85% 정도가 아래에서부터 밀려 오른다. 그것이 산이 풍화되는 데 아주 오랜 시간이 걸리는 이유이다.

어휘 float 뜨다 semiliquid 반(半)액체의 mantle (지구의) 맨틀 iceberg 빙산 infer 유추하다 shave off 깎아 내다 erode 침식되다 compute 계산하다 identify 파악하다 weather away 풍화되다

## 10

정답 ②

해설 4번째 문장에서 사프란은 그리스에서 처음 발견되었으나 현재 이란이 전 세계 사프란의 85%를 생산하고 있다고 언급되므로, 글의 내용과 일치하지 않는 것은 ② '오늘날 사프란은 그것이 처음 발견되었던 그리스에서 대부분 재배된다.'이다.

① 사프란이 비싼 것은 그것의 힘든 생산 과정 때문이다. → 첫 두 문장에서 언급된 내용이다.

③ 사프란의 맛은 요리에서 쉽게 인지될 수 있다. → 5번째 문장에서 언급된 내용이다.

④ 사프란은 사용량에 따라 다른 맛을 낸다. → 마지막 문장에서 언급된 내용이다.

해석 사프란은 의심할 여지 없이 세계에서 가장 비싼 향신료이다. 이는 사프란 수확이 엄청나게 많은 시간이 들고 노동 집약적이기 때문이다. 손으로 딴 10만 그루의 식물 중, 단 1파운드의 사프란만 수확될 수 있다. 사프란은 그리스에서 처음 발견된 것으로 추정되지만, 현재 유럽과 아시아 전역에서 자라며 이란이 전 세계 사프란의 85%를 생산하고 있다. 사프란의 맛은 매우 독특해서 한번 맛본 사람이라면 누구든 요리에 그것이 첨가되었는지 짐작할 수 있다. 사프란은 요리에 아주 조금만 사용해야 한다. 소량으로는 그 맛이 꽃 향 및 꿀 향과 더불어 미묘하게 달지만, 너무 많은 양은 요리를 쓴맛으로 압도할 수 있다.

어휘 spice 향신료 harvest 수확하다 time-consuming (많은) 시간이 걸리는 labor-intensive 노동 집약적인 handpick 손으로 따다 yield 내다, 낳다 pinch 소량 dose 양 subtly 미묘하게 floral 꽃의 scent 향 overpower 압도하다 bitter 맛이 쓴 costliness 고가, 비용이 많이 듦 laborious 힘든 recognize 알아보다

# 회차 02 하프 모의고사

Date : . . .

Score : / 10

| | | | | | | | | | |
|---|---|---|---|---|---|---|---|---|---|
| 01 | ③ | 02 | ③ | 03 | ④ | 04 | ③ | 05 | ② |
| 06 | ③ | 07 | ② | 08 | ③ | 09 | ④ | 10 | ③ |

## 01

정답 ③

해설 inherent는 '타고난'이라는 뜻으로, 이와 의미가 가장 가까운 것은 ③ 'natural(타고난)'이다.

① 숨겨진 ② 억눌린 ④ 뛰어난

해석 그 예술가는 타고난 예술성이 모든 개인 안에 존재하면서, 각성되고 표출되기를 기다리고 있다고 믿었다.

어휘 artistry 예술성 reside in ~에 있다 awaken 각성시키다

## 02

정답 ③

해설 빈칸 앞의 in order not to와 그 선수가 팀의 유일한 희망이라는 말을 고려했을 때, 그 선수가 부상의 고통을 내색하지 않으려 한 이유는 팀원들의 기대를 저버리지 않기 위해서일 것을 유추할 수 있다. 따라서 빈칸에 들어갈 말로 가장 적절한 것은 ③ 'let down(실망시키다)'이다.

① 누설하다, 풀어주다 ② 발산하다 ④ 물려주다

해석 그 농구팀의 유일한 희망이었던 선수는 허리 부상에 시달렸지만 팀원들을 실망시키지 않기 위해 고통의 기색을 보이지 않으려 애썼다.

## 03

정답 ④

해설 (isolating → isolated) isolating은 명사 tribe를 수식하는 분사형 형용사인데, 이때 부족이 '고립시키는' 것이 아니라 '고립된' 것이므로, 능동의 현재분사 isolating을 수동의 과거분사 isolated로 고쳐야 한다.

① resemble은 전치사 없이 목적어를 바로 취하는 완전타동사이며, 주어가 불가산명사인 evolution이므로 단수 동사 resembles는 적절하게 쓰였다.

② does는 문맥상 앞에 나온 일반동사 matters를 받는 대동사이므로 적절하게 쓰였다.

③ 문맥상 because절의 주어는 단수 명사인 the death이므로 단수 동사 means의 수일치는 적절하다.

해석 문화적 진화는 유전적 진화와 유사하다. 종의 진화에서와 마찬가지로, 개체군의 크기가 중요하다. 핵심 정보를 지닌 한 사람의 죽음이 모든 사람에게 지식이 영구적으로 손실된다는 것을 의미하기 때문에 작은 개체군은 지식의 손실에 매우 취약하다. 예를 들어, 페루 아마존에 고립된 부족의 일원인 Amadeo García García는 Taushiro어의 최후 생존 구사자이고, 따라서 그 언어는 그녀의 죽음 이후 소멸할 것이다.

어휘 genetic 유전의 matter 중요하다 vulnerable 취약한 permanently 영구적으로 isolate 고립시키다 tribe 부족 extinct 멸종된

## 04

정답 ③

해설 (study → studying) '~하는 게 어때?'라는 뜻을 나타내는 표현은 'What do you say to RVing?'이다. 이때 to는 전치사이므로 뒤에 동명사 studying이 와야 한다. 참고로 'B보다는 A'라는 뜻의 'A rather than B'가 쓰여 주어진 우리말과 급에 맞게 잘 병치되어 있다.

① when이 이끄는 시간 부사절에서는 현재시제가 미래시제를 대신하므로, 주어 she에 수일치한 becomes는 적절하게 쓰였다.

② '너무 ~해서 ~할 수 없다'라는 뜻의 'too ~ to' 구문이 주어진 우리말에 맞게 적절히 쓰였으며, 협상이 '행하는' 것이 아니라 '행해지는' 것이므로 수동형 부정사 to be conducted의 쓰임도 적절하다.

④ 'It ~ that' 강조 구문을 이용하여 'A가 아니라 B'를 의미하는 상관접속사 구문 'not A but B'를 강조하고 있다. 이때 A와 B에는 급이 동일하게 병치되어야 하는데, 여기서는 각각 what과 how가 이끄는 의문사절 두 개가 적절하게 오고 있다.

어휘 drop sb a line ~에게 편지하다 negotiation 협상 conduct 행하다

## 05

정답 ②

해설 산책하기를 꺼리는 개에 관해 A가 B에게 조언을 구하는 상황이다. 개가 밖에 나가는 것이 두려워 산책하는 것을 싫어할 수도 있다고 B가 말하자 A가 빈칸 내용을 묻는다. 이에 B는 개가 산책에 익숙해지게 하는 방법을 알려주고 있다. 따라서 빈칸에 들어갈 말로 가장 적절한 것은 ② '걔가 두려움을 극복하도록 내가 어떻게 도와야 할까'이다.

① 네 개도 산책하는 걸 거부해

③ 넌 어떤 개 간식 브랜드를 추천하는데

④ 걔는 산책하는 걸 항상 두려워했어

해석 A: David, 내 개로 문제가 약간 있어.

B: 그게 뭔데?

A: 내 개는 산책하는 걸 극도로 싫어해. 내가 개 목걸이랑 목줄을 꺼낼 때마다 걔가 나한테서 도망가!

B: 그게 개가 밖에 나가기를 두려워하기 때문일 수 있다는 걸 유튜브에서 봤어.

A: 흠. 걔가 두려움을 극복하도록 내가 어떻게 도와야 할까?

B: 먼저 걔가 개 목걸이에 익숙해지게 하고, 그걸 편안해하면 집 안에서 이리저리 산책시키는 걸 시작해 봐. 간식도 꼭 주고... 있잖아, 내가 본 영상 링크를 줄게.

어휘 absolutely 극도로 walk 산책; 산책시키다 collar (개) 목걸이 leash (개) 줄 treat 간식 refuse 거부하다 get over 극복하다

## 06

정답 ③

해설 고객이 어떤 제품을 소비할 때 공익에 기여한다는 인식을 가지게 되면, 계속해서 그 제품을 소비하게 된다는 내용의 글이다. 따라서 글의 주제로 가장 적절한 것은 ③ '마케팅 전략으로서 윤리적 욕구에 호소하는 것'이다.

① 고객의 불만에 대처하는 적절한 방법들 → 고객의 불만에 대처하는 방법은 언급되지 않았다.

② 잘 알려진 브랜드를 찾는 고객의 경향 → 기업이 공익에 기여하는 것을 알게 될 때 고객이 그 브랜드를 찾는다는 내용의 글로, 브랜드의 유명세와는 관계없다.

④ 제품 가격과 품질 사이의 관계 → 제품의 가격과 품질 사이의 관계에 대해서는 언급된 바 없다.

해석 고객은 자신이 어떤 것을 애용하는 것이 그 회사의 이익을 넘어선 무언가에 기여한다는 사실을 이해하고 그 증거를 볼 때, 계속해서 그곳에서 구매할 강력한 동기가 생긴다. Ben & Jerry's, The Body Shop, 혹은 LensCrafters와 같은 회사들을 생각해 보라. 당신이 아이스크림을 사는 데 지불한 금액 일부가 자선단체로 가거나, 화장품 가격의 상당 부분이 원료를 생산한 최초 생산자에게 돌아가거나, 당신이 안경을 사는 데 지불한 금액 일부가 불우한 사람들을 위한 무료 눈 관리에 사용된다. 당신의 특정 욕구를 충족하는 동시에 그 과정에서 더 큰 공익에 기여할 수 있다는 것은 매력적인 조합이다. 대부분의 사람들은 이 세상에서 영향을 미치고 싶어도 그렇게 하는 것이 매우 어렵다고 불평한다. 이런 식으로, 모든 사람이 (그렇게) 할 수 있으며, 그것은 이 고객들을 계속해서 다시 찾아오게 만드는 긍정적인 감정을 일으킨다.

어휘 patronage 애용, 후원 contribute 기여하다 motivator 동기 부여 요소 custom (상품의) 구매 charity 자선 단체 fair 상당한 cosmetics 화장품 channel 보내다 raw 원자재의 fulfill 충족하다 specific 특정한 compelling 매력적인 make a difference 변화를 가져오다, 영향을 미치다 appropriate 적절한 tendency 경향 appeal 호소 ethical 윤리적인 desire 욕구 strategy 전략

## 07

정답 ②

해설 교통수단을 통해 사회적 지위와 같은 한 사람의 정체성이 드러난다는 내용의 글로, 대중교통, 자동차, 자전거를 그에 대한 예시로 제시하고 있다. 따라서 빈칸에 들어갈 말로 가장 적절한 것은 ② '교통수단 선택을 통해 투영될'이다.

① 교통수단에 관계없이 고정될 → 교통수단에 따라 정체성이 다르게 인식된다는 글의 내용과 반대된다.

③ 혼자 여행할 때 확립될 → 혼자 여행할 때 정체성이 확립된다는 내용은 언급되지 않았다.

④ 운전 실력과 관련 있는 → 정체성이 투영되는 교통수단의 예시로 자동차가 언급되나, 운전 실력에 관한 언급은 없다.

해석 정체성은 교통수단 선택에 관한 논의에서 점점 더 중심이 되어 가고 있다. 일부 사람들이 특정한 교통수단과 관련된 정체성을 수용한다는 증거가 있다. 다른 유형의 소비와 마찬가지로, 사람들은 자신들의 결정에 근거하여 평가받는다고 느낀다. 예를 들어, 십 대에게 대중교통은 낮은 지위의 정체성과 관련 있는 반면, 자동차는 높은 지위와 관련 있는 것으로 보인다. 사회학자 John Urry는 자동차를 "그것이 연관되는 기호 가치(속도, 부, 직업적 성공, 자유, 가족)를 통해 그것의 사용자에게 지위를 부여하는 개인화된 소비의 주요 물품"으로 설명한다. 또한 자전거를 타는 사람들은 좋은 건강, 신체 활동, 친환경 의식에 관한 전념으로 특징되는 뚜렷한 정체성을 가진 것으로 인식되고 있다. 그러므로 정체성이 교통수단 선택을 통해 투영될 수도 있다는 것은 명백하다.

어휘 debate 논의 embrace 받아들이다 associated with ~와 연관된 mode of transport 교통수단 consumption 소비 on the basis of ~을 기준으로, ~에 근거하여 public transport 대중교통 status 지위 describe 설명하다 individualized 개별화된 distinct 별개의, 뚜렷한 commitment 전념, 헌신 eco-consciousness 친환경 의식 relevant 관련 있는 establish 확립하다 project 투영[투사]하다 regardless of ~와 관계없이

## 08

정답 ③

해설 이타주의자가 전투에 더 능하므로 전체 구성원이 이타주의자로 구성된 집단이, 그렇지 않은 집단을 전멸시켜 결국 전쟁을 통해 이타주의자가 늘어나는 현상이 벌어졌다는 주장을 소개하는 글이다. 주어진 문장은 However로 시작하여, 그러나 그 유전자가 없는 사람들이 있을 경우에 그들은 대가를 치르지 않고도 그 집단의 이타주의로부터 이득을 볼 것이라는 내용으로, 앞에는 주어진 문장의 내용과 반대되는 상황이 와야 하며, the gene이 가리키는 대상이 언급되어야 한다. 또한 뒤에는 주어진 문장에 따른 결과가 나와야 자연스럽다. ③ 앞은 모든 구성원이 이타적일 경우에 그 집단은 번성할 것이라는 주장에 관한 예시이므로 주어진 문장의 상황과 상반되며, 여기서 the altruism gene이 주어진 문장의 the gene이 지칭하는 대상임을 알 수 있다. 또한 ③ 뒤는 이타심 유전자를 갖지 않은 사람들이 더 많이 번식하여 이타주의가 무너질 것이라는, 주어진 문장에 따른 결과를 서술하는 내용이며 여기서 These individuals가 주어진 문장의 people lacking the gene을 의미하는 것을 알 수 있다. 더불어, 주어진 문장 없이는 ③ 앞뒤로 문맥상 단절이 생기는 것에 유의해야 하므로, 주어진 문장이 들어갈 위치로 가장 적절한 곳은 ③이다.

해석 이상하게도, 많은 인류학자들은 끊임없는 전쟁이 마을을 위해 방어에 참여하거나 전쟁에 나가는 것과 같은 이타적 행동의 진화 원인이 되었다고 믿는다. 한 유전자가 이타심의 발현을 초래하고, 그 유전자가 한 사회 집단의 모든 구성원들에게 존재한다면, 집단 전체가 이러한 이타심으로 인해 번성할 것이다. 예를 들어, 이타적인 전사들로 구성된 부족은 전투에서 더 용감하고 유능할 것이고, 이는 결국 그들 씨족의 지배력과 성장을 증가시킬 것이다. 그러나 그 유전자가 없는 사람들이 있다면, 그들은 이러한 행동의 대가(가령 전투에서 죽는 것)를 전혀 부담하지 않고 그 집단의 이타주의로부터 이득만 볼 것이다. 이타심 유전자를 갖지 않은 이 개인들은 더 많이 번식해서, 결국 이타주의라는 개념 자체를 무너뜨릴 것이다. 전쟁이 이 문제를 방지했다고 주장되는데, 이는 무임승차자 비율이 높은 집단은 집단 내 모든 구성원이 이타주의자들인 것으로부터 이득을 본 집단에 의해 때때로 전멸당할 수 있었기 때문이다.

어휘 lack ~이 없다 altruism 이타주의, 이타심 bear 부담하다 curiously 이상하게도 anthropologist 인류학자 warfare 전투 evolution 진화, 진전 prosper 번영하다 selflessness 이타심 tribe 부족, 종족 fearless 용감한 effective 유능한 dominance 지배력 clan 씨족 break down 무너지다 keep in check ~을 방지[억제]하다 proportion 비율 occasionally 때때로 wipe out 전멸시키다 complement (필요한) 정원, 전량 midst 가운데

## 09

정답 ④

해설 메시지는 언어 그 자체보다 목소리 톤과 같이 말을 제시하는 방식에 의해 그 의미가 더 잘 전달된다는 내용의 글이다. (A) 앞에서 이러한 글의 핵심 내용이 언급되었고, 뒤에서 목소리에 담긴 감정과 태도, 즉 말을 제시하는 방식의 중요성에 관한 사례를 소개했으므로, (A)에 들어갈 연결사로 적절한 것은 For example이다. 또한 (B) 앞에서 목소리-음높이 분석에 따른 결과를 언급하였고, 뒤에서 그 결과가 시사하는 바를 설명했으므로, (B)에 들어갈 연결사로 적절한 것은 That is이다.

해석 우리가 말로 하는 진술을 제시하는 방식은, 특히 목소리 톤에서 많은 의미를 전달한다. 그 결과로 나타나는 메시지는 언어 그 자체보다 우리의 진정한 감정이나 생각을 훨씬 더 잘 전달할 수 있다. 예를 들어, 한 대형 통신 회사의 연구개발소는 서비스 만족도 질문에 관한 소비자 응답에 대해 목소리-음높이 분석, 즉 감정과 태도를 검사하기 위해 피험자의 목소리를 분석하는 기술을 수행했다. 그 연구소는 주어진 가장 긍정적인 응답 중 상당수에 높은 수준의 불확실성이 존재했다고 결론 내렸다. 즉, 소비자가 제공한 말 그대로의 진술이 높은 수준의 만족도를 나타냈음에도 불구하고, 그들의 목소리에 표현된 불확실성은 상당히 떨어지는 만족도를 의미했다. 만약 그 회사가 말 그대로의 구두 언어에만 의존했다면, 그들은 그들의 서비스 전달 시스템에 잘못된 자신감을 가지고 있었을 것이다.

어휘 present 제시하다; 존재하는 statement 진술 convey 전달하다 particularly 특히 communications 통신 pitch 음높이 analyze 분석하다 subject 피험자 attitude 태도 satisfaction 만족(감) uncertainty 불확실성 literal 말[문자] 그대로의 indicate 나타내다 considerably 상당히 rely on ~에 의존하다 confidence 자신감 delivery 전달

## 10

정답 ③

해설 마지막 2번째 문장에서 골프 카트로 모든 전시에 접근할 수 있는 것은 아니라고 언급되므로, 글의 내용과 일치하지 않는 것은 ③ '프리토리아 동물원의 모든 구역에 골프 카트로 들어갈 수 있다.'이다.

① 프리토리아 동물원은 아프리카에서 가장 큰 동물원이다. → 첫 문장에서 언급된 내용이다.

② 매년 60만 명 이상이 프리토리아 동물원을 방문한다. → 3번째 문장에서 언급된 내용이다.

④ 프리토리아 동물원은 때때로 노인들에게 무료로 개방된다. → 마지막 문장에서 언급된 내용이다.

해석 남아프리카 국립 동물원, 즉 프리토리아 동물원은 아프리카에서 가장 큰 동물원이다. 85헥타르 규모의 이 동물원은 705종의 9,000마리 이상의 동물을 수용하고 있다. 세계에서 가장 큰, 그리고 최고의 평가를 받는 동물원 중 하나이기 때문에 매년 60만 명 이상의 사람들이 이곳을 방문한다. 동물원의 절경을 바라보는 케이블카와 사람들을 여러 구역으로 수송하는 기차가 있다. 골프 카트로 모든 전시에 접근할 수 있는 것은 아니지만, 골프 카트도 이용 가능하다. 공원에 입장하는 데는 요금이 있지만, 일 년 중 며칠, 노인은 무료로 입장할 수 있다.

어휘 zoological park 동물원 species 종 annually 매년 command (어떤 장소를) 바라보다 superb 최고의 transport 수송하다 available 이용 가능한 exhibit 전시 accessible 접근 가능한 fee 요금 senior 노인

회차 **03** **하프 모의고사**

Date : . .
Score : /10

| | | | | | | | | | |
|---|---|---|---|---|---|---|---|---|---|
| 01 | ② | 02 | ④ | 03 | ③ | 04 | ④ | 05 | ③ |
| 06 | ② | 07 | ① | 08 | ① | 09 | ④ | 10 | ③ |

## 01

**정답** ②

**해설** hazardous는 '위험한'이라는 뜻으로, 이와 의미가 가장 가까운 것은 ② 'risky(위험한)'이다.

① 희귀한 ③ 열악한 ④ 최적의

**해석** 그 배는 주요 지지대 역할을 하는 수많은 들보들이 완전히 부식되어 매우 위험한 상태인 것으로 밝혀졌다.

**어휘** timber 목재, 들보 primary 주요한 decay 부식시키다

## 02

**정답** ④

**해설** bent on은 '~을 결심하고 있는'이라는 뜻으로, 이와 의미가 가장 가까운 것은 ④ 'resolved on(~을 결심한)'이다.

① ~을 강요받은 ② ~에 근거한 ③ ~에 혹한

**해석** 그는 아버지의 바람에 따라 가문의 법 관련 유산을 유지하고자 직장을 그만두고 법조계에 종사하기로 결심했다.

**어휘** quit 그만두다 uphold 유지하다 legacy 유산

## 03

**정답** ③

**해설** 'only + 부사'가 문두에 오면 주어와 동사는 의문문 어순으로 도치되므로, have humans noticed의 어순은 적절하다. 또한 지각동사로 쓰인 notice는 목적어와 목적격 보어의 관계가 능동이면 목적격 보어로 원형부정사나 현재분사를 취하므로, increase가 쓰인 것도 적절하다.

① (his → the) 사람과 신체 부위를 분리 표현하는 경우, 신체 부위를 강조하여 '전치사 + the + 신체 부위'의 형태로 쓴다. 이때 신체 부위 앞에 소유격은 쓸 수 없고, 반드시 정관사 the를 써야 하므로 his를 the로 고쳐야 한다. 참고로 '잡다'라는 뜻의 catch는 전치사 by와 함께 쓰이며, 5형식 동사로 쓰인 ask는 to 부정사를 목적격 보어로 취하므로 to wait은 적절하게 쓰였다.

② (which → when 또는 in which) 관계대명사 which 뒤에는 불완전한 절이 와야 하는데 여기서는 완전한 절이 오고 있다. 따라서 which를 occasions를 선행사로 받으면서 완전한 절을 이끌 수 있는 관계부사 when으로 고치거나, which 앞에 전치사 in을 더해 '전치사 + 관계대명사'로 만들어야 한다.

④ (whom → who) whom 뒤의 they believe는 삽입절로, 관계사절의 주어 자리가 비어 있는 구조이다. 따라서 목적격 관계대명사 whom을 주격 관계대명사 who로 고쳐야 한다. 참고로 관계대명사의 선행사가 단수 명사 a CEO이므로 관계사절에 단수 동사 has가 쓰인 것은 적절하다.

**해석** ① 나는 그의 팔을 잡고 그에게 조금만 더 기다려 달라고 부탁했다.

② 나는 내 가장 친한 친구가 도움이 필요했던 많은 경우를 기억했다.

③ 최근에야 인간들은 사회적 갈등이 급격히 증가하는 것을 알아차렸다.

④ 그들은 그들이 믿기에 입증된 지도력을 가진 CEO를 선택해야 한다.

**어휘** occasion 경우 rapidly 급격히 proven 입증된

## 04

**정답** ④

**해설** (electing → being elected) 'prevent O from RVing'는 'O가 ~하지 못하게 막다'라는 뜻의 구문이다. 그런데 여기서는 대통령 후보가 '선출하는' 것이 아닌 '선출되는' 것을 막는 것이므로 수동형인 being elected가 쓰여야 한다.

① 'cannot help RVing'는 '~할 수밖에 없다'라는 뜻의 관용표현으로 주어진 우리말에 맞게 적절히 쓰였으며, 2형식 동사로 쓰인 feel의 보어로 형용사 nervous가 온 것도 적절하다.

② 분사구문의 의미상 주어인 she가 '공부한' 것이므로 능동의 현재분사가 쓰여야 하며, 시험에서 좋은 결과를 얻은 시점(과거)보다 열심히 공부한 시점이 더 앞서므로 완료시제가 쓰여야 한다. 따라서 Having studied는 적절하게 쓰였다.

③ 전치사 of의 목적어로 동명사의 부정 형태 not throwing away가 온 것은 적절하다. 또한 the stuff와 he 사이에는 목적격 관계대명사가 생략되어 있으므로, with 뒤에 목적어 자리가 비어 있는 것도 적절하다. 참고로 dispense with는 '~없이 지내다'라는 뜻으로, 전치사 without을 쓰지 않음에 유의해야 한다.

**어휘** throw away 버리다 presidential candidate 대통령 후보

## 05

**정답** ③

**해설** 출근하지 않은 Harry에 관해 A와 B가 대화를 나누는 상황이다. A가 빈칸 내용을 묻자 B가 그렇다고 하며 자신에게 그의 전화번호가 있다고 말한 것을 보아, 빈칸에 들어갈 말로 가장 적절한 것은 ③ '그에게 연락할 방법을 아시나요'이다.

① 어떤 일에 그가 필요하신 거죠

② 그는 휴가를 어디로 갔나요

④ 왜 당신이 늦었는지 말해줄 수 있나요

**해석** A: 저기, 오늘 Harry 출근했어요?

B: 제가 알기론 안 했어요. 근데 그가 쉬는 날도 아닌 것 같아요.

A: 늦잠 자고 있을지도 모르겠네요. 그에게 연락할 방법을 아시나요?

B: 네, 제게 그의 전화번호가 있어요. 제가 지금 바로 전화할게요.

**어휘** day off 쉬는 날 sleep in 늦잠 자다

## 06

정답 ②

해설 공격적인 성향이 최대치인 나이가 청소년기가 아닌 2~3살이라는 결론을 도출해 낸 한 연구에 관한 글이다. 아울러 본래 지닌 공격적 충동은 사회화를 통해 억제된다고 했으므로, 글의 요지로 가장 적절한 것은 ② '공격성은 사회화로 억제되는 타고난 본능이다.'이다.

① 아이들은 부모의 공격성을 모방하는 경향이 있다. → 부모와 같은 사회화 담당자를 통해 공격성을 억제하는 법을 배운다고 언급되므로, 부모의 공격성을 모방한다는 것은 적절하지 않다.

③ 더 어린 아이들의 범행이 언론에 더 많이 보도된다. → 청소년보다 두 살배기의 폭력 행위가 덜 보도된다고 하였으므로 옳지 않다.

④ 폭력적인 성향은 십 대에 절정에 이른다. → 폭력적인 성향은 유아기에 최대치에 이른다고 하였다.

해석 Richard Tremblay에 의한 최근 연구는 사회화의 주된 영향이 공격성을 억제하는 것이라는 점을 시사했다. Tremblay의 자료는, 공격적인 성향이 최대치인 나이가 보통 추정되던 것처럼 청소년기가 아니라, 실제로는 유아기, 아마도 두 살이나 세 살이라는 다소 놀라운 결론으로 이어졌다. 두 살배기가 청소년보다 폭력 행위에 관해 덜 언론 보도되는 유일한 이유는 그들이 작고 약하며 일반적으로 혼자서 밤에 거리를 돌아다니는 것이 허락되지 않기에 피해를 덜 끼치기 때문이다. 아이들에 관한 Tremblay의 관찰 결과는, 두 살배기 사이의 사회적 상호 작용에서 충격적이게도 25%가 어느 정도의 신체적 공격성을 포함하고 있는 것을 발견했다. 심지어 십 대 소년 중 가장 난폭한 집단이나 상습적인 범죄자조차도 그것에 훨씬 미치지 못한다. 그것이 가지는 함의는, 아이들이 공격적인 충동의 많은 비축량을 가지고 시작하지만, 부모나 교사와 같은 사회화 담당자의 영향 아래 점차 충동을 억제하는 법을 배운다는 것이다.

어휘 suggest 제안[시사]하다 socialization 사회화 restrain 억제하다 aggression 공격(성) somewhat 다소 startling 놀랍게 하는 conclusion 결론 maximum 최대한의 tendency 성향 adolescence 청소년기 assume 추정하다 press coverage 언론 보도 permit 허용하다 roam 돌아다니다 observation 관찰 (결과) interaction 상호 작용 degree 정도 wild 난폭한 hardened 상습적인 stop short of ~에 미치지 못하다 implication 함의 ample 많은, 풍부한 stock 비축 impulse 충동 agent 행위자, 동인 gradually 점차 imitate 모방하다 instinct 본능 curb 억제하다 peak 절정

## 07

정답 ①

해설 대상이 아름답기 위해서는 그것을 육안으로 지각하는 것이 가능해야 한다고 주장하는 글이다. 사자와 상어의 경우에는 아름다울 수 있지만, 벼룩 같은 경우에 크기가 너무 작아 육안으로 유의미한 구성을 볼 수 없기에 아름다울 수 없다고 말한 것에서 대상의 크기가 중요하다는 것을 알 수 있다. 따라서 빈칸에 들어갈 말로 가장 적절한 것은 ① '크기'이다.

② 명성 → 작품의 명성에 관해서는 언급된 바 없다.

③ 독창성 → 예술 작품이 독창적이어야 한다는 취지의 내용은 없다.

④ 설명 → 작품의 설명에 관해서는 언급되지 않았다.

해석 예술 작품이 감상되려면 충분한 크기를 가져야 하지만, 이 요건은 예술의 특성에 관한 것이라기보다는 인간 지각 기관의 특성에 관한 것이다. 그것 없이는 어떤 물체도 패턴이나 지각 가능한 구조로 배열될 수 있는 부분들을 가진 것으로 인지될 수 없다. 그러므로 사자나 상어는 그것들의 부분들이 유의미하고 잘 구조화된 전체를 형성하기 때문에 아름다울 수 있다. 하지만 벼룩은, 그것이 하찮고 불쾌한 동물이어서가 아니라, 육안으로 유의미하게 배열된 부분들을 지각하기에는 너무 작기 때문에 아름다울 수 없다. 작은 점이 그 자체로 아름다울 수는 없다. 아름다움은 물체가 눈에 보이는 부분들을 가진 경우에만 가능하다.

어휘 appreciate 감상하다 possess 보유하다 sufficient 충분한 requirement 요건 nature 특성 perceptive 지각[인지]하는 apparatus (신체) 기관 arrange 배열하다 flea 벼룩 trivial 하찮은 disagreeable 불쾌한 naked eye 육안 speck 작은 점, 입자 visible (눈에) 보이는

## 08

정답 ①

해설 우리의 무의식을 통한 반사적 반응이 우리를 보호해 준다는 사실을 한 예시를 통해 설명하는 글이다. 주어진 글은 우리의 무의식 과정이 의식적 과정보다 우리를 더 잘 보호한다고 하면서 실제 뱀, 정원 호스, 나무뿌리 등 뱀과 관련된 이미지를 나열하며 한 예시를 소개하고 있다. 이 글 다음에는 뱀을 닮은 물체를 보게 된다면 뱀에 대처하기 위한 계획이 작동한다며 예시의 내용을 이어가는 (B)가 오는 것이 적절하다. 그다음으로는 Instead로 시작하여, 정원 호스나 나무뿌리를 볼 경우를 가정하며 (B)의 내용과 대비되는 반응을 설명하는 (A)가 와야 한다. 마지막으로, 앞서 언급된 두 반응을 these responses로 받아, 두 반응 모두 의식적 과정이 필요하지 않았다고 하면서 무의식적 반응의 중요성을 언급하는 (C)가 오는 것이 자연스럽다. 따라서 글의 순서로 가장 적절한 것은 ① '(B) - (A) - (C)'이다.

해석 우리의 무의식적 과정은 종종 우리의 의식적 과정보다 우리를 더 잘 보호한다. 예를 들어, 당신의 뇌에 저장된 뱀과 관련된 이미지는 실제 뱀, 정원 호스, 또는 어쩌면 뱀을 닮은 나무뿌리에 관한 기억으로 구성될 수 있다. (B) 만약 당신이 정원 호스보다 뱀과 더 유사한 물체를 보게 되면, 위험한 뱀에 대처하기 위한 당신의 마음에 본래 가지고 있는(무의식에 내재한) 계획이 작동한다. (A) 대신, 만약 당신이 그 물체가 정원 호스나 나무뿌리라는 것을 깨닫게 되면, 당신의 인식이 무의식적으로 전개되어 그 상황의 위협적이지 않은 성격을 알아차리고 다시 걷기를 시작할지도 모른다. (C) 이러한 반응 중 어떤 것도 여태 의식적인 사고를 필요로 하지 않았다. 만약 그랬다면, 아마 우리 종은 멸종했을 것이다. 어쨌든 위험할 수도 있는 뱀을 마주쳤을 때 반응을 생각할 시간이 있는 사람이 누가 있겠는가?

어휘 unconscious 무의식적인 related to ~과 관련된 store 저장하다 comprise 구성하다 resemble 닮다 awareness 인식 unfold 전개되다 recognize 알아차리다 resume 다시 시작하다 innate (경험에 의하지 않고) 마음에 본래 가지고 있는 kick in 작동하다 response 반응 species 종 extinct 멸종된

## 09

**정답** ④

**해설** 텔레비전이 스포츠 산업에 가져다준 막대한 재정적 이익에 관해 서술하는 글이다. 따라서 글의 흐름상 가장 어색한 문장은 텔레비전이 마이너리그 및 지역 클럽의 해체를 초래했다는 부정적인 내용의 ④이다.

**해석** 텔레비전은 20세기 후반에 스포츠에 막대한 영향을 끼쳤다. 스포츠의 재정적 성공은 그것의 텔레비전 노출 덕분이었다. National Football League(NFL)와 Major League Baseball(MLB)과 같은 가장 성공적인 스포츠 리그는 라이브 관중보다 텔레비전 방영권료로 더 많은 돈을 번다. 골프와 테니스는 지난 20년 동안의 텔레비전 시청료 증가 덕분에 큰 자금력을 갖게 되었다. 하키와 같은 덜 성공적인 프로팀 스포츠 또한 텔레비전 패키지로 위상이 크게 향상되었다. (게다가 텔레비전은 작은 마을의 마이너리그나 지역 클럽에 오는 관중을 급격히 감소시켜 그것들의 해체를 야기했다.) 본질적으로, 작은 화면(텔레비전)은 실로 스포츠에서 재정적 성공의 생명선이 되었다.

**어휘** enormous 막대한 exposure 노출 generate 창출하다 television rights 텔레비전 방영권 fee 요금, 수수료 attendance 관중 purse 주머니 사정, 자금력 decade 10년 status 위상 drastically 급격히 breakup 해체 in essence 본질적으로 indeed 실로 lifeblood 생명선

## 10

**정답** ③

**해설** 3번째 문장에서 사막의 폭풍 작전이 걸프전을 종식한 휴전을 가져왔다고 언급된다. 따라서 글의 내용과 일치하는 것은 ③ '걸프전은 사막의 폭풍 작전의 성공으로 끝났다.'이다.

① 쿠웨이트로부터 이라크를 방어하는 데 40개 이상의 국가가 참여했다. → 첫 문장에서 쿠웨이트가 이라크의 점령 아래 있었다는 것을 알 수 있으며, 2번째 문장에서 이라크가 쿠웨이트를 침공했다고 언급되므로, 두 국가가 서로 뒤바뀌었기 때문에 옳지 않다.

② 유엔은 미국 주도의 연합을 승인한 적이 없었다. → 2번째 문장에서 미국이 주도한 연합 세력을 유엔이 승인했다고 언급되므로 옳지 않다.

④ 미국의 국제적 위상은 걸프전으로 인해 크게 손상되었다. → 마지막 문장에서 걸프전의 중요한 결과 중 하나로 초강대국으로서의 미국의 신뢰 회복이 언급되므로 옳지 않다.

**해석** 걸프전은 미국이 주도한 42개국 연합이 이라크의 점령으로부터 쿠웨이트를 해방하기 위해 개입했을 때 1990년부터 1991년까지 일어난 분쟁이다. 1990년 8월 이라크의 쿠웨이트 침공은 국제적 비난을 받았으며, 이에 대응하여 유엔이 승인하고 미국이 주도한 연합군이 Operation Desert Storm으로 알려진 군사 작전을 개시했다. 이 작전은 1991년 초 쿠웨이트의 성공적인 해방을 가져오고 걸프전을 종식했다. 걸프전은 중동의 세력 균형 변화, 분쟁에 대한 국제적 개입의 선례 확립, 세계 유일 초강대국으로서의 지위에 대한 미국의 신뢰 회복 등 중요한 함의가 있었다.

**어휘** conflict 분쟁 coalition 연합 intervene 개입하다 liberate 해방하다 occupation 점령 invasion 침공 condemnation 비난 authorize 승인하다 launch 개시하다 operation 작전 significant 중요한 implication 함의, 결과 shift 변화 establishment 확립 precedent 선례 restoration 회복 sole 유일한 superpower 초강대국 approve 승인하다 status 위상

회차 **04** 하프 모의고사

Date : . . .

Score : / 10

| | | | | | | | | | |
|---|---|---|---|---|---|---|---|---|---|
| 01 | ① | 02 | ③ | 03 | ② | 04 | ① | 05 | ② |
| 06 | ④ | 07 | ③ | 08 | ③ | 09 | ② | 10 | ④ |

## 01

**정답** ①

**해설** for 이하의 내용에 유의했을 때, 빈칸은 교사들이 불가피한 사정을 이유 삼아 수업 결석에 대해 취할 행위에 해당한다. 따라서 빈칸에 들어갈 말로 가장 적절한 것은 ① 'excused(양해되는)'이다.

② 처벌되는 ③ 거절당하는 ④ 물려받는

**해석** 학생의 수업 결석은 의료적 응급 상황과 같은 피치 못할 사유로 교사들에 의해 양해될 수 있다.

**어휘** absence 결석 unavoidable 불가피한

## 02

**정답** ③

**해설** go through는 '겪다'라는 뜻으로, 이와 의미가 가장 가까운 것은 ③ 'undergo(겪다)'이다.

① 포기하다 ② 묘사하다 ④ 떠올리다

**해석** 어려운 이별을 겪는 것은 감정적으로 힘들 수 있다.

**어휘** challenging 힘든 breakup 이별

## 03

**정답** ②

**해설** '많은'이라는 뜻의 a number of 뒤에는 복수 명사가 오고 복수 동사로 수일치하므로, are와 people의 쓰임은 적절하다. 또한 소유격 관계대명사 whose 뒤에 명사 help가 오고, 'whose + 명사' 뒤에 목적어가 없는 불완전한 문장이 오고 있는 것도 적절하다.

① (follow it → follow) easy가 포함된 난이형용사 구문이 쓰이고 있는데, to 부정사의 목적어가 주어로 오는 경우 중복을 피해 to 부정사의 목적어 자리는 비어 있어야 한다. 따라서 to follow 뒤의 it을 삭제해야 한다.

③ (has respected → has been respected) 타동사 respect 뒤에 목적어가 없고, 문맥상 그녀가 '존경받는' 것이므로 수동태인 has been respected가 쓰여야 한다. 참고로 분사구문의 의미상 주어인 그녀가 고등교육 결여의 주체이므로 현재분사 lacking은 적절히 쓰였다.

④ (remain → remains) 주어가 단수 명사인 The desire이므로 동사도 그에 수일치하여 단수인 remains가 되어야 한다. 참고로 remain이 2형식 동사로 사용되어 형용사 보어 strong을 취한 것은 적절하다.

**해석** ① 이 요리의 조리법은 따라 하기 꽤 쉽다.

② 나는 도움에 감사를 표하고 싶은 사람들이 많다.

③ 그녀는 고등교육을 못 받았지만 조국에서 존경받아 왔다.

④ 명절에 고향으로 돌아가고 싶은 바람은 여전히 강하다.

**어휘** acknowledge 감사를 표하다 lack ~이 없다 desire 바람, 욕망

## 04

정답 ①

해설 (presidents → president) 비교급을 이용하여 최상급을 표현하는 경우, '비교급 ~ than + all the other + 복수 명사' 또는 '비교급 ~ than + any other + 단수 명사' 구조를 취한다. 여기서는 any other가 쓰이고 있으므로 뒤에는 단수 명사 president가 와야 한다.

② '마치 ~인 것처럼'이란 뜻의 as if 가정법 과거가 쓰여 종속절에 were가 쓰인 것은 적절하다.

③ 'forget to RV'는 '~할 것을 잊다'라는 의미이고, 'forget RVing'는 '~한 것을 잊다'라는 의미이다. 여기서는 이메일을 '보낼 것을 잊지' 말라는 것이므로 to send는 적절하게 쓰였다.

④ suggested와 she 사이에 접속사 that이 생략된 구조이다. suggest와 같은 주장·요구·명령·제안·충고·결정 동사가 당위의 의미를 지니는 that절을 목적어로 취할 때, that절 내의 동사는 '(should) + RV'로 표현한다. 따라서 leave의 쓰임은 적절하다. 또한 문제가 '해결되지 않은' 채로 두는 것이므로 수동의 과거분사 unsolved도 적절하게 쓰였고, 전치사 until이 상태의 지속을 나타내는 동사 leave와 함께 쓰인 것도 적절하다.

## 05

정답 ②

해설 깨어 있기 위해 에너지 드링크를 마시는 B와 A가 대화를 나누는 상황이다. A가 빈칸 내용을 말하자 B는 꽤 일찍이라고 하며 잠은 충분히 잤다고 답한 것으로 보아, 빈칸에서 A는 B에게 언제 잠들었는지 물었음을 추측할 수 있다. 따라서 빈칸에 들어갈 말로 가장 적절한 것은 ② '언제 잤길래?'이다.

① 난 한 번도 안 마셔봤어.

③ 왜 어젯밤에 안 자고 깨어 있었어?

④ 그런 음료는 내 머리를 아프게 해.

해석 A: 네 손에 그 음료는 뭐야?

B: 에너지 드링크야. 내가 깨어 있는 데 도움이 돼.

A: 언제 잤길래?

B: 꽤 일찍. 잠은 충분히 잤는데 어쩐지 너무 피곤해.

A: 네가 지난 몇 주 동안 추가 근무를 해서 그럴 거야. 너무 무리하지 마.

어휘 worn out 피곤한, 지친 shift (교대) 근무 go easy on ~을 살살[적당히] 다루다 stay up 안 자고 깨어 있다

## 06

정답 ④

해설 모험하는 것을 장려함으로써 혁신과 성장을 돕는 놀이의 긍정적인 역할을 서술하는 글이다. 따라서 글의 제목으로 가장 적절한 것은 ④ '발전을 촉진하는 놀이의 힘'이다.

① 동물들은 서로 어떻게 노는가? → 사회적 동물들은 글에서 언급된 연구자가 어떤 연구를 하는지 설명하기 위해 부차적으로 언급되었을 뿐이다.

② 놀기 좋아하는 것: 긍정적인 면과 부정적인 면 → 놀이의 부정적인 면에 관해서는 언급된 바 없다.

③ 두뇌 성장을 자극하는 놀이 유형 → 놀이가 두뇌 성장을 자극한다고 볼 수 있으나, 그러한 놀이의 유형을 소개하지는 않았다.

해석 사람들이 놀이를 꼭 필요하지 않은 것으로 간주하는 것은 잘못되었다. 늑대, 코요테, 개와 같은 사회적 동물의 놀이 행동을 연구하는 Colorado 대학의 Marc Bekoff는, 놀이가 불이익을 받지 않고 실수를 해도 되기 때문에 개인들이 새로운 것을 시도할 수 있게 한다고 결론지었다. 그는 "놀이는 적당한 모험을 하는 것을 장려한다."라고 말한다. "그것(놀이)은 당신을 유연하고 창의적일 수 있게 해준다." 놀이는 실험과 학습을 위한 안전한 공간을 제공함으로써 혁신을 양성하고 성장을 위한 강력한 촉매제 역할을 한다. 이처럼 놀이는 시시한 오락거리가 아니라, 개인 발전과 사회 발전의 필수 요소이다. 그렇다면 최소한 우리는 물싸움을 장려하고 상상의 친구들을 초대하여 함께 하게 함으로써 다음 세대를 피할 수 없는 미래의 어려운 상황에 대비시켜 주어야 한다.

어휘 regard 간주하다 frill 꼭 필요하지 않은 것, 장식 reasonable 적당한 nurture 양성하다 catalyst 촉매제 frivolous 하찮은, 시시한 pastime 오락 component 요소 equip 대비시키다 inevitable 피할 수 없는 recession 어려운 상황, 불황 upside 긍정적인 면 downside 부정적인 면 stimulate 자극하다 foster 촉진[조성]하다

## 07

정답 ③

해설 물이 오랜 시간 가열되면 흙으로 변한다는 믿음이 틀렸음을 Lavoisier가 실험을 통해 입증한 사례를 소개하는 글이다. 그의 실험에 따르면 플라스크에 담긴 물은 가열 전후 무게가 변하지 않았으나, 플라스크의 무게는 감소했다. 이를 통해 침전물이 유리에서 나온 물질로 구성된 것을 알게 되었으므로, 흙이 생성되는 것이 아님을 밝혀낼 수 있었다. 따라서 빈칸에 들어갈 말로 가장 적절한 것은 ③ '흙이 생성되고 있지 않았다'이다.

① 물이 여과되고 있었다 → 물이 깨끗해졌다거나 물속에서 무언가가 걸러졌다는 취지의 내용은 언급된 바 없다.

② Aristotle이 옳았다 → 오히려 Aristotle의 주장이 틀렸음을 증명한 실험이므로 반대된다.

④ 어떠한 침전물도 형성되고 있지 않았다 → 유리에서 나온 침전물이 있었다고 언급되므로 적절하지 않다.

해석 Aristotle은 한 원소가 다른 원소로 변할 수 있다고 주장했었고, 심지어 1770년에도 많은 사람이 물이 충분히 오래 가열되면 흙으로 변할 수 있다고 믿었는데, 이는 유리 용기에 며칠 동안 물을 가열하면 그것이 얇은 침전물을 남겼기 때문이었다. Lavoisier는 특수 플라스크에 백일 동안 물을 끓여서 이를 실험했는데, 그 플라스크 안에서는 수증기가 응결되어 다시 플라스크로 되돌아와, 물이 아예 그 장치를 빠져나갈 수 없었다. 실험 전후의 물과 플라스크의 (무게) 측정치를 면밀히 비교한 결과, 그는 물의 무게가 변하지 않았으므로 그것이 (흙으로) 변하지 않고 있었음을 보여 주었다. 그러나 플라스크의 무게는 약간 덜 나갔다. 그 차이는 물이나 흙이 아닌, 그 유리에서 나온 물질로 구성된 침전물에 의해 만들어진 것이었다. 이렇게 하여 Lavoisier는 흙이 생성되고 있지 않았다는 것을 증명했다.

어휘 element 원소 transform 변하다; 변형시키다 earth 흙 period 기간 sediment 침전물 water vapor 수증기 condense 응결되다 measurement 측정치 slightly 약간

## 08

정답 ③

해설 상품의 온라인 판매 용이성은 그 상품이 어떤 오감과 관련 있는지에 달려 있다는 내용의 글이다. 주어진 문장은 촉각, 미각, 후각에 호소하는 상품들은 온라인에서 판매하기가 더 어렵다는 내용으로, 앞에는 이 상품들의 비교 대상, 즉 더 쉽게 팔리는 상품들이 나와야 하며, 뒤에는 주어진 문장 내용과 관련된 부연이 이어져야 한다. ③ 앞에서 온라인에서 상대적으로 쉽게 팔리는, 청각을 기반으로 하는 상품에 관한 예시가 나왔으며, 뒤에서는 직접 타보고 만져보며 경험해야 하는 상품들인 자동차와 가구에 관한 예시가 나왔다. 이때 또한 ③ 앞뒤로 문맥상 단절이 일어나므로, 주어진 문장이 들어갈 위치로 가장 적절한 곳은 ③이다.

해석 어떤 상품은 다른 상품보다 온라인으로 판매하기가 더 쉽다. Michael de Kare-Silver 작가는 어떤 상품의 온라인 판매 성향은 그것이 오감 중 어떤 것에 호소하는가에 어느 정도 달려있다고 말한다. 시각 또는 청각만을 기반으로 팔리는 상품들은 온라인에서 상대적으로 쉽게 팔릴 수 있다. 이것이 온라인 음악 스트리밍 플랫폼이 번성하는 동안 전통적인 음반 매장은 줄어든 이유이다. 촉각, 미각, 후각에 호소하는 상품들은 온라인에서 판매하기가 더 어렵다. 예를 들어, 고객은 새 차를 구매하기 전에 시승해 보고 싶어 하거나, 가구의 견고함을 평가하기 위해 그 무게를 느껴보고 싶어 할 수도 있다. 마찬가지로, 새 향수를 온라인으로 판매하는 것은 어려운 일일 수 있는데, 고객이 구매하기 전 그 향기를 경험하는 것을 선호하기 때문이다.

어휘 appeal 호소하다 inclination 성향 degree 정도 relatively 상대적으로 flourish 번성하다 dwindle 줄어들다 assess 평가하다 solidity 견고함 fragrance 향기 purchase 구매

## 09

정답 ②

해설 인간의 작업 기억과 장기 기억에 관해 서술하는 글이다. (A) 앞은 작업 기억에 관한 내용이고, (A) 뒤는 이와 대조적인 개념인 장기 기억에 관한 내용이므로 (A)에 들어갈 연결사로 적절한 것은 On the other hand이다. 또한, (B) 앞에서 두 유형의 기억이 각기 다른 역할을 수행한다고 말하며 각자의 역할을 설명하였고, (B) 뒤에서는 그 차이에도 불구하고 두 기억 체계가 우리의 인지 과정에서 함께 작용한다는 내용으로, 이는 앞 내용과 상반되는 맥락임을 알 수 있다. 따라서 (B)에 들어갈 연결사로 적절한 것은 However이다.

해석 인간의 기억 이론에서는 흔히 작업 기억과 장기 기억 간의 구분이 이루어진다. 전자는 대화 중 누군가가 마지막으로 한 말과 같이 최근 기간의 정보 소량을 떠올리는 능력을 가리킨다. 반면, 장기 기억은 2년 전에 들었던 곡과 같이 더 오래 전의 기억을 떠올리는 능력이다. 작업 기억은 즉각적인 정신 작업을 용이하게 하고 장기 기억은 미래에 필요할 때 접근할 수 있는 방대한 경험 저장소를 보관하면서, 이 두 기억 유형은 우리의 인지 과정에서 전혀 다른 역할을 한다. 그러나, 그 차이에도 불구하고, 이 두 기억 체계는 우리의 인지 과정을 공동으로 형성하여, 우리가 즉각적인 경험과 과거의 기억을 통합해 세상을 이해할 수 있게 해준다.

어휘 distinction 구분 long-term 장기적인 the former (둘 중에서) 전자 refer 가리키다 recall 기억해 내다 capacity 능력 cognitive 인지의 facilitate 용이하게 하다 vast 방대한 house 보관[수용]하다 reservoir 저장소 access 접근하다 jointly 공동으로 enable 가능하게 하다 integrate 통합하다 immediate 즉각적인

## 10

정답 ④

해설 마지막 2번째 문장에서 오카피 개체 수는 지난 20년 동안 반으로 줄어들었다고 언급되며, 마지막 문장에서 인간은 오히려 오카피의 생존에 큰 위협이 되고 있다는 것을 알 수 있다. 따라서 글의 내용과 일치하지 않는 것은 ④ '인간의 노력이 최근 오카피 개체 수의 증가로 이어졌다.'이다.

① 오카피는 그것의 생김새에도 불구하고 유전적으로 기린과 가깝다. → 첫 두 문장에서 언급된 내용이다.

② 야생에서 Ituri 열대우림만이 오카피의 서식지이다. → 3번째 문장에서 언급된 내용이다.

③ 뿔은 암컷 오카피보다 수컷 오카피 사이에서 더 흔하다. → 4번째 문장에서 언급된 내용이다.

해석 '숲 기린'으로 알려진 오카피는 사슴과 얼룩말의 교배종처럼 생겼다. 그렇지만 그것은 기린의 유일한 살아있는 친척이다. 오카피는 콩고민주공화국의 Ituri 열대우림, 즉 그것이 야생에서 발견될 수 있는 유일한 곳의 토종이며, 빗속에서 젖지 않기 위해 두껍고 기름진 털을 가지고 있다. 수컷은 모두 뿔이 있는 반면, 암컷 대부분은 그 대신 혹이 있다. 그것의 제한된 지리적 범위와 함께, 그것의 찾기 힘든 성질은 그것을 세상에서 가장 드물고 신비로운 포유류 중 하나로 만든다. 야생에 얼마나 많이 남아있는지는 확실하지 않지만, 과학자들은 지난 20년 동안 개체 수가 절반으로 대폭 줄었을 수도 있다고 추정한다. 표범이 야생에서 오카피의 주요 포식자이지만, 인간 사냥꾼들이 오카피의 생존에 더 큰 위협을 가한다.

어휘 cross 교배종, 잡종 relative 친척, 동족 native 토종의 bump 혹 elusive 찾기 힘든, 잘 달아나는 geographical 지리적인 range 범위 estimate 추정하다 slash 대폭 줄이다 decade 10년 leopard 표범 chief 주된 predator 포식자 pose 제기하다 genetically 유전적으로 appearance 생김새

회차 05 하프 모의고사

Date : . . .

Score : / 10

| | | | | | | | | | |
|---|---|---|---|---|---|---|---|---|---|
| 01 | ② | 02 | ④ | 03 | ① | 04 | ③ | 05 | ④ |
| 06 | ③ | 07 | ② | 08 | ① | 09 | ④ | 10 | ③ |

## 01

정답 ②

해설 capable 이하가 musician을 수식하고 있는데, 피아노, 기타, 플루트를 전부 똑같이 잘 다룰 수 있다는, 즉 재주가 많다는 내용이 오고 있다. 따라서 빈칸에 들어갈 말로 가장 적절한 것은 ② 'versatile(다재다능한)'이다.

① 외국의 ③ 멸종된 ④ 그저 그런

해석 Sarah는 피아노, 기타, 플루트를 동등하게 능숙한 실력으로 연주할 수 있는 다재다능한 음악가이다.

어휘 proficient 능숙한

## 02

정답 ④

해설 첫 문장에서 정확한 이름을 확실히 적어두라고 하고 있으므로, the name을 목적어로 취하는 빈칸에 들어갈 말로 가장 적절한 것은 ④ 'take down(적어두다)'이다.

① 떠맡다 ② 벗기다; 이륙하다 ③ 인수하다

해석 메시지를 받을 때, 반드시 그 사람의 정확한 이름을 적어둬라. 그 이름을 적어둔 후에는, 그것을 그 사람에게 다시 말해 당신이 제대로 들었는지 확인해라.

어휘 note 적어두다 confirm 확인하다

## 03

정답 ①

해설 (release → to release) 준사역동사 get은 목적어와 목적격 보어의 관계가 능동이면 to RV를, 수동이면 p.p.를 목적격 보어로 취하는데, 여기서는 your body가 물질을 '분비하는' 것이므로 능동을 나타내는 to release를 써야 한다.

② does는 앞에 나온 일반동사 improve의 대동사로, 주어인 morphine에 수일치하여 적절하게 쓰였다.

③ enough는 형용사나 부사를 수식할 경우 후치 수식하므로 healthy enough의 어순은 적절하다.

④ that은 several things를 선행사로 받는 목적격 관계대명사로, 뒤에 like의 목적어가 없는 불완전한 절이 온 것은 적절하다.

해석 운동은 당신의 몸이 엔도르핀이라고 불리는 물질을 분비하게 하는데, 이것은 모르핀이 하는 것과 같은 방식으로 당신의 기분을 크게 향상시킨다. 그러니 다음에 기운이 없거나 스트레스를 받을 때 운동을 해라. 하지만 만약 당신에게 심장 문제가 있다면, 심장에 더 무리를 주기 시작하기 전에 의사를 만나볼 필요가 있다. 지금 운동을 시작할 정도로 건강하다면, 당신이 좋아할 몇 가지 것들을 선택하라. 적어도 매일 20분 동안 그 활동 중 하나를 하는 데 전념하라.

어휘 substance 물질 demand 부담 commit 전념시키다

## 04

정답 ③

해설 'come near to RVing'는 '거의 ~할 뻔하다'라는 뜻을 지닌 관용표현으로 주어진 우리말에 맞게 쓰였다. 이때 to는 전치사이므로 뒤에 동명사가 오는 것에 유의해야 한다.

① (advices → advice) advice는 불가산명사이므로 복수형으로 쓸 수 없다.

② (Strangely → Strange) '형용사/부사/무관사명사 + as + S + V'는 '비록 ~이지만'을 의미하는 양보 도치 부사절이다. 그런데 여기서는 2형식 동사 sound의 보어로 형용사가 와야 하므로 부사 Strangely를 형용사 Strange로 고쳐야 한다. 참고로 전치사 of 뒤에 동명사가 오고, 의미상 주어인 I가 '죽임당하는' 것이므로 수동형으로 쓰인 것은 적절하다.

④ (if → whether) if가 명사절을 이끌 경우, 타동사의 목적어로는 사용할 수 있지만 전치사의 목적어, 주어, 보어로는 쓸 수 없다. 반면에 whether는 위의 모든 경우에 사용 가능하므로 if를 whether로 고쳐야 한다.

어휘 financial 재정적인 lose one's temper 화를 내다

## 05

정답 ④

해설 자신이 모든 종류의 요리를 할 수 있다는 A의 말에 새 요리의 이름을 짓게 해줘서 고맙다는 B의 응답은 적절하지 않다. 따라서 대화 중 가장 어색한 것은 ④이다.

해석 ① A: 네 파티에 선물 가져오는 걸 깜빡해서 미안해.
B: 걱정하지 마. 난 네가 와줘서 기쁠 뿐이야.
② A: Harry는 자기가 빈털터리라면서 아무것도 돈을 낸 적이 없어.
B: 나도 알아. 걘 몇 년 동안 그 핑계를 대고 있어.
③ A: 내 작업물이 마음에 안 들었어? 네가 수정을 너무 많이 해서.
B: 오해하지 마, 좋았어. 난 그저 그걸 더 좋게 만들고 싶었을 뿐이야.
④ A: 난 모든 종류의 요리를 할 수 있어. 인도, 이탈리아, 태국, 그 밖에 뭐든지.
B: 오, 네 새 요리의 이름을 짓게 해줘서 고마워.

어휘 broke 빈털터리인 excuse 핑계 revision 수정 (사항) dish 요리 you name it 그 밖에 뭐든지

## 06

**정답** ③

**해설** 관광지에 대한 해설을 제공하는 것의 중요성을 주장하는 글이다. 다양한 직간접적인 방식으로 방문 장소에 관한 설명을 제공함으로써 그 장소에 대한 관광객의 인식과 경험에 긍정적인 영향을 미칠 수 있다는 내용이므로, 글의 주제로 가장 적절한 것은 ③ '관광 경험에서 해설의 중요성'이다.

① 역사상 관광 트렌드의 변화 → 역사적으로 관광 트렌드가 어떻게 변화했는지 소개하는 글이 아니다.

② 장소가 매우 다양하게 해석되는 이유 → 많은 장소에 있어 다양한 해석이 존재한다는 내용이 언급되나, 그 '이유'는 설명되지 않았다.

④ 관광객이 관광지의 환경에 영향을 미치는 방식 → 관광객이 관광지의 환경에 어떠한 영향을 미치는지에 관한 내용을 다루는 글이 아니다.

**해석** 자연환경에 대한 해설 없이 관광객은 활동에 참여하도록 격려받지 못하고, 장소로 가는 길을 찾지 못하고, 자신이 방문하는 지역의 완전한 의미를 이해하지 못할 수도 있다. 몇몇 형태의 해설은 음악, 뉴스 이야기, 소설, 영화, 건축 디자인 등 간접적인 방법으로 우리에게 장소에 관해 알려준다. 보다 직접적이고 의도적인 형태의 해설은 지도, 안내판, 사람 가이드를 포함한다. 이렇게 많은 다양한 방법으로 장소가 해설되는 방식은 장소와 환경에 대한 사람들의 인식과 경험에 영향을 미친다. 비록 많은 장소가 한 사회 내에서 서로 다른 견해를 나타내는 다양하고 상반된 해석의 대상이긴 하지만, 해설은 만족스러운 방문객 경험을 만드는 데 핵심적인 변수 역할을 한다. 해설은 또한 장소감의 개념과 사람들이 장소와 장소 경험을 해석하는 방식과도 관련이 있다.

**어휘** interpretation 해설, 해석 inspire 격려하다 engage 관여하다 significance 의미, 중요성 indirect 간접적인 fiction 소설 architectural 건축의 intentional 의도적인 perception 인식 variable 변수 satisfactory 만족스러운 be subject to ~의 대상이 되다 conflicting 상충하는, 상반된 divergent 서로 다른, 나뉘는

## 07

**정답** ②

**해설** 기존에 받아들여지지 못했으나 결국 사실로 밝혀진 대규모 오존층 파괴에 관한 Joe Farman의 연구에 대한 글이다. NASA의 위성은 엄청난 오존 감소를 감지했지만, 데이터 품질 제어 알고리즘으로 인해 그 데이터가 배제되어 이 사실을 몰랐다고 언급된다. 그러나 그 알고리즘 없이 데이터를 다시 실행한다면 그 감소를 감지하여 오존층의 심각한 파괴를 확인하게 될 것을 추측할 수 있다. 따라서 빈칸에 들어갈 말로 가장 적절한 것은 ② '확인된'이다.

① 거부된 → 엄청난 오존 감소가 있었다는 것이 사실로 확인된 것이므로 반대된다.

③ 방지된 → 오존 감소를 방지했다는 내용은 언급된 바 없다.

④ 감지되지 않은 → 데이터 품질 알고리즘이 자동으로 엄청난 오존 감소를 나타낸 데이터를 배제한 것이므로, 그 알고리즘 없이 재실행한다면 이 데이터가 누락되지 않아 오존 감소가 감지되어야 하는 것을 알 수 있다.

**해석** 1983년에 Joe Farman은 남극의 한 연구 기지에서 25년 된 기계를 사용하여 남극 대륙 상공의 오존층 절반이 사라진 것으로 보인다는 사실을 발견했다. Farman은 Brian Gardiner, Jon Shanklin과 함께 1985년 5월 『Nature』에 그의 발견을 논문으로 발표했다. 처음에는 불신이 있었다. NASA 위성이 몇 년 동안 오존 수준을 측정해 왔지만 특별한 (오존) 감소를 감지하지 못했기 때문에 이는 놀랍지 않았다. 그럼에도 불구하고, NASA는 위성의 조사 결과를 재검토했다. 놀랍게도, 그 위성은 대규모 (오존) 감소를 감지했지만, 그것의 데이터 품질 제어 알고리즘이 자동으로 그 데이터를 매우 가능성 낮은 것으로 배제했었다. 그 데이터가 데이터 품질 제어 알고리즘 없이 재실행되자, 엄청난 (오존) 감소가 <u>확인되었다</u>.

**어휘** Antarctica 남극 대륙 vanish 사라지다 announce 발표하다 disbelief 불신 satellite 위성 significant 특별한, 상당한 depletion 감소, 고갈 finding (조사) 결과 massive 대규모의 automatically 자동으로 reject 거부하다 wildly 매우 improbable 가능성이 낮은

## 08

**정답** ①

**해설** 흑요석으로 만들어진 날은 수술용 메스보다 더 날카롭지만 그것의 여러 한계로 인해 메스로 사용되지는 않는다는 내용의 글이다. 주어진 글은 역사상 가장 날카로운 날은 흑요석으로부터 만들어졌다는 내용으로, 흑요석을 this material로 받아 그것으로 만들어진 날이 얼마나 날카로운지를 강조하며 부연하는 (B)가 뒤에 이어져야 한다. 그다음으로, 이에 관해 가질 수 있는 의문점을 제기하는 (A)가 와야 하며, 마지막으로 그 의문점에 관한 답을 That's because로 시작하는 문장을 통해 제시하는 (C)가 오는 것이 자연스럽다. 따라서 글의 순서로 가장 적절한 것은 ① '(B) - (A) - (C)'이다.

**해석** 역사상 가장 날카로운 날은 강철로 만들어지지 않았다. 그것은 수천 년 전에 흑요석이라 불리는 자연 발생 물질로 공들여 만들어졌다. (B) 이 물질로 만든 날은 타의 추종을 불허하는 날카로움으로 가히 전설적이다. 실제로 그것은 현대의 수술용 메스보다 몇 배나 더 날카롭다고 한다. (A) 나는 당신이 무엇을 생각하는지 안다. "흑요석이 그렇게 좋으면 왜 의사들은 그것으로 메스를 만들지 않지?" (C) 그 이유는 비록 흑요석이 만들어내는 날이 제일이지만, 흑요석이 내구성이 가장 뛰어난 물질은 아니기 때문이다. 그것은 어떤 금속보다도 훨씬 쉽게 깨진다. 그것은 또한 대량 생산이 어려워 실용성이 제한적이기도 하다.

**어휘** blade (칼 등의) 날 steel 강철 craft 공들여 만들다 obsidian 흑요석 scalpel 메스 legendary 전설적인 unmatched 타의 추종을 불허하는 surgical 수술의 second to none 제일의 durable 내구성이 있는 crack 깨지다, 금이 가다 practicality 실용성

## 09

정답 ④

해설 공학 프로젝트가 실현되는 과정을 힘들게 만드는 여러 요소에 관해 설명하는 내용의 글이다. 따라서 글의 흐름상 가장 어색한 문장은 공학 학위를 취득한 사람이 일할 수 있는 다양한 환경을 소개하는 내용의 ④이다.

해석 최첨단 컴퓨터가 어떤 발명가의 영감에서 우리의 책상 위에 오르기까지, 또는 혁신적인 다리가 어떤 엔지니어의 꿈에서 멋진 구조물로 변형되기까지의 과정은 좀처럼 간단하지 않다. 그것은 수년간의 연구 개발에 뒤이은 강도 높은 작업 기간을 수반할 수 있다. 각 공학 프로젝트는 관련된 사람, 회사, 지역 사회, 시장의 복잡하고 종종 예측 불가능한 역학 관계의 영향을 받는다. 또한 각 공학 프로젝트는, 자체적인 여러 어려움을 동반하는 원자재의 가용성에 크게 의존한다. (공학 학위를 가지고 졸업한 사람들은 사무실부터 건설 현장, 실험실까지 다양한 환경에서 일할 수 있다.) 그리고 공학은 자연의 재료와 힘을 재배치하는 기술이지만, 변치 않는 자연의 법칙은 항상 공학자가 할 수 있는 일과 할 수 없는 일을 제한한다.

어휘 high-tech 최첨단의 inventor 발명가 brainstorm 영감 innovative 혁신적인 transform 변형시키다 spectacular 멋진 intricate 복잡한 dynamics 역학 관계 dependent 의존하는 availability 가용성 raw 원자재의 degree 학위 construction 건축, 건설 laboratory 실험실 rearrange 재배치하다

## 10

정답 ③

해설 마지막 2번째 문장에서 이 기간엔 도시 지역에서 사람들이 음식과 술 섭취를 마음껏 즐긴다고 언급되므로, 글의 내용과 일치하지 않는 것은 ③ '이 기간에 음주는 금지된다.'이다.

① 이것이 기념되는 날짜는 지역마다 다를 수 있다. → 첫 문장에서 언급된 내용이다.

② 사람들은 이것의 관습으로 집에 제단을 장식한다. → 3번째 문장에서 언급된 내용이다.

④ 이것은 큰 슬픔보다는 즐거움으로 기념되는 명절이다. → 마지막 문장에서 언급된 내용이다.

해석 망자의 날은 11월 1일과 2일에 기념되는 멕시코 명절이지만, 지역에 따라 10월 1일과 11월 6일 같은 다른 날도 포함될 수 있다. 이 기간은 가족과 지역 사회가 함께 모여 사랑했던 고인을 기억하고 기리는 때이다. 꽃, 양초, 설탕 해골, 고인이 좋아했던 음식과 음료로 꾸며진 제단이 집안에 세워진다. 도시 지역에서는 사람들이 퍼레이드, 음악, 전통춤을 포함한 축제 기념행사를 위해 거리로 나오고, 음식과 술 섭취를 마음껏 즐긴다. 이 명절은 슬픈 행사가 아니라 사람들이 조상의 영혼이 다시 돌아와 방문한다고 믿는 삶과 죽음의 즐거운 기념행사이다.

어휘 holiday 명절 celebrate 기념하다 deceased 고인 altar 제단 adorn 꾸미다, 장식하다 skull 해골 머리 urban 도시의 take to ~에 가다 festive 축제의 indulge 마음껏 즐기다 consumption 섭취 mournful 슬픔에 잠긴 occasion 행사 ancestor 조상 vary 달라지다 custom 관습 forbidden 금지된 mark 기념하다 grief 큰 슬픔

회차 06

# 하프 모의고사

Date : . . .

Score : / 10

| | | | | | | | | | |
|---|---|---|---|---|---|---|---|---|---|
| 01 | ① | 02 | ③ | 03 | ④ | 04 | ④ | 05 | ③ |
| 06 | ③ | 07 | ② | 08 | ② | 09 | ① | 10 | ③ |

## 01

정답 ①

해설 unanimously는 '만장일치로'라는 뜻으로, 이와 의미가 가장 가까운 것은 ① 'collectively(단결하여)'이다.

② 당연히 ③ 우연히 ④ 고의로, 신중히

해석 저자들마다 각기 다른 미래를 상상하지만, 정치적 이슈에 대해서는 모두가 만장일치로 매우 부정적인 반응을 보인다.

어휘 envision 상상하다

## 02

정답 ③

해설 라이브 TV 쇼의 특성과 즉흥적으로 진행하는 데 성공했다는 내용을 고려했을 때, 진행자에게 그 자리에서 바로 이야기를 지어내는 능력이 있을 것을 유추할 수 있다. 따라서 빈칸에 들어갈 말로 가장 적절한 것은 ③ 'on the spot(즉석에서)'이다.

① 신경이 곤두선 ② 곤경을 벗어난 ④ 비공식으로

해석 라이브 TV 쇼가 진행되는 동안, 진행자는 즉석에서 이야기를 지어내는 능력 덕분에 즉흥적으로 진행하는 데 성공했다.

어휘 improvise 즉흥적으로 하다

## 03

정답 ④

해설 wise와 같은 사람의 성격을 나타내는 형용사의 의미상 주어는 'of + 목적격'으로 표현한다. think와 it 사이에는 명사절 접속사 that이 생략되어 있다.

① (reaching → reach) 'make it a rule to RV'는 '~하는 것을 원칙으로 삼다'라는 뜻의 to 부정사 관용표현이므로, to reaching을 to reach로 고쳐야 한다.

② (will arrive → arrive) by the time이 이끄는 시간 부사절에서는 현재시제가 미래시제를 대신하므로 arrive로 쓰여야 한다.

③ (design → be designed) 2형식 동사로 쓰인 seem의 보어로 to 부정사가 온 것은 적절하나, 주어인 The furniture가 '디자인하는' 것이 아니라 '디자인되는' 것이므로 수동형 부정사로 고쳐야 한다.

해석 ① 그녀는 자정까지 집에 오는 것을 원칙으로 삼는다.

② 네가 도착할 때쯤이면 나는 저녁을 만들어 놨을 것이다.

③ 그 가구는 오른손잡이용으로 디자인된 것 같았다.

④ 나는 그가 그 기회를 거절하는 것이 현명하다고 생각하지 않는다.

## 04

**정답** ④

**해설** (which → that) 관계대명사 which는 뒤에 불완전한 절이 와야 하는데 여기서는 완전한 절이 오고 있고, 앞의 명사가 추상명사인 truth이므로 which를 동격 접속사 that으로 고쳐야 한다. 참고로 여기서 more는 대명사로 쓰였고, more와 we 사이에는 목적격 관계대명사가 생략되어 있다.

① '~하자마자 ~했다'라는 의미의 'No sooner + had + S + p.p. ~ than + S + 과거동사' 구문이 적절하게 쓰였다.

② 'may well RV'는 '~하는 것도 당연하다'라는 표현으로, 주어진 우리말에 맞게 적절히 쓰였다. 참고로 '~하는 것이 더 낫다'라는 뜻을 지닌 'may as well RV'와의 구별에 유의해야 한다.

③ a few는 '조금 있는'이란 뜻으로 긍정의 의미를 갖는 반면, few는 '거의 없는'이란 뜻으로 부정의 의미를 갖는다. 따라서 few는 우리말에 맞게 적절히 쓰였다. 또한 few 뒤에는 복수 명사가 와야 하므로 clues와 그에 수일치한 복수 동사 are의 쓰임도 적절하다. 참고로 as to는 '~에 관하여'라는 뜻의 전치사구이다.

**어휘** clue 단서 motive 동기

## 05

**정답** ③

**해설** A와 B가 학부모 상담에서 Kevin의 문제에 관해 대화를 나누는 상황이다. 문맥상 Kevin의 장점에 관해 언급한 이후 Kevin의 문제에 관해 본격적으로 언급할 것을 추측할 수 있으며, 빈칸 뒤에서 학업과 관련된 문제들이 나열되고 있다. 따라서 빈칸에 들어갈 말로 가장 적절한 것은 ③ '그 애의 학업과 관련된 문제가 있어요'이다.

① 그 애는 또 수업 중에 좋은 태도를 보여요

② 수학과 과학이 그 애가 가장 좋아하는 수업이에요

④ 그 애는 반 친구들과 어울리는 데 어려움이 있어요

**해석** A: 좋은 아침입니다, Jones 씨. 학부모 상담에 와주셔서 감사합니다.

B: 안녕하세요, Gard 선생님. 별말씀을요, 오게 되어 기뻐요.

A: 음, 사실 Kevin과 관련된 문제로 상의하고 싶었던 게 있어요. 그 애는 또래 친구들과 굉장히 잘 어울려서 사교적으로는, 매우 잘하고 있어요.

B: 그런데요...?

A: 흠, 그 애의 학업과 관련된 문제가 있어요. 그 애는 수업 중에 자는 경향이 있는데, 심지어 시험 도중에도 그래요. 또 숙제를 전혀 안 해놔요. 유감스럽게도 그 애의 성적이 빠르게 떨어지고 있어요.

B: 아, 그거 정말 걱정스럽네요. 제게 알려주셔서 감사합니다. 그 애와 얘기 나눠볼게요.

**어휘** parent-teacher meeting 학부모 상담 absolutely 굉장히 peer 또래 exceptionally 매우 rapidly 빠르게 alarming 걱정스러운 concerning ~에 관한 fit in with ~와 어울리다

## 06

**정답** ③

**해설** 완벽한 기억력을 타고났지만 오히려 그로 인해 일상에서 많은 어려움을 겪은 한 러시아 기자의 이야기를 소개하며 완벽한 기억력에는 대가가 따른다는 점을 서술하는 글이다. 따라서 글의 제목으로 가장 적절한 것은 ③ '완벽한 기억력: 축복인가 저주인가?'이다.

① 완벽한 기억력이 정말 가능할까? → 완벽한 기억력을 타고난 사람들이 있다고 언급한 뒤에 그중 한 사례를 소개하고 있으므로 이 물음은 제목으로 적절하지 않으며, 완벽한 기억력의 존재 여부가 글의 핵심은 아니다.

② 더 잘 기억하고 싶다면 잊어버려라 → 기억력을 향상하기 위해서는 더 잘 잊어야 한다는 취지의 내용은 언급된 바 없다.

④ 사진처럼 정확한 기억력을 발달시키는 방법 → 기억력을 발달시키는 방법에 대한 내용은 언급되지 않았다.

**해석** 완벽한 기억력을 타고난 사람들이 있다. 그러한 다수의 사람에게 이 재능에는 대가가 따른다. 가장 잘 기록된 사례 중 하나는 러시아 기자인 Solomon Shereshevsky의 경우이다. 그는 과학 공식과 의미 없는 숫자 및 어떤 외국어든 그 음절의 방대한 목록을 심지어 역순으로도 쉽게 외울 수 있었다. 그는 살아있는 컴퓨터였다. 하지만 뛰어난 기억력 때문에 그는 산책이나 책 읽기와 같은 간단한 일상 활동을 즐기는 데 어려움을 겪었는데, 그것은 그가 물건이나 글을 인식할 때 그의 기억에 의해 환기되는 연상의 쇄도를 피할 수 없었기 때문이다. 표정의 아주 사소한 변화도 그의 인식을 왜곡했기 때문에 그는 아는 사람의 얼굴을 알아보는 데 문제를 겪었다. 삶의 모든 세부 사항으로 그의 머릿속이 영구히 적셔진 상태에서, 그는 결국 무언가를 잊으려는 필사적인 시도로 종이에 그것을 쓰고 태워버리기까지 했다.

**어휘** gift (재능을) 부여하다; 재능 document 기록하다 effortlessly 쉽게 formula 공식 extensive 방대한 syllable 음절 reverse 반대[역]의 superior 뛰어난, 우월한 rush 쇄도 association 연상 arouse 환기시키다 recognize 알아보다 slight 작은, 사소한 distort 왜곡하다 permanently 영구히 shower 소나기처럼 퍼붓다 go as far as 심지어 ~하기까지 하다 desperate 필사적인 attempt 시도 blessing 축복 curse 저주 photographic memory (사진처럼) 정확한 기억력

## 07

정답 ②

해설 영화를 만들 때 전체 과정을 경험해 보는 것의 중요성을 강조하는 글로, 처음부터 자신의 탁월한 아이디어를 영화로 만들기보다는 단편 영화와 같이 작은 것부터 시작하며 기술을 익히라고 조언하고 있다. 따라서 빈칸에 들어갈 말로 가장 적절한 것은 ② '당신의 영화 제작 기술을 차근차근히 숙달하라는'이다.

① 자신만의 시나리오를 쓰기 위해 노력하라는 → 자신만의 시나리오를 써야 한다는 주장은 언급된 바 없다.

③ 자신과 비즈니스 파트너에게 영감을 주라는 → 영감을 주는 것의 중요성을 강조하는 글이 아니다.

④ 부상하는 배우를 발굴하고 그들과 네트워크를 형성하라는 → 영화를 계속 만들면서 배우들과 협업하라는 내용은 언급되었으나, 이는 감독의 기술을 점차 완성해나가는 과정에서 필요한 하나의 요소에 불과하다. 또한 '부상하는' 배우를 발굴하라는 내용도 없으므로 적절하지 않다.

해석 내가 만일 영화 산업에서의 내 평생 경험으로부터 나온 단 하나의 조언을 해줄 수 있다면 그것은 당신의 영화 제작 기술을 차근차근히 숙달하라는 것이다. 영화를 어떻게 만드는가를 배우는 과정은 순환적인데 그것은 단지 그 기술을 이해하기 시작하기 위해서만 적어도 한 번은 전체 과정을 경험해 봐야만 한다는 것을 의미한다. 예를 들면, 연출의 많은 부분은 편집 과정과 한 장면을 만들기 위해 여러 숏들이 함께 작용하는 방식을 이해하는 것에서 시작한다. 단지 이 하나의 측면을 이해하는 것만으로도 세트장에서 연출할 때 카메라 배치와 속도를 조절하는 것에 대한 당신의 선택에 엄청난 영향을 줄 것이다. 당신의 탁월한 아이디어를 첫 번째 영화로 만들지 마라. 당신은 커리어 내내 그것을 후회하게 될 것이다. 작은 것부터 시작하고 단편 영화로 그 과정을 배워라. 그러고 나서 두 번째, 세 번째 영화로 배우들과 일하고 카메라로 연출하며 감독의 기술을 발전시켜라. 당신은 당신이 장편 영화를 맡을 준비가 된 때를 알게 될 것이다.

어휘 cyclical 순환적인 entire 전체의 craft 기술 stem from ~에서 기인하다 editing 편집 aspect 측면 regret 후회하다 take on 떠맡다 feature film 장편 영화 master 숙달하다 filmmaking 영화 제작 step by step 차근차근히 inspire 영감을 주다 emerge 부상하다

## 08

정답 ②

해설 나트륨 이온 배터리의 문제와 그 해결 방안을 소개하는 글이다. 주어진 문장은 종잇장처럼 얇은 목질 섬유층을 문제에 대한 해결 방안으로서 제시하는 내용으로, 앞에는 this problem에 해당하는 내용이 와야 하며, 뒤에는 목질 섬유층에 관한 부연이 이어지는 것이 자연스럽다. ② 앞에서 짧은 수명이라는 나트륨 이온 배터리의 단점이 소개되었기 때문에 이것이 주어진 문장의 this problem이 나타내는 바임을 알 수 있다. 또한 ② 뒤에서 이것이 배터리가 더 오래가도록 한다고 언급되는데, 이때 문맥상 This는 주어진 문장의 a paper-thin layer of wood fibers를 가리키는 것을 알 수 있다. 따라서 주어진 문장이 들어갈 위치로 가장 적절한 곳은 ②이다.

해석 많은 연구원들은 나트륨이 저렴하고 친환경적이기 때문에 나트륨 이온 배터리가 지속 가능한 에너지 저장의 해답이라고 생각한다. 하지만 나트륨 이온 배터리를 사용하는 데 있어 큰 걸림돌은 그것이 매우 짧은 수명을 가지고 있다는 점이다. Maryland 대학의 연구원들은 종잇장처럼 얇은 목질 섬유층을 사용하여 이 문제에 대한 해결책을 고안했다. 이것은 400회 이상의 충전 사이클을 견딜 만큼 그 배터리가 훨씬 더 오래 가게 한다. 충전이 끝날 때, 나무는 주름지게 되지만 여전히 온전한 상태를 유지한다. 컴퓨터 모델은 이러한 주름이 충전 및 재충전 중에 배터리가 받는 압박을 줄여주며, 유연하고 오래가는 배터리를 만들게 된다는 것을 보여준다.

어휘 layer 층 fiber 섬유 sodium 나트륨 sustainable 지속 가능한 storage 저장 eco-friendly 친환경적인 obstacle 걸림돌 last 지속되다 wrinkled 주름진 intact 온전한 flexible 유연한

## 09

정답 ①

해설 열역학 제1법칙인 보존 법칙에 관해 설명하는 글이다. (A) 앞은 열역학 제1법칙이 무엇인지 서술하는 내용이고, (A) 뒤에서 그 내용을 풀어 설명하고 있으므로 (A)에 들어갈 연결사로 적절한 것은 That is이다. 또한, (B) 앞에서 에너지의 다양한 형태가 서로 교환될 수 있다는 내용이 나오는데, (B) 뒤에서는 글 전반부 및 (B) 앞에 언급된 내용을 통틀어 열역학 제1법칙이 시사하는 바를 간략하게 제시하고 있으므로, (B)에 들어갈 연결사로 적절한 것은 In short이다.

해석 열역학 제1법칙은 보존 법칙이다. 그것은 우주의 모든 에너지가 일정하다고 말한다. 즉, 모든 에너지의 합은 고정되어 있고, 태초부터 고정되어 있었으며, 영원히 그렇게 유지될 것이다. 1840년대에 공식화된 이 법칙은 지금까지 알려진 예외가 없다. 그렇다 하더라도 에너지는 열, 빛, 중력, 운동 에너지, 역학적 일, 화학 퍼텐셜, 심지어 물질 등 다양한 형태로 나타날 수 있는데, 물질 자체도 에너지의 한 형태이다. 에너지의 많은 다양한 형태는 또한 서로 교환될 수 있는데, 이는 물질이 다른 에너지로 바뀌는 것이나 그 반대의 경우도 포함한다. 간단히 말해서, 열역학 제1법칙에 따르면 에너지 그 자체는 생성되거나 파괴될 수 없지만 그것의 여러 형태는 변할 수 있다.

어휘 thermodynamics 열역학 conservation 보존 constant 변함없는 sum 합 fixed 고정된 formulate 공식화하다 exception 예외 to date 지금까지 even so 그렇다 하더라도 gravitation 중력 kinetic 운동의 mechanical 기계[역학]의 chemical potential 화학 퍼텐셜 interchange 서로 교환하다 transform 바뀌다 vice-versa 반대의 경우도 마찬가지

## 10

정답 ③

해설 4번째 문장에서 Hidalgo가 반군을 조직했으며 5번째 문장에서 그 반군이 스페인 군대를 물리쳤다고 언급되는 것으로 보아, 글의 내용과 일치하는 것은 ③ 'Hidalgo는 스페인 군대에 맞서 싸우기 위해 군대를 모집했다.'이다.

① Hidalgo는 프랑스 혁명에 관한 많은 책을 출판했다. → 첫 문장에서 그가 프랑스 혁명에 관한 글을 연구한 것을 알 수 있으며 그 출판 여부는 언급되지 않으므로 옳지 않다.

② 많은 사람들이 Hidalgo가 가난한 멕시코인들과 관계를 맺은 것을 비판했다. → 3번째 문장에서 그가 가난한 멕시코인들과 함께 살고 일하며 존경과 충성심을 얻었다고 언급되므로 옳지 않다.

④ 1811년에 Hidalgo는 전투에서 포로로 잡혔지만 풀려났다. → 마지막 두 문장에서 그가 포로로 잡혀 총살당했다는 것을 알 수 있으므로 옳지 않다.

해석 Hidalgo는 Thomas Jefferson과 프랑스 혁명 지도자들의 글을 연구하는 데 헌신한 학자였다. 이런 혁명적인 글들은 멕시코가 스페인으로부터의 독립을 이뤄야 한다는 것을 그가 확신하는 데 도움이 되었다. 그는 또한 가난하고 탄압받는 멕시코인에 대해 강한 동정심이 있었기 때문에 그들과 함께 살고 일하며 존경과 충성심을 얻었다. 1810년에 Hidalgo는 수만 명의 멕시코인 반란군을 모았다. 그들은 여러 번 소규모 스페인 군대를 물리쳤다. 그러나 반군 세력은 훈련받지 못했고 형편없이 무장했기 때문에 그들의 성공은 오래가지 않았다. 1811년 1월, 대규모 전투에서 그는 패배했고 포로로 잡혔다. 그는 사격 분대가 더 잘 겨냥할 수 있도록 그의 심장에 손을 얹으며 용감하게 죽음을 맞이했다.

어휘 dedicate 헌신하다 scholar 학자 revolution 혁명 independence 독립 sympathy 동정심 oppressed 탄압받는 loyalty 충성심 gather 모으다 rebel 반란 defeat 물리치다 armed forces 군대 poorly 형편없이 armed 무장한 beat 이기다 capture 포로로 잡다 firing 사격 squad 분대 take aim 겨냥하다 publish 출판하다 criticize 비판하다 involvement 관여, 관계를 맺음 recruit 모집하다 troop 군대, 부대 release 풀어주다

회 차
# 07 하프 모의고사

Date : . . .
Score : / 10

| | | | | | | | | | |
|---|---|---|---|---|---|---|---|---|---|
| 01 | ④ | 02 | ② | 03 | ② | 04 | ③ | 05 | ③ |
| 06 | ③ | 07 | ④ | 08 | ① | 09 | ③ | 10 | ③ |

## 01

**정답** ④

**해설** reinforce는 '강화하다'라는 뜻으로, 이와 의미가 가장 가까운 것은 ④ 'strengthen(강화하다)'이다.

① 얻다 ② 더럽히다 ③ 유지하다

**해석** 유명한 식당의 주방장은 신선한 재료 사용과 흠잡을 데 없는 제시가 그 식당의 명성을 강화할 것이라고 믿는다.

**어휘** renowned 유명한 ingredient 재료 impeccable 흠잡을 데 없는

## 02

**정답** ②

**해설** come down with는 '(병에) 걸리다'라는 뜻으로, 이와 의미가 가장 가까운 것은 ② 'contracted((병에) 걸리다)'이다.

① 치료하다 ③ 예방하다 ④ 발표하다

**해석** 그 의사는 작년에 심한 독감에 걸렸다.

**어휘** flu 독감

## 03

**정답** ②

**해설** (which → where 또는 in which) 관계대명사 which 뒤에는 불완전한 절이 와야 하는데, live가 1형식 완전자동사로 쓰여 완전한 절이 오고 있다. 따라서 which를 the U.S. states를 선행사로 받으면서 완전한 절을 이끌 수 있는 관계부사 where로 고치거나, which 앞에 전치사 in을 더해 '전치사 + 관계대명사'로 만들어야 한다.

① 도박장들이 미국 원주민 부족들에게 '소유되는' 것이고, 뒤의 등위접속사 and로 과거분사 operated와 병렬되고 있으므로 수동의 과거분사 owned의 쓰임은 적절하다.

③ 문장의 주어는 복수 명사인 many of the U.S. states이므로 그에 수일치한 복수 동사 place는 적절하게 쓰였다.

④ 5형식으로 쓰인 consider는 'consider + O + (to be/as) + 형용사/명사' 구조를 취할 수 있는데, 이를 수동태로 전환하면 'be considered + (to be/as) + 형용사/명사' 형태가 된다.

**해석** 오늘날, 미국 원주민 부족들이 소유하고 운영하는 도박장들의 성공에 따라, 도박은 이제 그들에게 필수적인 정부 서비스를 위한 수입을 가져다준다. 그러나 인정된 미국 원주민 부족들이 독립된 것으로 여겨짐에도 불구하고, 그 부족들이 사는 미국의 많은 주들은 대부분 종류의 도박에 큰 제한을 둔다.

**어휘** gambling 도박 destination 목적지, 행선지 operate 운영하다 tribe 부족 revenue 수입, 세입 restriction 제한 independent 독립된

## 04

**정답** ③

**해설** (to work → working) 여기서 see는 3형식 동사로 쓰였고, people과 busy 사이에는 '주격 관계대명사 + be동사'가 생략되어 있다. 그런데 '~하느라 바쁘다'라는 표현으로는 'be busy (in) RVing'를 사용해야 하므로, to work를 working으로 고쳐야 한다.

① '~하면 할수록 더 ~하다'라는 뜻의 'the 비교급, the 비교급' 구문이 쓰이고 있다. The older는 grow의 형용사 보어로, the more noticeable은 become의 형용사 보어로 적절하게 쓰였다.

② if절과 주절의 시제가 다른 혼합가정법 구문이다. if절에는 과거의 사실과 반대되는 가정이, 주절에는 현재의 사실과 반대되는 가정이 나오므로, if절에 가정법 과거완료를 쓰고, 주절에 가정법 과거를 쓴 것은 적절하다.

④ 'It was not until A that B'는 'A하고 나서야 비로소 B했다'라는 표현으로 주어진 우리말에 맞게 적절히 쓰였다. 여기서 enter는 타동사이므로 전치사 없이 바로 목적어를 취한 것도 적절하다.

**어휘** noticeable 두드러진 wrinkle 주름

## 05

**정답** ③

**해설** 직장에서 더 멀리 이사하는 B가 A와 대화를 나누고 있다. A가 빈칸 내용을 물어보자 B는 차로 두 시간 정도 걸린다고 답했으므로, 빈칸에 들어갈 말로 가장 적절한 것은 ③ '통근 시간이 얼마나 걸려요?'이다.

① 언제 이사하세요?

② 이사하시는 이유가 있나요?

④ 고용 기간이 어떻게 되세요?

**해석** A: Gary, 곧 이사한다고 들었어요.

B: 네, 아쉽게도 직장에서 더 멀리 이사 가요.

A: 안됐네요. 통근 시간이 얼마나 걸려요?

B: 차로 두 시간 정도요.

A: 아, 정말 번거롭겠네요.

**어휘** further 더 멀리로 hassle 번거로운 일 commute 통근 (시간)

## 06

**정답** ③

**해설** 글쓴이는 취업과 같은 어떤 실익의 목적이 아닌 단지 배움 자체를 위한 교육이 결코 헛된 것이 아니라고 주장하고 있으므로, 글의 요지로 가장 적절한 것은 ③ '단순히 배움에 대한 애정으로 공부하는 것은 존중받을 만하다.'이다.

① 배움은 평생의 과정이어야 한다. → 배움 자체에서 나오는 즐거움을 긍정하는 글이나, 배움이 평생 동안 이루어져야 한다는 주장을 하고 있지는 않다.

② 인문학 연구에 대한 투자가 필요하다. → 인문학 연구에 대한 투자의 필요성에 관한 글이 아니다.

④ 전공을 선택할 때 진로 전망을 고려해야 한다. → 공부를 할 때 배움 자체 외에 다른 목적이 있을 필요는 없다고 말하는 글쓴이의 생각과 반대된다.

**해석** 나는 역사학과 사회학 파트타임 학위 과정을 이제 막 끝낸 성인 대학생이다. 나는 배움 자체를 위해 배우고, 인문학과 많은 다른 과목에서 훌륭한 지식을 얻으며 그 모든 순간을 즐겼다. 그러나 친구들과 내 공부에 대해 이야기할 때마다, 그들은 내게 늘 묻곤 했다. "그래서 네 학위로 뭘 할 거니? 어디다 쓸 건데?" 나는 배움을 좋아하고 세상에 대한 내 지식을 넓히고 싶어서 그랬다고 설명하려고 애썼지만, 그 누구도 그것을 이해하는 것 같지 않았다. 그들은 내가 어떤 식으로든 나의 취업 전망을 발전시키는 데 그것을 사용해야 하고, 그렇지 않으면 시간 낭비가 될 것이라고 계속해서 말했다. 그들이 그 자체를 위한 교육과 지식이 결코 헛되지 않음을 이해하지 못하는 것은 유감스러운 일이다.

**어휘** mature student 성인 대학생 degree 학위 sake 목적, 이익 humanities 인문학 studies 학업 invariably 변함[예외]없이 expand 확장하다 persist 고집하다, 집요하게 계속하다 somehow 어떻게든 advance 향상하다 prospect 전망 shame 유감스러운 일 lifelong 일생의 outlook 전망 major 전공

## 07

**정답** ④

**해설** 어떤 일에 능숙하지 않은 경우 누군가에 의해 관찰될 때 수행 능력이 저하되지만, 그 일에 능숙한 경우에는 관찰될 때 오히려 수행 능력이 향상한다는 내용의 글이다. 이는 곧 상황에 따라 관찰되는 것이 두 가지 상반되는 영향을 미친다는 뜻이므로, 빈칸에 들어갈 말로 가장 적절한 것은 ④ '수행 능력에 두 가지 매우 뚜렷이 다른 영향'이다.

① 생산성에 적은 영향 → 관찰되는 것이 수행 능력을 저하하거나 향상하는 경향이 있다는 내용의 글이므로 반대된다.

② 사람들의 사생활을 침해할 위험 → 사생활 침해에 관한 글이 아니다.

③ 모든 수행자에게 부정적인 영향 → 익숙한 과제를 할 경우에는 관찰되는 것이 수행 능력을 향상하므로 적절하지 않다.

**해석** 당신은 무언가를 할 때 사람들이 지켜보는 것을 선호하는가, 아니면 관찰되지 않은 채 무언가를 하는 것을 선호하는가? 흥미롭게도 관찰되는 것은 수행 능력에 두 가지 매우 뚜렷이 다른 영향을 미친다. 어떤 경우에는 심지어 존재하지 않을 정도로 수행 능력이 저하된다. 이것의 극단은 대중 공연에 대한 갑작스러운 공포인 무대 공포증이다. 반대 극단은 관찰되는 것이 수행 능력을 향상한다는 것인데, 사람들은 다른 사람이 보고 있다는 것을 알 때 그 일이 무엇이든 더 잘한다는 것이다. 일반적으로 사람이 새로운 일을 하거나 처음으로 한다면 그것을 하는 동안 관찰되는 것이 수행 능력을 손상시키는 것으로 보인다. 반면에, 잘 알고 있거나 많이 연습한 과제를 할 때 관찰되는 것은 수행 능력을 향상하는 경향이 있다. 따라서 당신이 새로운 스포츠를 배울 때는 혼자 그것을 시작하는 것이 낫지만, 그것에 숙달되면 관중이 있을 때 아마도 더 잘하게 될 것이다.

**어휘** observe 관찰하다 performance 수행 능력, 공연 non-existence 부존재 extreme 극단 stage fright 무대 공포증 enhance 향상하다 detract from ~을 손상시키다 adept 능숙한 productivity 생산성 violate 침해하다 distinct 뚜렷이 다른

## 08

**정답** ①

**해설** 과학계의 평가 절차인 동료 심사 과정에 관한 글이다. 주어진 문장은 어떤 주장이 인정받기 위해서는 동료 전문가들의 엄격한 심사 과정을 거쳐야 한다는 내용으로, 뒤에는 이 검토 과정을 this evaluation process로 받아 과학이 근거에 의해 잘 뒷받침되는 지식을 만들어내는 것은 이 평가 과정 덕분이라는 내용의 (B)가 이어져야 한다. 이러한 동료 심사 과정의 순기능을 소개한 뒤에는 Nevertheless를 통해 문맥을 반전시키며 그 어떤 것도 확실성을 보장할 수 없다는 회의적인 입장을 제시하는 (A)가 와야 한다. 마지막으로, 형편없는 방법론을 걸러내지 못할 수도 있다는 동료 심사의 단점을 언급한 (A)의 마지막 문장에 이어, 동료 심사를 수행하는 사람들 역시 오류를 범할 수 있다며 too를 이용하여 또 다른 단점을 언급하는 (C)가 오는 것이 자연스럽다. 따라서 글의 순서로 가장 적절한 것은 ① '(B) - (A) - (C)'이다.

**해석** 어떤 주장이 과학계에서 인정받기 위해서는 같은 분야의 전문가들이 제기된 질문, 사용된 방법, 수집된 데이터, 도출된 결론을 철저하게 평가하는 엄격한 동료 심사 과정을 거쳐야 한다. (B) 과학이 근거에 의해 그토록 잘 뒷받침되는 지식을 만들어내는 것은 이러한 평가 과정 덕분이다. (A) 그럼에도 불구하고 그 어떤 것도 확실성을 보장할 수는 없다. 때때로 동료 심사는 형편없는 방법론에 의해 생성된 결과를 걸러내지 못하기도 한다. (C) 동료 심사 과정을 수행하는 사람들도 틀릴 수 있기에 실수로 인해 질이 좋지 못한 연구가 틈 사이로 빠져나가는 가능성이 항상 존재한다. 그 평가 과정이 마련되어 있더라도 결함의 가능성은 항상 존재한다.

**어휘** claim 주장 undergo 겪다 strict 엄격한 peer review 동료 심사 rigorously 철저하게, 엄격하게 evaluate 평가하다 draw 도출하다 weed out 제거하다 poor 형편없는 methodology 방법론 evidence 근거, 증거 conduct 수행하다 fallible 틀릴 수 있는 slip through the cracks 틈 사이로 빠져나가다 in place 마련되어 있는 flaw 결함

## 09

**정답** ③

**해설** 우리가 온라인에서 하는 모든 활동은 기업의 데이터가 되며, 기업은 이러한 데이터를 이용하여 상품과 서비스를 맞춤화한다는 내용의 글이다. 따라서 글의 흐름상 가장 어색한 문장은 소비자 신뢰를 확보하기 위한 데이터 보안의 중요성을 강조하는 내용의 ③이다.

**해석** 우리의 새로운 데이터 환경에서는 전화 통화, 이메일 및 문자 전송 등 전통적으로 사적인 것으로 생각해 온 대화가 실제로는 우리의 데이터에 대한 소유권을 주장하는 기업과 공유된다. 우리가 스스로를 온라인에서 어디로 돌아다니게 하든지, 우리는 이제 다른 누군가의 데이터가 되는 자취를 남긴다. 우리가 무엇을 읽고, 무엇을 사고, 무엇을 볼지 찾으며 웹에서 검색하는 한, 이러한 내성적인 활동 또한 우리의 검색을 용이하게 하고 우리의 선택을 기록하는 기업의 소유가 된다. (데이터 보안을 보장하는 것은 소비자 신뢰를 보호하는 데 있어 조직의 최우선 과제가 되었다.) 결과적으로 이러한 데이터는 우리의 선호에 맞게 상품과 서비스를 맞추는 데 이를 사용하는 기업에게 수익성이 좋은 자산이 된다. 이러한 디지털 시대에 우리의 모든 클릭은 우리의 온라인 존재의 상품화에 기여한다.

**어휘** landscape 상황, 풍경 claim 주장하다 ownership 소유권 wander 돌아다니다 trace 자취, 흔적 insofar as ~하는 한 introspective 내성적인 facilitate 용이하게 하다 priority 우선 사항 safeguard 보호하다 lucrative 수익성이 좋은 tailor 맞추다 commodification 상품화

## 10

정답 ③

해설 마지막 2번째 문장에서 Blackwell이 여성과 어린이를 위한 최초의 병원을 개원했다고 언급되며 가난한 사람들에 관한 언급은 없으므로, 글의 내용과 일치하지 않는 것은 ③ 'Blackwell은 가난한 사람들을 위한 최초의 병원을 개원했다.'이다.

① Blackwell은 영국에서 뉴욕으로 이주했다. → 2번째 문장에서 언급된 내용이다.

② Blackwell은 필라델피아에 있는 의과대학을 졸업했다. → 3번째 문장에서 언급된 내용이다.

④ Blackwell은 최초의 여성 의과대학을 설립했다. → 마지막 문장에서 언급된 내용이다.

해석 Elizabeth Blackwell은 의학 및 여성 인권의 역사에서 선구적인 인물이었다. 영국에서 태어나 뉴욕으로 이주한 그녀는 19세기 중반 사회적 통념에 반하여 의사가 되기를 열망했다. 수많은 장애물을 극복하고 필라델피아의 의과대학 입학을 얻어낸 그녀는 1849년 졸업하여 미국 최초로 의학 학위를 취득한 여성이 되었다. 외과 의사가 되겠다는 그녀의 꿈은 심각한 안구 감염으로 인해 꺾였지만, Blackwell의 결의는 그녀가 1857년 획기적인 병원을 개원하도록 이끌었는데, 그곳은 여성과 어린이를 위한 최초의 병원이었다. 또한 최초의 여성 의과대학을 설립하여 의학 분야에서 여성의 발전에 크게 기여하면서 Blackwell의 유산은 자신의 의료 경력을 넘어선 것으로 이어졌다.

어휘 pioneering 선구적인 right 권리 emigrate 이주하다 norm 통념 aspire 열망하다 obstacle 장애물 secure 얻어내다, 획득하다 admission 입학 degree 학위 crush (희망, 꿈 등을) 꺾다 infection 감염 determination 결의 groundbreaking 획기적인 dedicate 바치다, 전념하다 legacy 유산 establish 설립하다 significant 중요한, 큰 contribution 기여 devote 바치다 found 설립하다

회차 08 **하프 모의고사**

Date : . . .

Score : / 10

| | | | | | | | | | |
|---|---|---|---|---|---|---|---|---|---|
| 01 | ③ | 02 | ① | 03 | ④ | 04 | ④ | 05 | ① |
| 06 | ② | 07 | ① | 08 | ③ | 09 | ④ | 10 | ② |

## 01

정답 ③

해설 resilient는 '탄력적인'이라는 뜻으로, 이와 의미가 가장 가까운 것은 ③ 'flexible(탄력적인)'이다.

① 실행 가능한 ② 양립 가능한 ④ 주목할 만한

해석 그 회사의 시장 변동에 적응하는 능력은 그곳의 탄력적인 비즈니스 모델을 보여준다.

어휘 fluctuation 변동

## 02

정답 ①

해설 even after에 유의했을 때, 기술적 문제로 인한 공연 지연에도 불구하고 그 밴드가 내린 결정은 공연을 이어가는 것이었으리라고 유추할 수 있다. 따라서 빈칸에 들어갈 말로 가장 적절한 것은 ① 'carry on(계속하다)'이다.

② 미루다 ③ 억제하다 ④ 찾아보다

해석 그 밴드는 기술적인 문제로 공연이 지연된 후에도 공연을 계속하기로 결심했다.

어휘 delay 지연시키다

## 03

정답 ④

해설 (released → been released) 문맥상 '~해야 했는데 (안 했다)'라는 뜻으로 'should have p.p.'가 적절히 쓰이고 있으나, 백신은 '출시하는' 것이 아니라 '출시되는' 것이므로 수동태인 should have been released로 써야 한다. 참고로 비교급 강조 부사로 much가 쓰인 것은 적절하다.

① The house를 선행사로 받는 소유격 관계대명사 whose 뒤에 명사 windows와 함께 완전한 절이 온 것은 적절하며, 창문이 '깨진' 것이므로 수동태 are broken의 쓰임도 적절하다. 또한 문장의 주어가 단수 명사이므로 단수 동사 is로 수일치한 것도 적절하다.

② 부정 동의를 나타낼 때는 'and neither + V + S'의 형태로 도치가 일어나므로 did the teachers는 적절하게 쓰였다. 참고로 여기서 neither는 접속사가 아닌 부사이므로 등위접속사 and와 같이 쓰는 것이다.

③ that절의 내용이 불변의 진리를 나타내고 있으므로 시제 일치에서 벗어나 현재시제 pulls로 쓴 것은 적절하다.

해석 ① 창문이 깨진 그 집은 수리가 필요하다.

② 나는 그 학생의 말을 믿지 않았고, 선생님들 또한 그랬다.

③ 그는 중력이 모든 것을 지구의 중심으로 끌어당긴다는 것을 발견했다.

④ 백신은 코로나19가 확산되기 훨씬 전에 나왔어야 했다.

어휘 gravity 중력

## 04

정답 ④

해설 (happier → are happier) 문장의 주어는 Married people이고, 동사 3개가 'A, B, and C'의 형태로 병렬되는 구조이다. 등위접속사 and를 기준으로 동일한 품사가 나열되어야 하는데, 두 번째 happier 앞에는 동사가 없으므로 are를 추가해야 한다.

① among이 이끄는 부사구가 문두에 나와 주어와 동사가 도치된 구조이다. 따라서 문장의 주어는 단수 명사인 an innocent, young boy이므로 was의 수일치는 적절하다.

② '~은 말할 것도 없이'라는 뜻의 비교급 관용 구문으로 긍정문에서는 much[still] more를, 부정문에서는 much[still] less를 사용한다. 여기서는 주어진 문장이 부정문이므로 still less의 사용은 적절하다.

③ '~에 간 적 있다'라는 뜻의 경험을 나타내는 have been to가 주어진 우리말에 맞게 적절히 쓰였는데, 참고로 '~에 가고 없다'라는 뜻을 지닌 have gone to와의 구별에 유의해야 한다. 한편 enjoy는 동명사를 목적어로 취하는 동사이므로 exploring도 적절하게 쓰였다.

어휘 innocent 죄 없는

## 05

정답 ①

해설 Emily의 발표에 관한 대화를 나누고 있다. 그녀가 어땠냐는 A의 물음에 B가 빈칸 내용을 언급한 뒤 그녀의 발표를 칭찬했으므로, 빈칸에 들어갈 말로 가장 적절한 것은 ① '걘 완벽하게 해냈어.'이다.

② 나한테 나중에 알려줘.

③ 걘 다 망쳤어.

④ 나는 걜 못 견디겠어.

해석 A: Emily의 발표가 어떻게 됐는지 궁금하네. 대표님 앞에서 발표하느라 분명 엄청 긴장됐을 텐데.

B: 사실 나 그 회의 때 거기 있었어.

A: 오, 걔 어땠어?

B: 걘 완벽하게 해냈어. 준비가 잘 되어 있었고, 발표 태도는 흠잡을 데 없었어. 대표님이 일어나서 박수까지 치셨잖아. 난 정말 걔가 자랑스러워.

A: 진짜? 와, 굉장하다!

어휘 delivery 발표 (태도) flawless 완벽한, 흠 없는 applause 박수 nail it 완벽하게 해내다, 성공하다 fill sb in ~에게 (최신) 정보를 주다 mess up 다 망치다

## 06

정답 ②

해설 음악이 직장에서의 업무 수행 능력을 향상한다는 내용의 글로, 이러한 주장을 뒷받침하는 연구 결과와 실제 적용 사례들을 제시하고 있다. 따라서 글의 제목으로 가장 적절한 것은 ② '음악은 직장에서의 생산성을 높인다'이다.

① 정확성보다 효율성을 우선시하라 → 정확성과 효율성 간 우선순위를 따지는 글이 아니다.

③ 라디오를 끄고 집중하라 → 음악이 업무 생산성을 높인다는 글의 요지와 상충한다.

④ 클래식 음악이 오늘날 의미 있는 이유 → 글에서 클래식 음악이 언급되긴 하나 음악이 직장에서 정확도를 높인다는 것을 설명하기 위한 예시에 불과하다.

해석 근무 환경에서의 건강과 기억에 관한 연구는 직장에서 음악이 사용되는 방식을 완전히 바꾸었다. 워싱턴 대학은 90명의 사람이 원고를 복사, 편집하는 한 연구에서 90분 동안 가벼운 클래식 음악을 들은 집단의 정확도가 21.3% 증가했다고 보고했다. 한편, 침묵 속에서 편집했던 피실험자들은 일반적인 사무실 소음과 함께 일한 피실험자들보다 8.3% 덜 정확했다. AT&T와 DuPont은 창의적인 음악 프로그램으로 교육 시간을 절반으로 줄일 수 있었다. Equitable Life Insurance는 6주 동안 음악을 사무실에 도입한 후에 근로자의 생산량을 17%까지 증가시켰고, Mississippi Power & Light는 9개월간의 사무실 청취 프로그램을 도입한 후에 청구서 발부 담당 부서의 효율성을 18.6% 끌어올렸다.

어휘 radically 완전히, 근본적으로 workplace 직장 edit 편집하다 manuscript 원고 accuracy 정확도 subject 피실험자 alongside ~와 함께 output 생산성 billing 청구서 발부 department 부서 institute 도입하다

## 07

정답 ①

해설 산업화된 사회가 확산되며 종교의 종말이 올 것으로 추정되었지만 그런 일은 일어나지 않았으며, 오히려 세상은 더 종교적으로 되어가고 있다는 내용의 글이다. 따라서 빈칸에 들어갈 말로 가장 적절한 것은 ① '만연하다'이다.

② 잘못 인도한다 → 종교를 비판하는 글이 아니다.

③ 다양해진다 → 종교가 계속 성장하고 있다고 했을 뿐, 그 종류가 다양해지고 있다는 내용은 없다.

④ 소멸한다 → 학자들의 예측으로 종교의 종말이 언급되긴 했으나, 실제로는 종교적 믿음이 계속 커지고 있다는 내용이므로 적절하지 않다.

해석 19세기 이후, 산업화된 사회의 확산이 종교의 종말을 가져올 것이라고 널리 추정되었다. Marx, Freud, Weber와 함께 다른 수많은 학자들은 현대성에 비추어 종교적인 믿음이 시들 것이라고 예상했다. 그런 일은 일어나지 않았다. 현대화 속에서 종교는 만연하다. 이것은 학자들이 신앙과 현대 세계 간의 관계를 재평가하도록 하였다. 그들은 전 세계 대부분 국가에서의 종교적 믿음의 지속적인 성장을 인지하고 있다. 2018년을 기준으로 전 세계 인구의 약 84%가 어떤 종교 집단과 동일시한다는 것이 밝혀졌으며, 이러한 인구 통계적 집단의 구성원은 일반적으로 더 어리며 종교적 소속이 없는 사람들보다 더 많은 아이를 낳기 때문에 이 비율은 계속해서 증가하고 있다. 따라서 실제로 세계는 덜이 아닌, 더 종교적으로 되고 있다.

어휘 assume 추정하다 industrialized 산업화된 spell 가져오다 innumerable 수많은 scholar 학자 wither 시들다 in the light of ~에 비추어 modernity 현대성 prompt 유발하다 contemporary 현대의 identify with 동일시하다 proportion 비율 demographic 인구통계적 집단 affiliation 소속

## 08

**정답** ③

**해설** 우리는 위기 상황을 직접 맞닥뜨려야 비로소 그 위기에 대처할 필요성을 느낀다는 내용의 글이다. 주어진 문장은 비슷한 맥락에서 기후 변화나 생태적 악화에 대해 단지 듣기만 하는 것은 그 영향을 직접 목격할 때와 같은 즉각적인 반응을 유발하지 않을 수 있다는 내용으로, 주어진 문장 앞에는 그 비슷한 맥락에 해당하는 내용이 나와야 하며, 뒤에는 주어진 문장에 관한 부연이 이어져야 한다. ③ 앞은 물에 빠진 사람이 눈앞에 있지 않은 경우와는 달리 바로 앞에 있는 경우에는 즉각적으로 행동을 취할 필요를 느낀다는 내용으로, 주어진 문장과 동일한 취지의 내용임을 알 수 있다. 또한 ③ 뒤에서 갑자기 '환경'이 언급되므로, ③ 앞뒤로 문맥상 단절이 존재하며, 문맥을 볼 때 ③ 뒤의 these problems는 주어진 문장에서 언급된 기후 변화 및 생태적 악화를 가리키는 것을 알 수 있다. 따라서 주어진 문장이 들어갈 위치로 가장 적절한 곳은 ③이다.

**해석** 위기에 대한 인간의 반응은 종종 그것들과의 직접적인 맞닥뜨림에 의해서만 촉발된다. 예를 들어 만약 당신이 단순히 누군가가 어딘가에서 물에 빠졌다는 것을 들었지만, 그 사람을 보거나 듣지 못했다면, 당신은 조치를 취해야 할 의무를 그다지 느끼지 않을 수도 있다. 하지만 당신 바로 앞에서 물에 빠진 피해자를 보고, 차가운 물 속에서 허덕이는 듯한 그녀의 울음소리를 듣는다면, 당신은 즉각적으로 행동을 취할 필요를 느낀다. 비슷한 맥락에서, 기후 변화나 생태적 악화에 대해 단지 듣기만 하는 것은 당신의 지역사회에서 그 영향을 직접 목격할 때와 같은 즉각적인 반응을 유발하지 않을 수 있다. 이러한 문제들이 우리에게 '현실'이 될 때 비로소 우리는 상황의 긴급성을 깨닫고, 환경에 대해 무언가를 하고자 한다. 하지만 불행히도 그때쯤이면, 보통 너무 늦는다.

**어휘** in a similar vein 비슷한 맥락에서 ecological 생태적 degradation 악화 evoke 유발하다 witness 목격하다 firsthand 직접 trigger 촉발시키다, 일으키다 encounter 만남, 맞닥뜨림 be obliged to ~할 의무가 있다 victim 피해자 struggle 허덕이다 urgency 긴급(성)

## 09

**정답** ④

**해설** 법 집행관은 확립된 규정의 틀 내에서 업무를 수행해야 하며, 충분하고 믿을 만한 증거를 기반으로 법 집행을 해야 한다는 내용의 글이다. (A) 앞은 법 집행관의 업무는 어려우며 종종 복잡하거나 위험한 상황 속에서 수행되어야 한다는 내용이고, (A) 뒤는 이것이 확립된 규정의 틀을 지키는 것을 면제해 주지는 않는다는 내용이다. 법 집행 업무가 어려우나 그렇다고 해서 규정을 지키지 않을 수는 없다는 문맥이 자연스러우므로, (A)에 들어갈 연결사로 가장 적절한 것은 Nevertheless이다. 또한, (B) 앞은 경찰관이든 연방 수사관이든 정당한 사유 없이 체포하거나 수색할 수 없다는 내용이고, (B) 뒤 역시 지방 검사들은 타당한 근거 없이 기소를 계속할 수 없다는 동일한 맥락의 내용이므로, (B)에 들어갈 연결사로 적절한 것은 Likewise이다.

**해석** 법 집행관은 범죄를 수사하고, 범죄자를 체포하며, 기소를 위해 필요한 증거를 확보할 책임이 있다. 이는 어려운 작업이고, 종종 복잡하거나 위험한 상황에서 수행되어야 한다. 그럼에도 불구하고, 이것이 확립된 규정의 틀을 충실히 지키는 것을 면제해 주지는 않는다. 일반 범죄자를 수사하는 경찰관도, 화이트칼라 범죄자를 쫓는 연방 수사관도 정당한 사유 없이 체포하거나 수색을 수행할 수 없다. 이와 마찬가지로, 지방 검사들은 그럴 만한 타당한 이유와 충분한 믿을 만한 증거가 없다면 기소를 계속할 수 없다. 법 집행 결정은 합리적이고, 객관적인 근거에 의해 정당화되어야 하며, 헌법, 의회, 법원이 정한 법규를 준수해야 한다.

**어휘** enforcement 집행 be charged with (의무·책임 등을) 지다 responsibility 책임 investigate 조사하다 arrest 체포하다; 체포 criminal 범죄자 prosecution 기소 complex 복잡한 excuse A from B A를 B로부터 면제시키다 adhere to ~을 충실히 지키다 federal 연방의 investigator 수사관 pursue 쫓다 legitimate 정당한 cause 사유 district attorney (미국의) 지방 검사 valid 타당한 credible 믿을 수 있는 rational 합리적인 objective 객관적인 comply with ~을 따르다 basis 근거 Constitution 헌법 Congress 의회 court 법원

## 10

**정답** ②

**해설** 3번째 문장에서 그녀의 작품들은 루마니아에서의 혹독한 삶의 현실을 묘사했다고 언급되므로, 글의 내용과 일치하지 않는 것은 ② 'Müller의 작품들은 루마니아의 평온한 삶을 묘사했다.'이다.

① Müller는 루마니아 태생의 독일 작가이다. → 첫 문장에서 언급된 내용이다.

③ Müller의 주요 독자층은 독일어 사용자들이었다. → 4번째 문장에서 언급된 내용이다.

④ Müller는 모든 형태의 전체주의 통치를 비판했다. → 마지막 문장에서 언급된 내용이다.

**해석** 2009년 노벨 문학상은 정치적인 탄압과 인간 존재의 괴로움에 대한 저항의 분명하고도 강렬한 목소리인 루마니아 태생의 독일 작가 Herta Müller에게 수여되었다. 주로 소설가로 알려져 있는 Müller는 또한 단편소설 작가, 시인, 수필가로서도 많은 작품을 썼다. 그녀의 작품들은 루마니아에서의 혹독한 삶의 현실을 묘사했다. Müller는 그녀를(그녀의 작품들을) 읽은 사람들에 의해 높이 평가받았지만, 그녀의 경력 대부분에 있어서 독자는 독일어 사용자로 한정되었다. 그녀는 노벨 문학상을 받은 열두 번째 여성이었으며 Günter Grass에게 상이 수여된 1999년 이후로 상을 받은 최초의 독일 작가였다. 모든 형태의 전체주의 통치를 비판하면서, 그녀는 권력에 의해 박해받은 사람들에게 이끌렸다.

**어휘** literature 문학 author 작가 distinct 분명한 compelling 강렬한 oppression 억압 anguish 고통 primarily 주로 novelist 소설가 poet 시인 portray 묘사하다, 나타내다 harsh 혹독한 regard 평가하다 criticize 비판하다 totalitarian 전체주의의 rule 통치 be drawn to ~에 이끌리다 authority 권력

| 회차 09 | 하프 모의고사 | Date : . . . <br> Score : / 10 |
|---|---|---|

| 01 | ① | 02 | ③ | 03 | ② | 04 | ① | 05 | ③ |
|---|---|---|---|---|---|---|---|---|---|
| 06 | ④ | 07 | ② | 08 | ④ | 09 | ③ | 10 | ① |

## 01

**정답** ①

**해설** 비밀 수사관이 수사 중 자신의 얼굴을 숨기기 위해 해야 하는 일은 본래의 모습을 다르게 바꾸는 것이라고 유추할 수 있으므로, 빈칸에 들어갈 말로 가장 적절한 것은 ① 'disguise(변장)'이다.

② 혼란 ③ 무지 ④ 예상

**해석** 그 비밀 수사관은 수사 과정에서 자신의 얼굴을 감추기 위해 변장을 하고 다녀야 했다.

**어휘** conceal 감추다

## 02

**정답** ③

**해설** out of the blue는 '갑자기'라는 뜻으로, 이와 의미가 가장 가까운 것은 ③ 'unexpectedly(갑자기)'이다.

① 잠시 ② 심하게 ④ 불행히도

**해석** 차가 갑자기 고장 나서 그들은 외딴곳에 발이 묶였다.

**어휘** strand 발을 묶다 the middle of nowhere 외떨어진 곳

## 03

**정답** ②

**해설** '~할 시간이다'를 의미하는 It is time 가정법은 'It is time + S + 과거동사' 또는 'It is time + S + should + RV'의 형태로 쓰이므로 focused는 적절하게 쓰였다. 참고로 to enhance는 목적을 나타내는 to 부정사의 부사적 용법으로 쓰였다.

① (effectively → effective) 의문사 how가 이끄는 의문문이 쓰이고 있는데, is의 보어 자리에는 부사가 올 수 없다. 따라서 effectively를 형용사 effective로 고쳐야 한다.

③ (astonish → astonishes) 문장의 주어는 단수 명사인 The extent이므로, 그에 수일치하여 복수 동사 astonish를 단수 동사 astonishes로 고쳐야 한다.

④ (be happened → happen) happen은 수동태로 쓸 수 없는 완전자동사이다.

**해석** ① 가격 변동을 예측하는 데 인공지능이 얼마나 효과적인가?

② 우리의 서비스를 개선하기 위해 피드백에 집중할 때이다.

③ 종교적 주제에 관한 그의 지식의 정도는 사람들을 놀라게 한다.

④ 더는 무슨 일이 생길지 걱정하지 말자.

**어휘** erudition 학식 religious 종교적인 astonish 놀라게 하다

## 04

**정답** ①

**해설** (fascinated → fascinating) fascinated는 novel을 수식하는 분사형 형용사로 쓰이고 있는데, 소설이 '흥미를 느끼는' 것이 아닌 '흥미를 끄는' 것이므로 능동의 현재분사 fascinating으로 고쳐야 한다. 한편 while 이하는 분사구문인데, 분사구문의 의미상 주어인 I가 커피를 '홀짝이는' 것이므로 능동의 현재분사 sipping은 적절하게 쓰였다.

② 'cannot ~ without RVing'는 '~할 때마다 ~하다'라는 뜻을 갖는 구문으로 주어진 우리말에 맞게 적절히 쓰였다.

③ 'A에게서 B를 빼앗다'라는 뜻의 'rob A of B' 구문을 수동태로 전환하면 'A be robbed of B'이므로 주어진 우리말에 맞게 적절히 쓰였다. 참고로 to make matters worse는 '설상가상으로'라는 의미를 지닌 관용표현이다.

④ '너무 ~해서 ~하다'라는 뜻의 'so ~ that' 구문이 적절하게 쓰였으며, avoid는 동명사를 목적어로 취하는 동사이므로 coming의 쓰임도 적절하다.

**어휘** fascinate 흥미를 끌다 sip 홀짝이다 come face to face 얼굴을 마주하다

## 05

**정답** ③

**해설** 식중독에 걸린 B가 의사 A에게 진찰을 받는 상황이다. A가 빈칸 내용을 언급하자, B는 복통, 설사, 구토 등 자신의 증상을 설명했으므로, 빈칸에 들어갈 말로 가장 적절한 것은 ③ '증상을 설명해 주세요.'이다.

① 언제부터 증상이 시작됐나요?

② 어떤 종류의 음식을 드셨나요?

④ 병원에 가보시는 게 좋겠어요.

**해석** A: 안녕하세요. 오늘 어떻게 도와드릴까요?

B: 안녕하세요. 음, 저 식중독에 걸린 것 같아요.

A: 증상을 설명해 주세요.

B: 복통과 설사를 겪었고 몇 번 토하기도 했어요.

A: 그렇군요. 식중독에 걸렸다고 생각하시는 이유가 있나요?

B: 네, 며칠 전에 맛이 정말 이상한 밀크셰이크를 마셨고 그다음 날 몸에 탈이 났어요.

A: 알겠습니다, 5일 치 약을 처방해 드릴게요. 자극적이지 않고 쉽게 소화할 수 있는 음식을 드시고 물을 충분히 섭취하세요.

**어휘** food poisoning 식중독 stomach ache 복통 diarrhea 설사 throw up 토하다 prescribe 처방하다 bland 자극적이지 않은 digestible 소화할 수 있는 stay hydrated 물을 충분히 섭취하다 symptom 증상

## 06

**정답** ④

**해설** 다른 유기체와는 달리 불을 이용하여 음식을 조리함으로써 얻는 이점들로 인해 인간은 소화하는 데 써야 했던 에너지를 뇌를 진화시키는 데 대신 쓸 수 있었다는 내용의 글이다. 따라서 글의 주제로 가장 적절한 것은 ④ '인간의 진화에 있어 음식을 조리하는 것의 중요성'이다.

① 어떻게 인간이 불을 발견했는지에 관한 이론들 → 불을 어떻게 발견했는지에 관한 이론들을 소개하는 글이 아니다.

② 동물들이 음식으로부터 에너지를 증폭시키는 다양한 방법들 → 불은 다른 유기체가 아닌 인간만이 이용하는 것이며, 불 외에 다른 방법들은 언급되지 않았다. 또한 정확히는 우리가 쓰는 에너지가 불로 인해 증폭되어 손쉽게 음식을 얻게 된 것으로, 음식 자체에서 더 많은 에너지를 얻는 것은 아니다.

③ 인간이 조리된 음식을 먹음으로써 얻는 것과 잃는 것 → 조리된 음식을 먹음으로써 잃는 것에 관한 내용은 없다.

**해석** 모든 유기체는 영양분을 얻고 생활하고, 소비하고, 먹는 과정을 지속하기 위해 에너지를 소비한다. 역사를 통틀어, 인류는 또한 삶의 대부분을 식량을 얻기 위한 작업에 에너지를 소비하는 데 써왔다. 하지만 많은 다른 유기체와 달리, 우리는 치아와 근육 조직에서 우리가 쓸 수 있는 힘보다 훨씬 더 큰 힘을 이용하여 그 에너지를 증폭시키는 방법을 고안해 냈다. 아마도 일찍이 100만 년 전, 우리의 조상들은 불이라는 원소를 길들였다. 통제된 불은 모든 작업 혁신의 가장 위대한 것들 중 하나였다. 음식을 조리함으로써, 우리 조상들은 소화에 에너지를 덜 쓸 수 있었고, 이는 우리가 밀과 쌀 같은 유용한 식물을 먹을 수 있게 하고, 우리의 몸을 힘들게 하는 박테리아를 파괴하고, 씹고 처리하는 데 우리가 들이는 수고를 줄였다. 이는 우리가 자유롭게 우리의 거대한 뇌를 발달시키는 데 더 많은 에너지를 소비할 수 있게 해주었다.

**어휘** expend 소비하다 nourishment 영양분 process 과정; 처리하다 existence 생활, 존재 amplify 증폭하다 harness 이용하다 musculature 근육 조직 ancestor 조상 tame 길들이다 element 원소, 요인 innovation 혁신 digestion 소화 wheat 밀 burden 힘들게 하다 chew 씹다

## 07

**정답** ②

**해설** 서열을 따지는 인간의 경향에 관해 설명한 후, 사회계층을 올라간다는 생각이 돈을 버는 것과 유사한 반응을 뇌에서 촉발했다는 연구 결과를 소개하는 글이다. 이는 우위를 점하려는 성향이 인간 본능에 내재해있다는 의미이므로, 빈칸에 들어갈 말로 가장 적절한 것은 ② '우위'이다.

① 평등 → 이 글은 서열을 따지는 인간의 특성에 관한 것이므로 반대된다.

③ 개성 → 이 글의 중심 소재는 '개성'이 아닌 '서열'로, 개성에 관한 내용은 언급되지 않았다.

④ 동료애 → 동료애에 관해서는 언급된 바가 없다.

**해석** 인간은 다른 동물들과 마찬가지로 서열을 따진다. 18세기에 영국 작가 Samuel Johnson은 "어떤 두 사람도 한 사람이 다른 사람보다 명백한 우위를 차지하지 않고는 30분간 함께 있을 수 없다."라고 지적했다. 무수한 세대 동안, 우위를 차지한 남성이 그들의 사회적 성공을 추가적 번식으로 바꿀 수 있었는데, 이는 우리 서열 경향의 진화적 기반을 형성한 것으로 보인다. 물론 이 경향은 오늘날에도 우리에게 널리 퍼져 있다. 최근의 한 연구에 따르면, 사회계층을 올라간다는 생각은 돈을 따는 것과 유사한 방식으로 특정 뇌 영역을 활성화한 것으로 밝혀졌다. 이것은 집단 내에서 우위를 추구하려는 우리 인간의 성향이 우리의 본성에 깊이 뿌리내리고 있다는 생각을 더욱 입증한다.

**어휘** work out 계산[산출]하다 pecking order 서열 point out 지적하다 acquire 얻다 evident 명백한 superiority 우위 countless 무수한 upper hand 우위 reproduction 번식 evolutionary 진화의 tendency 경향 prevalent 널리 퍼진 social ladder 사회계층 activate 활성화시키다 specific 특정한 win money 돈을 따다 substantiate 입증하다 inclination 성향 pursue 추구하다 rooted 뿌리내린

## 08

**정답** ④

**해설** 인스턴트 메신저에서 실시간으로 이루어지는 빠른 대화를 위해 축약된 형태의 단어를 쓰는 것과 이에 관한 상반된 두 관점을 소개하는 글이다. 주어진 문장은 인스턴트 메신저에서 빠른 쓰기는 필수적이라는 내용으로, 이를 This로 받아, 이것이 축약된 형태를 사용하는 것과 같은 새로운 의사소통 관행을 만들어 내고 있다는 내용의 (C)가 뒤에 이어져야 한다. 그다음, 어떤 평자들은 축약된 형태를 사용하는 것을 비난한다는 (C)의 마지막 문장 내용을 However로 이어서, 이와 다른 시각을 가진 사람들, 즉 others의 반응을 서술하는 내용의 (B)가 오는 것이 자연스럽다. 마지막으로, 이러한 그들의 관점을 this view로 받아, 이 관점에서 사람들은 게을러서가 아니라 의사소통을 빠르고 효율적으로 하기 위해 축약된 말을 사용하는 것이라며 설명을 부연하는 (A)로 글이 마무리되는 것이 적절하다. 따라서 글의 순서로 가장 적절한 것은 ④ '(C) - (B) - (A)'이다.

**해석** 인스턴트 메신저에서 빠른 쓰기는 수신자의 관심을 잃지 않고 왔다 갔다 하는 대화를 실시간으로 유지할 수 있기 위해 필수적이다. (C) 이것은 btw (그런데) 또는 idk (모르겠어)의 축약된 형태를 사용하는 것과 같은 시간 절약 방법에 기초한 새로운 유형의 의사소통 관행을 만들어 내고 있다. 일부 평자들은 이것을 현대 게으름의 산물이라고 비난한다. (B) 그러나 다른 평자들은 그것들이 비공식적 의사소통용으로 글로 표현된 메시지를 만들어 내는 효율적인 방법을 반영하는 것일 뿐이라는 반응을 보인다. (A) 이러한 관점에서, 사람들은 그들이 게을러서가 아니라 단순히 글로 표현된 동시 의사소통이 빠르고 효율적으로 일어나는 것을 확실히 하기 위해 축약된 말을 사용한다.

**어휘** instant messaging 인스턴트 메신저(인터넷상으로 서로 즉시 메시지 교환이 가능한 시스템) rapid 빠른 essential 필수적인 back-and-forth 왔다 갔다 하는 real time 실시간 receiver 수신자 abbreviated 축약된 synchronous 동시의 practice 관행 observer 평자; 관찰자 condemn 비난하다 product 산물 laziness 게으름

## 09

정답 ③

해설 연습을 통해 미술 능력을 키울 수 있다고 주장하면서 그 연습 방법을 소개하는 글이다. 따라서 글의 흐름상 가장 어색한 문장은 시청에서는 어린이와 노인을 위한 다양한 미술 프로그램을 제공한다는 내용의 ③이다.

해석 어느 정도의 미술 능력은 타고난 재능이지만, 사람들은 연습으로 정말 나아진다. 당신의 미술적 감각을 쌓는 한 가지 방법은 당신 주위에 있는 것들을 스케치하는 것이다. 당신의 마을을 둘러보고, 누구의 방해도 받지 않고 앉을 조용한 장소를 찾고, 주변 환경을 종이에 담기 시작해라. (시청에서는 어린이와 노인이 즐길 수 있는 다양한 미술 프로그램을 제공한다.) 당신은 당신을 즐겁게 하는 것들을 스케치할 수도 있고, 작품에 당신의 상상력을 더할 수도 있다. 그럼, 당신의 미술 여행이 시작되도록 하고 연필 한 획마다 당신의 실력이 성장하는 것을 지켜보아라.

어휘 degree 정도 talent 재능 undisturbed 방해받지 않는 surroundings 환경 town hall 시청, 읍사무소 senior 노인 please 즐겁게 하다 journey 여행, 여정 stroke (글씨나 그림의) 획

## 10

정답 ①

해설 첫 문장에서 스트리트 루지는 내리막을 타고 내려가는 스포츠라고 하였으며, 2번째 문장에서 그 속도가 보통 시속 120km가 넘는 매우 빠른 속도라고 언급된다. 따라서 글의 내용과 일치하는 것은 ① '스트리트 루지는 언덕을 매우 빠른 속도로 질주해 내려가는 것과 관련된다.'이다.

② 스트리트 루지는 스케이트보딩보다 더 안전한 대안으로서 만들어졌다. → 3번째 문장에서 보드에 누워서 더 빠른 속도를 낼 수 있다는 사실이 발견되면서 스트리트 루지가 시작되었다고 하였으며, 4번째 문장에서 스트리트 루지가 매우 위험한 스포츠라고 언급되므로 옳지 않다.

③ luger들은 필요한 경우 기계식 제동 장치를 사용할 수 있다. → 마지막 2번째 문장에서 기계식 제동 장치는 엄격히 금지된다고 언급되므로 옳지 않다.

④ 보드의 앞뒤 패딩은 주로 그것의 탑승자를 보호한다. → 마지막 문장에서 보드의 앞뒤 패딩은 충돌 시 다른 참가자들을 보호하지만, 꼭 그 보드의 탑승자를 보호하지는 않는다고 언급되므로 옳지 않다.

해석 스트리트 루지는 특대형 스케이트보드처럼 생긴 스트리트 루지 보드로 내리막을 타고 내려가는, 중력을 이용하는 극한 스포츠이다. 'lugers'로 불리는 경주자는 등을 대고 누워 포장도로 또는 코스를 보통 시속 120km가 넘는 매우 빠른 속도로 내려간다. 스트리트 루지는 캘리포니아에서 다운힐 스케이트보더들이 스케이트보드에 누워서 더 빠른 속도를 낼 수 있다는 사실을 발견하면서 시작되었다. 스트리트 루지는 매우 위험한 스포츠이기 때문에, 탑승자는 턱 끈이 있는 하드 셸 헬멧, 안면 보호대, 고글, 장갑, 튼튼한 신발을 포함한 안전 장비를 착용해야 한다. 튼튼한 신발은 기계식 제동 장치가 엄격히 금지되기 때문에 발로 제동해야 하므로 필요하다. 보드의 앞과 뒤의 패딩은 충돌 시 다른 참가자들을 보호하지만, 꼭 그 보드의 탑승자를 보호하지는 않는다.

어휘 luge 루지(한 사람이 타는 경주용 썰매) downhill 내리막 oversized 특대의 be referred to as ~로 불리다 paved road 포장도로 exceed 넘다 originate 시작되다 sturdy 튼튼한 mechanical 기계의 forbidden 금지된 crash 충돌 descend 내려가다

회차 10 하프 모의고사

Date : . . .

Score : / 10

| | | | | | | | | | |
|---|---|---|---|---|---|---|---|---|---|
| 01 | ④ | 02 | ② | 03 | ① | 04 | ④ | 05 | ② |
| 06 | ④ | 07 | ① | 08 | ② | 09 | ② | 10 | ④ |

## 01

정답 ④

해설 so 이하에서 연락을 유지하고 싶으면 거짓말을 하지 말라고 하고 있으므로, 관계 유지에 있어 정직함이 매우 중요하다는 것을 유추할 수 있다. 따라서 빈칸에 들어갈 말로 가장 적절한 것은 ④ 'indispensable(필수적인)'이다.

① 공정한 ② 중요하지 않은 ③ 비슷한

해석 정직함은 관계를 유지하는 데 필수적이므로, 연락을 유지하고 싶은 사람들에게 절대 거짓말하지 마라.

어휘 maintain 유지하다

## 02

정답 ②

해설 give in은 '굴복하다'라는 뜻으로, 이와 의미가 가장 가까운 것은 ② 'submit(굴복하다)'이다.

① 회피하다 ③ 상의하다 ④ 용서하다

해석 피고는 오랜 법정 다툼을 피하기 위해 굴복하고 유죄를 인정하기를 택했다.

어휘 defendant 피고 plead (법정에서) 답변하다

## 03

정답 ①

해설 (to close → closed) 동사 reports의 목적어 역할을 하는 that절 내의 주어는 coal-fired power stations이고, that produced ~ power는 그것을 수식하는 관계사절이다. 즉, coal-fired power stations의 동사가 없는 상태이므로, 준동사로 쓰인 to close가 last October라는 과거 시제 부사구에 따라 과거 동사인 closed가 되어야 한다.

② by far는 비교급을 수식할 수 있는 강조 부사로 적절하게 쓰였다.

③ 분사구문의 의미상 주어인 increases가 '확인하는' 것이 아니라 '확인되는' 것이므로 수동의 과거분사 confirmed는 적절하게 쓰였다.

④ 5형식 동사로 쓰인 make가 목적격 보어로 명사 the industry를 취하고 있는데, 그 뒤에 '주격 관계대명사 + be동사'가 생략된 채 most responsible 이하만 남아 있는 형태이다.

해석 Rhodium Group은 총 11.2기가와트의 전력을 생산하던 석탄 화력 발전소들이 지난 10월 문을 닫았다고 보고한다. 천연가스는 이제 미국에서 훨씬 더 유망한 에너지 선택지이다. 그러나 확인된 바와 같이, 디젤과 제트 연료와 같은 다른 연료들에 대한 수요의 증가가 여전히 운송을 미국 탄소 배출량의 가장 큰 원인이 되는 산업으로 만든다.

어휘 coal-fired 석탄을 때는 power station 발전소 promising 유망한 confirm 확인하다 transportation 운송 emission 배출(량)

## 04

**정답** ④

**해설** promise는 to 부정사를 목적어로 취하는 동사이므로 to give의 쓰임은 적절하다. 또한 복합관계대명사의 격은 복합관계절 내에서 결정되는데, 여기서는 복합관계사절 내에 주어가 없으므로 주격인 whoever의 쓰임은 적절하다.

① (stay → not stay) had better는 '~하는 것이 더 낫다'라는 뜻의 구조동사인데, 주어진 우리말에 따르면 '떠나 있지 않는 것이 낫다'이므로 부정형인 had better not stay가 되어야 한다.

② (completely failed → a complete failure) 'A도 B도 아닌'이라는 뜻의 'neither A nor B' 구문에서, A와 B는 같은 격을 이루어야 한다. A에 a great success라는 명사구가 있으므로, B에도 명사구인 a complete failure가 와야 한다.

③ (about him → about) that은 the boy를 선행사로 받는 관계대명사로, 뒤에 불완전한 절이 와야 한다. 그런데 여기서는 완전한 절이 오고 있으므로 의미상 선행사를 가리키는 him을 삭제해야 한다. 참고로 쉼표로 삽입된 the boy 이하는 Todd와 동격으로 쓰였다.

## 05

**정답** ②

**해설** 시끄러운 소리를 그만 내달라는 A의 요청에 대한 응답으로 방에 들어가기 전에 문을 두드리겠다는 B의 말은 적절하지 않다. 따라서 대화 중 가장 어색한 것은 ②이다.

**해석** ① A: 오늘은 이만 여기까지 할까?
B: 응, 우리 오늘 할 만큼은 한 것 같아.
② A: 시끄러운 소리 좀 그만 낼래?
B: 알았어, 네 방에 들어가기 전엔 문을 두드릴게.
③ A: 내 드레스 입고 싶으면 입어도 돼.
B: 오, 고마워! 파티에 입을 드레스가 필요했어.
④ A: 나 시험공부 안 할 거야. 너무 귀찮아.
B: 마음대로 해, 근데 나중에 후회하지는 마.

**어휘** call it a day 그만하기로 하다 knock it off 그만 좀 해 be my guest (긍정적) 그렇게 해 lazy 귀찮은 듯한, 게으른 suit yourself (부정적) 마음대로 해

## 06

**정답** ④

**해설** 스마트폰과 앱을 사용하는 문화로 시대가 바뀌면서 우리는 이제 어디서나 음악을 듣고 만들어낼 수 있게 되었다는 내용의 글이다. YouTube와 같은 온라인 매체를 비롯한 기술 발전을 통해 평범한 공간이 이제는 잠재적인 무대가 되었으며 음악을 경험하는 방식이 바뀌었다고 하였으므로, 글의 제목으로 가장 적절한 것은 ④ '기술 변화가 음악이 만들어지고 들리는 방식을 바꾼다'이다.

① YouTube 음악 영상: 저작권 문제 → 글에서는 YouTube 음악 영상의 저작권 문제를 다루고 있지 않다.

② 무명 가수에게 기회인 모바일 플랫폼 → 무명 밴드의 YouTube 영상이 수백만의 조회 수를 기록했다는 내용이 언급되긴 하나, 이는 음악을 경험하는 방식이 바뀌고 있다는 것을 보여주기 위한 하나의 예시에 불과하다.

③ 기술 변화로 낮아진 음악의 진정한 가치 → 기술 변화로 인해 음악의 진정한 가치가 훼손되었다는 주장을 하는 글이 아니다.

**해석** 인터넷의 구조가 바뀌었다. 우리는 접속이 느린 데스크톱 컴퓨터로부터 해방되어 초고속 광대역과 데이터 연결로 구동되는, 항상 켜져 있고 어디에나 있는 스마트폰과 앱 문화가 되었다. 이러한 기술 전환은 또한 음악 창작과 소비에 유사한 변화를 만들어냈다. 이런 기술은 우리로 하여금 어디에서나 음악을 소비할 수 있게 해줄 뿐만 아니라, 어디에서나 그것을 만들 수 있게 해준다. 예를 들어, Craig David가 런던의 어느 버스에서 즉석으로 자신의 노래 중 하나를 공연하는 것은 수십 만 건의 YouTube 조회 수를 기록했다. 이것은 버스에 탄 사람들에 의해 촬영되고 공유되었다. 무명의 New York 지하철 브라스 밴드인 Lucky Chops와 Too Many Zooz는 한 팬에 의해 촬영되어 YouTube에 영상이 게시되었고 수백만의 조회수를 받았다. 이러한 기술의 발전은 평범한 공간을 잠재적인 무대로 바꾸며 음악이 경험될 수 있는 방식을 변화시켰다.

**어휘** unchain 해방하다 ubiquitous 어디에나 있는 broadband (주파수의) 광대역 shift 변화, 전환 parallel 아주 유사한, 평행한 consumption 소비 ad hoc 즉석 brass band 브라스 밴드(금관악기로 구성된 악단) copyright 저작권 diminish 떨어뜨리다

## 07

정답 ①

해설 '소프트 스킬'보다 '하드 스킬'을 강조하는 미국의 교육 시스템과 그에 대한 Robinson의 비판을 다루는 글이다. Robinson은 미국의 교육 시스템이 학업 성취를 우선시하는 경향에 따라 다른 능력들을 도외시하고 있다는 점을 비판하고 있으므로, 빈칸에 들어갈 말로 가장 적절한 것은 ① '편향된'이다.

② 혁신적인 → Robinson은 미국의 교육 시스템을 비판하는 입장이므로 적절하지 않다.

③ 비관적인 → 특정 영역을 우선시하는 교육 시스템이 교육 '자체'에 비관적인 입장을 가진다고 볼 수는 없다.

④ 포괄적인 → 오히려 미국의 교육 시스템은 '소프트 스킬'을 배제하는 등 다양한 분야를 포괄하지 못하므로 반대된다.

해석 미국의 교육 시스템은 주로 19세기와 20세기의 산업 경제의 요구를 충족시키기 위해 설계되었기 때문에, 그것은 공장, 관료 체제, 원장 잉크로 이루어진 세상에서 가장 가치 있는 기술을 강조하는 경향이 있다. 흔히, 그것은 '소프트 스킬'이라고 불리는 것을 요구하는 음악과 미술 같은 창조적인 분야는 덜 강조하면서, 수학, 언어, 과학, 그리고 다른 '하드 스킬'을 학생들이 배우도록 강요한다. 우리의 교육 체계는 마치 교육 과정의 이상적인 결과물이 대학 교수인 것처럼, 무엇보다도 학업 성취를 우선시하는 경향이 있다. 그러나 교육자이자 작가인 Ken Robinson은 "더 많은 발견될 보물들이 있음에도, 우리가 특정한 상품을 위해 지구를 노천 채굴해왔던 것처럼 우리의 학교 교육은 우리의 정신을 채굴해왔다."라고 말하면서 교육에 대한 이러한 편향된 관점에 대해 지적한다.

어휘 need 요구 emphasize 강조하다 bureaucracy 관료 (체제) ledger (은행·사업체 등에서 거래 내역을 적은) 원장 discipline 분야 academic 학업[학문]의 strip-mine 노천 채굴하다 commodity 상품 uncover 발견하다, 밝히다

## 08

정답 ②

해설 청소년이 되었을 때 천식 증상이 사라지는 '장기간 천식 완화' 현상에 관한 설명과 그에 대한 주의사항을 언급하는 내용의 글이다. 주어진 문장은 However로 시작하여, 그러나 천식은 대부분 평생 지속되는 질병이며 완치될 수 없다는 내용으로 이 문장 앞에는 이와 상반되는 내용이 와야 하며 뒤에는 주어진 문장에 관한 부연이 이어져야 한다. ② 앞에서 장기간 천식 완화 현상을 보고 의사가 환자의 천식이 사라졌다고 결론지을 수도 있다고 하였는데, 이는 천식은 완치될 수 없다는 주어진 문장 내용과 대조되는 것을 알 수 있다. 또한 ② 뒤의 천식 증상이 재발된 경우에 관한 서술은 주어진 문장 내용을 부연하고 있음을 알 수 있다. 따라서 주어진 문장이 들어갈 위치로 가장 적절한 곳은 ②이다.

해석 유아기 동안 천식을 앓는 많은 어린이들은 청소년이 되었을 때 증상이 없는 경우가 많다. 그들은 천식 전문가들이 '장기간 천식 완화'라고 부르는 잘 알려진 현상인 흉부 증상이 없는 오랜 기간을 경험한다. 이것은 분명 의사가 청소년 환자의 천식이 사라졌다고 결론을 내리도록 할 수 있다. 그러나 천식은 대부분의 개인에게 평생 지속되는 질병이며, 그러므로 진정으로 완치될 수 없다. 20대 후반이나 30대 성인이 어렸을 때 천식을 앓았던 것을 떠올리며 "그토록 오랜 시간이 지나도 증상이 재발한다"는 것에 놀라는 경우가 매우 흔하다. 장기간 천식 완화가 발생하고 그것이 수년 동안 지속될 수 있다는 사실에도, 의사들은 절대 어느 부모에게나 아이가 천식에서 벗어날 것이라고 약속해서는 안 된다. 대신 그들은 천식이 나중에 삶에서 예기치 않게 재발할 수 있으므로 지속적인 천식에 관한 의식과 관리의 필요성을 전달해야 한다.

어휘 asthma 천식 lifelong 평생의 adolescent 청소년 prolonged 장기적인 remission 완화 physician 의사 outgrow (나이가 들어) ~이 없어지다, 벗어나다 convey 전달하다 perpetual 끊임없는

## 09

정답 ②

해설 어린이집에 있는 아들이 열이 나고 심하게 토한 사실을 전해 듣고 Kim은 그곳을 향해 전력 질주하였으며 심장이 쿵쿵 뛰었다고 하였다. 그러나 어린이집에 도착한 후에 아이가 회복된 것을 보면서 안도한 것을 알 수 있으므로, 글에 나타난 Kim의 심경 변화로 가장 적절한 것은 ② '공황 상태에 빠진 → 안도하는'이다.

① 긴장한 → 화난

③ 무관심한 → 감사하는

④ 희망찬 → 낙심한

해석 어느 날 Kim의 사무실에 전화벨이 울렸다. 그것은 Tracy에 있는 어린이집이었다. 그녀의 어린 아들은 얼굴이 홍당무처럼 붉어졌다. 그는 주전자처럼 뜨거웠고, 놀이방 전체에 뱃속의 내용물을 토해내고 있었다. 자신의 아이가 죽어가고 있었다고 그녀는 생각했고, 그는 50마일이나 떨어져 있었다. 그녀는 자신의 차까지 아래층으로 전력 질주해서 고속도로를 탔다. 그녀의 심장은 바로 가슴을 뚫고 나올 것처럼 쿵쿵 뛰었다. 그녀는 자신이 얼마나 빨리 가고 있는지 알지 못했지만, 어떤 속도도 충분히 빠른 것 같지 않았다. Kim이 아들의 어린이집의 문을 밀어젖히고 들어설 무렵, 그가 한 토사물은 대걸레로 닦였고 그의 열은 가라앉아 있었다. 그녀는 그를 들어 올렸고, 이마의 땀에 젖은 머리를 뒤로 쓸었고, 그를 안았다. 소년은 회복되고 있었다. Kim은 깊은 호흡을 내쉬고 자기 아들의 입술에 입을 맞추었다.

어휘 beet 비트, 홍당무 kettle 주전자 vomit 구토하다 sprint 전속력으로 달리다 hit (어떤 장소에) 이르다 pound 쿵쿵 뛰다 burst through ~을 밀어젖히고 나가다 mop 대걸레로 닦다 fever 열 settle 진정되다 recover 회복되다

## 10

정답 ④

해설 마지막 3번째 문장에서 그는 L.A.로 이주한 후 작곡을 하기로 결심하고 텔레비전 쇼의 음악을 작곡하는 직업을 얻었다고 언급되므로, 글의 내용과 일치하지 않는 것은 ④ 'L.A.에서 Williams는 TV 음악 피아니스트로 일했다.'이다.

① Williams는 유명한 영화 음악 작곡가이다. → 첫 문장을 비롯한 글 전체에서 언급된 내용이다.

② Williams의 경력은 70년 이상 지속되었다. → 2번째 문장에서 언급된 내용이다.

③ 처음에 Williams는 전문 피아니스트가 되기를 열망했다. → 4번째 문장에서 언급된 내용이다.

해석 John Williams는 영화 역사상 가장 인기 있고 인지도가 높으며 비평가들의 찬사를 받은 영화 음악을 작곡한 것으로 널리 알려진 미국의 상징적인 작곡가이다. 70년이 넘는 경력이 있는 그는 <Jaws>, <Star Wars>, <Indiana Jones>, <Jurassic Park>, <Harry Potter>와 같은 영화 음악으로 아마 가장 잘 알려져 있을 것이다. Williams는 5회의 Academy 상, 25회의 Grammy 상을 포함하여 수많은 상을 받았다. Williams는 원래 전문 피아니스트가 되는 것을 꿈꾸었으며, 뉴욕의 여러 클럽에서 재즈 피아니스트로 활동했다. 하지만 그는 L.A.로 이주한 후 작곡으로 초점을 바꾸기로 결심하고 텔레비전 쇼의 음악을 작곡하는 직업을 얻었다. 그를 영화로 이끈 것은 이 텔레비전 직업이었다. 텔레비전에서 영화로의 전환은 영화 사운드트랙의 지형을 재편한 저명한 경력의 시작을 알렸다.

어휘 composer 작곡가 acclaimed 호평을 받는 score (영화의) 음악 span (시공간적으로) ~에 걸치다 decade 10년 concert pianist 전문 피아니스트 transition 전환 celebrated 저명한 reshape 재편하다 renowned 유명한 endure 지속되다 aspire 열망하다

| 회차 11 | 하프 모의고사 | Date : . . . |
|---|---|---|
| | | Score : / 10 |

| 01 | ③ | 02 | ④ | 03 | ④ | 04 | ② | 05 | ① |
|---|---|---|---|---|---|---|---|---|---|
| 06 | ④ | 07 | ① | 08 | ② | 09 | ② | 10 | ③ |

## 01

**정답** ③

**해설** elaborate는 '정교한'이라는 뜻으로, 이와 의미가 가장 가까운 것은 ③ 'delicate(정교한)'이다.

① 방대한 ② 궁극적인 ④ 매력적인

**해석** 그 판타지 소설은 신화적 생물과 마법 같은 풍경으로 가득한 정교한 세계를 묘사했다.

**어휘** mythical 신화의

## 02

**정답** ④

**해설** 간단한 삽화를 이용해서 교사가 어려운 개념과 관련하여 학생에게 할 수 있는 것은 그것을 알아듣게 하는 것이리라고 유추할 수 있다. 따라서 빈칸에 들어갈 말로 가장 적절한 것은 ④ 'get across(이해시키다)'이다.

① 파기하다 ② 미루다 ③ 찾아보다

**해석** 그 교사는 간단한 삽화를 이용한 덕분에 어려운 개념을 학생들에게 이해시킬 수 있었다.

**어휘** by virtue of ~덕분에 illustration 삽화, 실례

## 03

**정답** ④

**해설** 분사구문의 의미상 주어인 the forest가 건조한 환경에 '노출된' 것이므로 수동의 과거분사 Exposed는 적절하게 쓰였다. 또한 5형식으로 쓰인 regard는 'regard + O + as + 형용사/명사' 구조를 취할 수 있는데, 이를 수동태로 전환하면 'be regarded + as + 형용사/명사' 형태가 된다.

① (as → than) 비교급을 나타내는 less는 than을 상관어구로 취하므로 as를 than으로 고쳐야 한다. 참고로 one은 앞에서 언급된 medicine을 지칭하는 부정대명사로 쓰였다.

② (did the system work → the system worked) 전치사 of의 목적어로 의문부사 how가 이끄는 간접의문문이 오고 있는데, 간접의문문은 '의문사 + S + V'의 평서문 어순을 취하므로 how the system worked으로 쓰여야 한다.

③ (address → addressing) 전치사의 목적어로는 동사가 쓰일 수 없으므로, with 뒤의 동사 address를 동명사 addressing으로 고쳐야 한다. 참고로 that은 the factors를 선행사로 받는 주격 관계대명사로 쓰였으며, affect는 전치사 없이 목적어를 바로 받는 완전타동사이다.

**해석** ① 이 약은 이전 약보다 덜 효과적이다.

② 그 엔지니어는 그 시스템이 어떻게 작동하는지 잘 알고 있었다.

③ 그것은 사람들의 건강 위험에 영향을 미치는 요인들을 다루는 것으로 시작한다.

④ 건조한 환경에 노출된 그 숲은 화재 위험 요소로 간주되었다.

**어휘** aware 알고 있는 address 다루다 hazard 위험 (요소)

## 04

**정답** ②

**해설** (found → found it) find가 5형식 동사로 쓰여 that절을 목적어로 취할 땐 'find + 가목적어 it + 목적격 보어 + that절'의 구조를 취한다. 따라서 found 뒤에 가목적어 it을 추가해야 한다.

① '~하자마자 ~했다'라는 뜻의 'Hardly + had + S + p.p. ~ when + S + 과거동사' 구문이 주어진 우리말에 맞게 적절히 쓰였다.

③ 'most of 명사'가 주어로 오는 경우 동사는 of 뒤의 명사에 맞춰 수일치한다. 여기서는 복수 명사 the carbon emissions가 오고 있으므로 그에 수일치한 복수 동사 result from은 적절하게 쓰였다. 또한 주어진 우리말에 맞게 result from 뒤에 원인이 오고 있는 것도 적절하며, 뒤에 결과가 오는 result in과의 구별에 유의해야 한다.

④ prefer의 목적어 뒤에 비교 대상이 있는 경우, 'prefer RVing to RVing' 또는 'prefer to RV (rather) than (to) RV'의 형태로 사용된다.

**어휘** unpleasant 불쾌한 carbon 탄소 emission 배출(량) coal 석탄 physical store 오프라인 매장

## 05

**정답** ①

**해설** 어젯밤 A가 청혼을 받은 것에 관한 대화를 나누고 있다. 빈칸 이후에 A는 자신이 청혼에 어떻게 반응했는지 알려주고 있으므로, 빈칸에 들어갈 말로 가장 적절한 것은 ① '너는 어떻게 반응했어'이다.

② 그가 결혼반지를 가지고 있었어

③ 너 언제 결혼해

④ 왜 그가 그렇게 청혼하기로 했대

**해석** A: 그거 알아? Ken이 어젯밤 나한테 청혼했어!

B: 진짜? 정말 잘됐다! 그가 어떻게 청혼했어?

A: 우리가 첫 데이트를 했던 레스토랑에서 식사하고 있었는데, 갑자기 그가 한쪽 무릎을 꿇고 결혼해 달라고 했어.

B: 정말 로맨틱하다. 너는 어떻게 반응했어?

A: 나는 바로 "응"이라고 말하고 그를 꽉 안아줬어.

**어휘** dine 식사하다 out of nowhere 갑자기 immediately 즉시

## 06

**정답** ④

**해설** 단순히 열량을 계산하는 것만으로 우리의 건강을 제대로 관리할 수 없다는 내용의 글이다. 따라서 글의 요지로 가장 적절한 것은 ④ '열량을 계산하는 것은 전반적인 건강에 대한 불충분한 접근법이다.'이다.

① 충분한 운동은 당신의 식욕을 관리하는 데 도움 된다. → 운동과 식욕의 관계를 설명하는 글이 아니다.

② 질병을 예방하기 위해서는 체중을 감량하는 것이 중요하다. → 글에서 열량을 계산하며 체중을 관리하는 것이 질병 관리나 회복에 도움 되지 않는다고 했으므로 적절하지 않다.

③ 열량론은 다이어트를 위한 강력한 지침을 제공한다. → 일부 사람들이 체중을 감량하는 데 열량론이 도움 될 수 있다고 했으나, 전반적인 건강 관리에 있어서 적절한 지침이 되지 못한다는 것이 글의 핵심이므로 옳지 않다.

**해석** 열량론은 우리가 몸무게, 나이, 그리고 다른 몇몇 변수에 근거하여 각자 하루에 특정한 양의 열량이 필요하다고 말한다. 이 모델에서는 몸무게를 줄이거나 늘리거나 유지하기 위한 두 개의 변수, 즉 섭취된 열량과 소비된 열량이 있다. 이 이론에 따라, 체중을 줄이기 위해서 우리는 단순히 더 적게 먹고 더 많이 움직인다. 체중을 늘리기 위해서 우리는 더 적게 움직이고 더 많이 먹는다. 만약 우리가 이런 단순화된 공식을 따른다면, 우리는 온종일 불량식품을 먹고도 러닝머신 위에서 달려 그 열량을 뺄 수 있다. 하지만 일반 상식으로 우리는 이것이 건강하지 않다는 것을 안다. 열량을 계산하는 것이 일부 사람들을 체중을 감량하는 데 있어 올바른 방향으로 가도록 도울 수 있는 것은 맞지만, 건강해지는 데 진심인 사람들은 단순히 열량을 계산하는 것만으로 목표를 달성하지 못한다. 열량을 계산하는 것은 식욕을 관리하거나 욕구를 제거하는 데 도움 되지 않는다. 그것은 또한 질병을 관리하거나 뒤바꾸는(회복하는) 데 도움 되지 않는다. 우리는 더 전체론적인 모델이 필요하다.

**어휘** claim 주장하다 variable 변수 consume 먹다 expend 소비하다 formula 공식 junk food 불량식품 treadmill 러닝머신 make the cut 목표를 달성하다 appetite 식욕 eliminate 제거하다 craving 갈망 reverse 뒤바꾸다 holistic 전체론의, 종합적인 crucial 중요한 insufficient 불충분한 approach 접근(법)

## 07

**정답** ①

**해설** 잇따라 제시되는 두 대상 사이의 차이를 인식하는 방식에 영향을 미치는 대조 원칙을 설명하는 글이다. 한 손을 차가운 물에 넣고 다른 손을 뜨거운 물에 넣은 뒤, 두 손을 동시에 실온의 물에 넣으면 같은 온도의 물임에도 불구하고 각각의 손은 그 온도를 다르게 인식하는 현상에 관해 소개하고 있다. 즉, 동일한 사건도 그 사건 이전에 어떤 것을 경험했느냐에 따라 다르게 느껴지는 것이므로, 빈칸에 들어갈 말로 가장 적절한 것은 ① '그것에 선행하는 사건'이다.

② 우리가 일어날 것으로 예상하는 것 → 같은 온도의 물이 다르게 느껴진 이유는 각각의 손이 그 이전에 서로 다른 온도를 경험했기 때문으로, 그 과정에서 우리의 예측이 개입되었다는 근거는 글에서 찾을 수 없다.

③ 그것과 관련된 위험 → 위험 정도에 따라 같은 것이 다르게 느껴지는 것이 아니다.

④ 그것이 제공할 수 있는 이점 → 어떤 것이 제공하는 이점이 그것을 다르게 보이게 한다는 취지의 글이 아니다.

**해석** 인간의 지각에 있어서 대조 원칙은 우리가 잇따라 제시되는 두 가지 사이의 차이를 인지하는 방식에 영향을 미친다. 예를 들어 정신 물리학 실험실에서 각각의 피실험자들은 돌아가며 세 물통, 즉 차가운 물과 실온의 물과 뜨거운 물 앞에 앉는다. 한 손은 차가운 물에 넣고 다른 손은 뜨거운 물에 넣은 후, 그 피실험자는 실온의 물에 두 손을 동시에 넣으라고 지시를 받는다. 그때 놀라운 일이 생긴다. 비록 두 손은 같은 물통에 있지만, 차가운 물에 있었던 손은 이제는 마치 뜨거운 물에 있는 것처럼 느껴지고, 반면에 뜨거운 물에 있었던 손은 마치 찬물에 있는 것처럼 느껴진다. 요점은 같은 것도 <u>그것에 선행하는 사건</u>의 특성에 따라 매우 달라 보일 수 있다는 것이다.

**어휘** contrast 대조 principle 원칙 perception 지각 one after another 잇따라 subject 피험자 psychophysics 정신 물리학 take a turn 교대로 ~하다 room temperature 실온 simultaneously 동시에 precede 선행하다 associate 연관짓다

## 08

**정답** ②

**해설** 감자칩이 탄생한 배경을 설명하는 글이다. 주어진 글은 감자칩이 1853년에 한 까다로운 식당 손님 때문에 발명되었다는 내용으로, 이 연도를 that year로 받아 그 해에 George Crum이라는 요리사가 고급 리조트에서 일하고 있었다는 내용의 (B)가 뒤에 이어져야 한다. 그다음으로, But을 통해 한 손님이 계속 불평하며 감자튀김을 돌려보냈다는 사건을 제시하는 내용의 (C)가 오는 것이 자연스럽다. 마지막으로, Crum이 새로 만든 감자를 them으로 받으며, 놀랍게도 그 고객은 그 감자를 매우 좋아했으며 이로 인해 오늘날 우리가 알고 있는 감자칩이 탄생했다면서 글을 마무리하는 (A)가 와야 한다. 따라서 글의 순서로 가장 적절한 것은 ② '(B) - (C) - (A)'이다.

**해석** 감자칩은 1853년에 한 까다로운 식당 손님 때문에 발명되었다. (B) George Crum이라는 요리사는 그해 Saratoga Springs의 고급 리조트에서 일하고 있었다. 그는 그곳에서 손님들을 위해 감자튀김을 요리하는 것을 담당하고 있었다. (C) 그런데 한 손님이 감자가 너무 두껍다거나, 너무 축축하다거나, 소금간이 충분하지 않다고 불평하며 계속 주방으로 돌려보냈다. 답답한 마음에 Crum은 감자 몇 개를 아주 얇게 썰어 바삭하게 튀기고 소금을 더 뿌려 양념했다. (A) 놀랍게도 그 손님은 그것을 매우 좋아했다. 다른 손님들도 같은 것을 요구했고 곧 'Saratoga 칩'은 메뉴에서 가장 인기 있는 항목이 되었다. 이 성공으로 오늘날 우리가 알고 있는 감자칩이 탄생했다.

**어휘** invent 발명하다 hard-to-please (성미가) 까다로운 demand 요구하다 emerge 생겨나다 elegant 품격 있는 be in charge of ~을 담당하다 complain 항의하다 soggy 축축한 crisp 바삭한 상태 season 양념하다

## 09

정답 ②

해설 코코넛 야자수가 우리에게 주는 다양한 이점을 소개하는 글이다. (A) 앞은 코코넛 야자수가 생명의 나무로 알려져 있다는 내용이며, 뒤는 어떤 사람들은 그것을 가장 유용한 나무로 여긴다는 내용으로, 두 내용은 동일한 맥락임을 알 수 있다. 따라서 (A)에 들어갈 연결사로 가장 적절한 것은 Indeed이다. 또한, (B) 앞까지는 코코넛의 다양한 쓰임에 관한 내용이고, (B) 뒤에서 코코넛 나무는 보기에도 좋다는 추가적인 이점을 소개하고 있다. 따라서 all these characteristics 앞에 오는 (B)에 들어갈 연결사로 가장 적절한 것은 In addition to이다.

해석 코코넛 야자수는 많은 사람에게 '생명의 나무'로 알려져 있다. 실제로, 어떤 사람들은 이것을 지구상에서 가장 유용한 나무로 여긴다. 가구를 포함한 집 전체가 코코넛 나무로 지어져 왔다. 사람들은 코코넛 자체의 과육을 먹고 그것의 우유를 마시는데, 이것은 당신이 아마도 익숙한 젖소의 우유보다 더 달다. 사람들은 그것의 나무를 태워 그들의 집을 데우며 야자수 그늘로 그것(집)을 서늘하게 한다. 코코넛 오일은 등불을 위해 태우거나 피부 크림으로 사용하거나 비누로 바꿀 수 있다. 이 모든 특성에 더불어, 코코넛 나무는 보기에 좋다. 열대의 산들바람에 흔들리는 우아한 야자수를 보는 것을 즐기지 않는 사람이 누가 있겠는가?

어휘 palm 야자나무 meat 과육 shade 그늘 convert 바꾸다, 변환시키다 characteristic 특성 sway 흔들리다 tropical 열대의 breeze 산들바람

## 10

정답 ③

해설 마지막 2번째 문장에서 많은 동굴어는 몸의 색깔에 대한 필요가 없기 때문에 피부색이 거의 없거나 전혀 없다고 언급되며, 몸의 색깔이 의사소통의 목적으로 사용되는 것은 동굴어가 아닌 다른 물고기들의 경우인 것을 알 수 있다. 따라서 글의 내용과 일치하지 않는 것은 ③ '동굴어는 일반적으로 의사소통하기 위해 몸의 색깔을 사용한다.'이다.

① 동굴어 종 대부분은 크기가 작다. → 2번째 문장에서 언급된 내용이다.

② 동굴어는 일반적으로 시력이 거의 필요하지 않다. → 3번째 문장에서 언급된 내용이다.

④ 혈관은 일부 동굴어에 있어 분홍빛을 만들어 낸다. → 마지막 문장에서 언급된 내용이다.

해석 동굴에서 사는 것으로 관찰되는 약 32종의 물고기가 있다. 대부분의 동굴어 종은 작지만, 이 중 한 종류의 다 자란 물고기는 길이가 거의 20cm에 이를 수 있다. 동굴어의 몇몇 종은 기능하는 눈을 가지고 있지만, 대다수 종에 시력은 거의 쓸모가 없다. 그들 중 일부는 얇은 피부층 아래에 여전히 눈의 흔적이 보이지만, 눈이 완전히 멀었다. 많은 동굴어는 다른 물고기들 사이에서는 의사소통의 목적으로 널리 사용되는 특징인 몸의 색깔에 대한 필요가 없기 때문에 피부색이 거의 없거나 전혀 없다. 어떤 동굴어는 분홍빛이 도는 것 같기도 하지만 이는 창백한 피부를 통해 이 동물의 혈관이 비친 결과이다.

어휘 species 종 observe 관찰하다 dwell 살다 functional 기능하는 vast majority 대다수 vestige 흔적 feature 특징 blood vessel 혈관 pale 창백한

회 차 **12** **하프 모의고사**

Date : . .

Score : / 10

| 01 | ② | 02 | ① | 03 | ④ | 04 | ④ | 05 | ④ |
|---|---|---|---|---|---|---|---|---|---|
| 06 | ④ | 07 | ② | 08 | ③ | 09 | ④ | 10 | ② |

## 01

정답 ②

해설 superficial은 '피상적인'이라는 뜻으로, 이와 의미가 가장 가까운 것은 ② 'shallow(피상적인)'이다.

① 단순한 ③ 정확한 ④ 부족한

해석 그 주제에 대한 그의 지식은 깊은 이해보다는 기본적인 사실에 국한되어서 피상적이었다.

어휘 profound 깊은

## 02

정답 ①

해설 앞 문장의 최신 업데이트된 새 소프트웨어에 수요가 전부 집중되었다는 내용으로 보아, 기존 소프트웨어가 더는 쓸모없는 옛것이 되었으리라고 유추할 수 있다. 따라서 빈칸에 들어갈 말로 가장 적절한 것은 ① 'out of date(구식이 된)'이다.

② 통제할 수 없는 ③ 품절이 된 ④ 의심할 여지 없는

해석 최신 업데이트가 공개되면서, 모두가 새 소프트웨어를 사용하고자 했다. 즉, 원래의 것은 구식이 된 것이다.

## 03

정답 ④

해설 (is → are) where sleep time has ~ century는 수식하는 절일 뿐 that 절의 주어는 복수 명사인 several countries이므로, 동사도 그에 수일치하여 복수인 are로 쓰여야 한다.

① 'A에게서 B를 박탈하다'라는 뜻의 'deprive A of B' 구문이 적절하게 쓰였다.

② 문장의 주어는 복수 명사인 Every component of health and countless threads of societal fabric인데, 타동사 erode 뒤에 목적어가 없고 의미상으로도 건강 요소와 사회 구조 가닥이 '약화시키는' 것이 아니라 '약화되는' 것이므로, 진행형 수동태 are being eroded의 쓰임은 적절하다.

③ 장소 명사 several countries를 선행사로 받는 관계부사 where 뒤에 완전한 절이 오고 있으므로 적절하게 쓰였다.

해석 인간은 합당한 이득 없이 일부러 스스로 잠을 박탈하는 유일한 종이다. 우리가 잠을 소홀히 하면서 건강의 모든 요소와 사회 구조의 수많은 가닥이 약화되고 있다. 지난 세기 동안 수면 시간이 가장 급격히 감소한 여러 국가에서 신체 질환과 정신 장애의 발병률이 가장 많이 증가한 것은 우연의 일치가 아니다.

어휘 deliberately 고의로 legitimate 합당한 component 구성 요소 countless 수많은 fabric (사회의) 구조 erode 약화시키다 neglect 소홀히 하다 coincidence 우연의 일치 decline 감소하다 dramatically 급격하게 disorder 장애

## 04

정답 ④

해설 (conducted → be conducted) 사역동사 let은 목적어와 목적격 보어의 관계가 수동일 때 be p.p.를 목적격 보어로 취하는데, 이때 be를 빠뜨려서는 안 된다. 참고로 부사절의 주어가 불가산명사 equipment이고 장비는 '사용되는' 것이므로 단수 동사 수동태 is used는 적절하게 쓰였다.

① every는 '~마다'라는 뜻으로 쓰일 때, 'every + 기수 + 복수 명사' 또는 'every + 서수 + 단수 명사'의 형태를 취한다. 여기서는 기수 eight가 쓰였으므로 months의 쓰임은 적절하다.

② worth는 'be worth RVing' 형태로 쓰이므로 뒤에 discovering이 온 것은 적절하다. 참고로 worth 뒤에 오는 동명사는 수동으로 해석된다.

③ 'ought to have p.p.'는 '~해야 했는데 (안 했다)'라는 뜻의 조동사구인데, 부정어 not이 들어가서 주어진 우리말에 맞게 적절히 쓰였다.

어휘 host 주최하다 conference 회의 coastal 해안의 conduct 행하다

## 05

정답 ④

해설 코트를 착용해 보고 있는 A가 B와 대화를 나누고 있다. 그 코트가 생각보다 비싸다는 A의 말에 B는 빈칸 내용을 물었고, 이에 A는 최대 500달러라며 이 코트는 그보다 비싼 650달러라고 답했다. 따라서 빈칸에서 B는 A가 염두에 둔 지출 비용에 관해 물었음을 추측할 수 있으므로, 빈칸에 들어갈 말로 가장 적절한 것은 ④ '돈을 얼마나 쓰려고 하는데?'이다.

① 그 코트 가격은 얼마야?

② 이 상품을 환불받을 수 있나요?

③ 그거 할인할 때 사야겠다.

해석 A: 저기, 이 코트 어떤 거 같아?

B: 와, 너한테 잘 어울린다! 디자인이 너랑 정말 어울려.

A: 아, 가격표를 방금 봤어. 내 생각보다 더 비싸네.

B: 돈을 얼마나 쓰려고 하는데?

A: 최대 500달러. 근데 이 코트는 650달러야.

B: 흠. 그럼 다른 코트들을 먼저 보자. 더 싼 가격에 그만큼 좋아 보이는 코트가 있을지도 몰라.

A: 그래, 네 말이 맞아.

어휘 suit 어울리다 refund 환불

## 06

정답 ④

해설 아이가 질문할 때, 과학적이거나 이성적인 설명보다는 질문의 의도를 생각하면서 아이가 이해할 수 있는 설명을 해주는 것이 적절하다는 내용의 글이다. 따라서 글의 제목으로 가장 적절한 것은 ④ '아이들의 질문에 적절하게 대답하는 방법'이다.

① 아이들에게 질문하는 방법 → 아이들에게 '질문'하는 방법이 아닌 아이들의 질문에 '대답'하는 방법에 관한 글이므로 적절하지 않다.

② 아이들 속에 살아 있는 생생한 상상들 → 무언가를 설명할 때 아이들이 상상할 수 있는 이미지를 떠올리게 하는 것이 좋다고 언급되었으나, 이는 아이들에게 쉽게 설명하는 방법의 한 예시일 뿐, 상상 자체가 핵심 주제는 아니다.

③ 호기심 많은 아이들에게 왜 이성적이어야 하는가? → 오히려 아이들에게 이성적인 설명을 하는 것은 도움 되지 않는다고 했으므로 반대된다.

해석 비슷한 일에 대한 직접적인 경험이나 아이들의 상상 속에서 살아 작용할 수 있는 이미지가 아이들에게 훨씬 더 만족스러울 것인데도, 우리는 보통 아이들의 질문에 대한 대답으로 장황한 과학적 설명을 해준다. 이성적인 설명은 배고픈 아이에게 빵 대신 돌을 주는 것과 같다. 한 유명한 유아 교육자는 어린아이들이 "왜 태양이 빛나나요?"와 같은 질문을 할 때 사실 그들은 역학보다는 목적에 관해 묻고 있는 것이라고 지적한다. 열과 다른 에너지 형태 사이의 관계에 대한 강의보다는 "우리를 따뜻하게 해주고 풀과 꽃이 자라게 하려고"와 같은 대답이 그들에게 훨씬 더 영양가 있다.

어휘 lengthy 장황한 rational 이성적인 point out 지적하다 mechanics 역학 nourish 영양분을 공급하다 lecture 강의 appropriately 적절하게

## 07

정답 ②

해설 처음에는 젊은 층을 겨냥한 후 나중에 노년층 및 특정 집단들로 소비층을 넓혀나가는 마케팅 전략을 펼친 한 음료 회사의 사례를 소개하는 글이다. 이는 한 연령 집단을 끌어들이고 나서 이후 다른 소비층으로 마케팅 대상 범위를 넓혀나가는 전략이므로, 빈칸에 들어갈 말로 가장 적절한 것은 ② '나중에 호소의 폭을 넓히려고'이다.

① 소매가를 인상하려고 → 가격을 높이는 것과는 관계가 없다.

③ 공급을 제한하여 수요를 증가시키려고 → 수요를 증가시키려는 목적은 옳으나, 이를 위해 공급을 제한한다는 내용은 없다.

④ 대중 매체를 통해 긍정적인 이미지를 만들려고 → 글에서 언급된 술집, 헬스장, 무료 캔 나눔 등의 홍보 경로들은 대중 매체를 통한 것이 아니므로 적절하지 않다.

해석 서로 다른 연령 집단의 소비자들은 분명히 아주 다른 필요와 욕구를 지니고 있다. 비록 같은 연령 집단에 속해 있는 사람들이 여러 다른 측면에서 차이를 보이더라도, 그들은 평생 지니는 일련의 가치관과 공통된 문화적 경험을 공유하는 경향이 있다. 어떤 경우들에 있어서 마케팅 담당자들은 처음에는 한 연령 집단을 끌어들이기 위해 제품을 개발하고, 그런 다음에 나중에 호소의 폭을 넓히려고 한다. 그것이 바로 강력한 에너지 음료인 Reddox가 하는 것이다. 그 회사는 그 제품의 핵심 고객인 젊은이들에게 술집, 나이트클럽, 헬스장에서 그 제품을 적극적으로 소개했다. 시간이 지나면서 그 제품은 다른 환경에서도 인기를 누리게 되었으며, 그 회사는 제품의 범위를 연령이 더 높은 골퍼들에게까지 확장하기 위해 PGA European Tour도 후원하기 시작했다. 그 회사는 또한 음료를 도로에서 정신을 바짝 차리는 방법으로 홍보하기 위해 통근자, 택시 기사, 렌터카 업체에 무료 캔을 나눠준다.

어휘 obviously 분명히 differ 다르다 aggressively 적극적으로 core 핵심의 sponsor 후원하다 hand out 나눠주다 commuter 통근자 promote 홍보하다 alert 정신이 맑은, 경계하는 retail 소매의 broaden 넓히다 via ~을 통하여

## 08

정답 ③

해설 거래 방식에 관한 문화적 차이를 설명하는 글이다. 주어진 문장은 그러나 중남미와 동양에서는 판매자와 구매자가 일종의 게임을 즐긴다는 내용으로, 앞에는 이 문화와 대조되는 문화 사례가 나오고, 뒤에는 주어진 문장을 부연하는 설명이 오는 것이 자연스럽다. ③ 앞에서 정해진 가격대로 거래하는 미국의 방식이 나왔으며, ③ 뒤에서는 판매자와 구매자가 서로 흥정하는 과정, 즉 일종의 게임을 즐기는 과정을 서술했다. 따라서 주어진 문장이 들어갈 위치로 가장 적절한 곳은 ③이다.

해석 문화적 차이는 거래가 이루어지는 방식을 살펴보면 분명하다. 미국에서는 중고차와 부동산을 제외한 거의 모든 것의 가격이 정해져 있다. 사람들은 어떤 물건에 대해 가격표가 그것의 가치로 설정한 액수를 정확하게 지불하기를 기대한다. 그러나 중남미와 동양에서는 거래할 때 판매자와 구매자가 함께 일종의 게임을 즐긴다. 판매자는 자기 상품에 대해 받을 것이라고 실제로 예상하는 가격보다 더 높은 가격을 요구하고, 구매자는 결국 자기가 지불할 것으로 예상하는 가격보다 훨씬 더 낮은 가격을 제시한다. 점차 판매자는 자신이 요구한 가격을 낮추고, 구매자는 자신이 제안한 가격을 높이다 마침내 양 당사자가 만족하는 타협점에 이른다.

어휘 Orient 동양 do business 거래하다 distinction 차이 bargaining 협상, 거래 take place 일어나다 real estate 부동산 fix 고정시키다 article 물건 merchandise 상품 compromise 타협 wherein 그 점에서 party 당사자

## 09

정답 ④

해설 인간이 초래한 생물 대량 멸종 위기에 관한 글이다. 현재 생물의 멸종은 자연적인 속도보다 훨씬 빠르게 진행되고 있으며 생태계 전체가 위협받고 있다고 말하면서 전 세계적인 보존 노력을 촉구하고 있다. 따라서 글의 흐름상 가장 어색한 문장은 대량 멸종이 운석 충돌이나 화산 폭발과 같은 재앙적 사건들과 관련 있다는, 인간이 초래한 멸종에 관한 내용이 아닌 ④이다.

해석 많은 과학자가 경고해 오길 우리는 대량 멸종 한가운데 있는데, 이는 자연적인 대재앙 사건이 아닌 인간에 의해 초래된 것이다. 생물 다양성의 비정상적인 손실이 가속화되고 있으며, 이것이 계속된다면 지구는 광대한 생태계를 잃을 것이다. 현재 멸종 속도는 자연적으로 발생할 멸종 속도를 크게 넘어선다. 과학자들은 지난 100년 동안 사라진 543종에 관해 알고 있는데, 이는 정상적으로 축적되는 데 10,000년이 걸리는 수치이다. 그들은 특히 이런 속도로는, 일부 생물종의 소멸이 다른 생물종들을 악순환의 굴레에 빠뜨리는 도미노 효과를 일으켜 궁극적으로 생태계 전체를 위협할 가능성이 크다고 우려한다. (대량 멸종은 보통 거대한 운석 충돌과 화산 대폭발과 같은 대재앙적인 사건과 관련이 있다.) 이러한 생태학적 위기는 지구 생물 다양성의 균형을 보존하기 위한 전 세계적인 보존 노력이 시급히 필요하다는 점을 강조한다.

어휘 in the midst of ~의 한가운데에 mass extinction 대량 멸종 catastrophic 대재앙적인, 대변동의 biodiversity 생물 다양성 accelerate 가속화되다 tally 수치 accumulate 축적되다 trigger 일으키다 meteorite 운석 impact 충돌, 충격 eruption 폭발, 분출 ecological 생태계의 crisis 위기 underscore 강조하다 urgent 시급한

## 10

정답 ②

해설 3번째 문장에서 왼쪽 뇌가 웃음과 같은 긍정적인 감정과 연관되어 있다는 점이 언급된다. 따라서 글의 내용과 일치하는 것은 ② '긍정적인 감정은 왼쪽 뇌와 연결되어 있다.'이다.

① 왼발이 오른발보다 간지럼을 더 잘 타는 것으로 밝혀졌다. → 2번째 문장에서 대부분 사람들에게 간지럼을 더 잘 타는 발은 오른발이었다고 언급되므로 옳지 않다.

③ 1998년 실험의 결과는 초기 연구 결과와 모순된다. → 마지막 두 문장에서 1998년 실험 결과를 통해 기존의 연구 결과가 사실임을 확인했다고 언급되므로 옳지 않다.

④ 성별은 관찰된 간지럼의 정도에 영향을 미치지 않았다. → 마지막 문장에서 남성이 여성보다 간지럼을 더 잘 탔다고 언급되므로 옳지 않다.

해석 1980년대 초, 한 이탈리아 과학자팀이 다양한 상황 아래 사람들의 간지럼에 관한 일련의 연구를 수행했다. 연구진은 사람들이 다른 발보다 더 간지럼을 타는 발이 있는 것처럼 보인다는 것을 발견했고, 대부분 사람들에 있어서 그것은 오른발이었다. 한 제안된 설명은 이것이 오른발에 가해지는 자극을 감지하는 왼쪽 뇌가 웃음과 같은 긍정적인 감정과 연관되어 있기 때문이라는 것이었다. 그 실험은 1998년에 발바닥을 가로질러 쓰다듬기 위한 뾰족한 나일론 막대를 이용하여 반복되었다. 이를 34명에게 적용한 결과, 연구진은 기존 연구 결과가 사실임을 확인했으며 남성이 여성보다 간지럼을 더 잘 탄다는 것을 보이면서 지식의 경계를 넓혔다.

어휘 ticklishness 간지럼 ticklish 간지럼을 잘 타는 stimulus 자극(*pl.* stimuli) be associated with ~와 연관되다 pointed 뾰족한 rod 막대 stroke 쓰다듬다 confirm (사실임을) 확인하다 finding 연구 결과 frontier 경계, 한계 contradict 모순되다

회 차
13
# 하프 모의고사

Date : . . .

Score : / 10

| 01 | ③ | 02 | ④ | 03 | ② | 04 | ② | 05 | ① |
|---|---|---|---|---|---|---|---|---|---|
| 06 | ① | 07 | ② | 08 | ③ | 09 | ① | 10 | ③ |

## 01

정답 ③

해설 variable은 '가변적인'이라는 뜻으로, 이와 의미가 가장 가까운 것은 ③ 'changeable(가변적인)'이다.

① 주된 ② 결정적인 ④ 불리한

해석 날씨는 야외 이벤트 및 활동에 영향을 줄 수 있는 가변적인 요소이다.

## 02

정답 ④

해설 run into는 '우연히 마주치다'라는 뜻으로, 이와 의미가 가장 가까운 것은 ④ 'encountering(우연히 마주치다)'이다.

① 찾아가다 ② 알아보다 ③ 연설하다, 말을 걸다

해석 우리는 한 동네에서 조용한 길을 지나다가 우리가 가장 좋아하는 작가와 우연히 마주치게 되었다.

어휘 neighborhood 동네 end up (어떤 처지에) 처하게 되다

## 03

정답 ②

해설 보수 공사가 '완료될' 것으로 '예상되는' 것이므로 수동 표현 are expected와 to be completed는 각각 적절하게 쓰였다. 또한 by는 동작의 완료, until은 동작의 지속을 나타내는 동사들과 함께 사용되는데, 여기서는 완료를 나타내는 complete가 있으므로 by의 쓰임도 적절하다.

① (wealth → wealthy) 'the + 형용사'는 '~하는 사람들'이라는 복수 명사의 의미를 가진다. 문맥상 '부'가 아닌 '부자들'이라는 뜻이 되어야 자연스러우므로, 명사 wealth를 형용사 wealthy로 고쳐야 한다. 참고로, 주어가 the wealth면 동사는 need가 아니라 needs가 되어야 하므로 수일치도 맞지 않는다는 것을 알 수 있다.

③ (will run → runs) '~의 경우에 대비해서'라는 뜻의 조건 접속사 in case (that)가 쓰였는데, 조건절 내에서는 현재시제가 미래시제를 대신하므로 will run을 runs로 고쳐야 한다.

④ (do → does) 앞 문장에 대한 긍정 동의로 'so + V + S'가 쓰이고 있다. 그런데 앞에 나온 일반동사 increases를 대동사 do로 받아 현재시제로 잘 맞추었으나, 수일치가 주어인 단수 명사 the desire에 맞춰지지 않았다. 따라서 do를 does로 고쳐야 한다.

해석 ① 부자들은 가난한 사람들을 돕기 위해 나설 필요가 있다.

② 보수 공사는 내년 봄까지 완료될 것으로 예상된다.

③ 나는 휴대폰 배터리가 부족할 경우를 대비해서 충전기를 가져올 것이다.

④ 사치품의 가격이 오름에 따라 소비자들의 욕망도 커진다.

어휘 step in 나서다, 개입하다 renovation 보수, 수리 charger 충전기 luxury 사치품

## 04

정답 ②

해설 (my mother → of my mother) 'A에게 B를 상기시키다'라는 뜻의 'remind A of B' 구문은 수동태일 때 'A be reminded of B' 형태가 되는데, 이때 전치사 of를 빠뜨리지 않도록 유의해야 한다. 참고로 완전한 절을 이끄는 복합관계부사 whenever는 주어진 우리말에 맞게 적절히 쓰였다.

① 'remember to RV'는 '~할 것을 기억하다'라는 의미이고, 'remember RVing'는 '~한 것을 기억하다'라는 의미이다. 주어진 우리말에 따르면 '유지할 것을 기억하는' 것이므로 to keep은 적절하게 쓰였다. 또한 등위접속사 and를 기준으로 하여 2형식 동사로 쓰인 keep의 목적격 보어로 형용사들이 병렬된 것도 옳다.

③ 부대 상황을 나타내는 'with + O + OC' 분사구문이 쓰이고 있는데, eyes가 '닫힌' 것이고 lips가 '다물어진' 것이므로 수동의 과거분사 closed와 sealed는 각각 적절하게 쓰였다.

④ recommended와 he 사이에 접속사 that이 생략된 문장이다. recommend와 같은 주장·요구·명령·제안·충고·결정 동사가 당위의 의미를 지니는 that절을 목적어로 취할 때, that절 내의 동사는 '(should) + RV'로 표현하므로 take는 적절하게 쓰였다. 또한 약이 '처방된' 것이므로 과거분사형 형용사 prescribed의 쓰임도 적절하다.

어휘 fit 튼튼한 seal 봉하다, 굳게 다물다 prescribe 처방하다

## 05

정답 ①

해설 놀이공원 매표소에서 이용권을 구매하는 상황이다. 빈칸 앞에서 B가 이용 불가능한 놀이 기구들이 무엇인지 물어봤으므로, 빈칸에 들어갈 말로 가장 적절한 것은 ① '그 목록은 이 안내문에서 확인하실 수 있습니다.'이다.

② 이곳들이 방문하실 수 있는 음식점들입니다.

③ 회원이시면 할인됩니다.

④ 이용권은 주말에 더 비쌉니다.

해석 A: 안녕하세요, Shimson 놀이공원에 오신 것을 환영합니다.

B: 안녕하세요, 성인 두 명 종일 이용권 주세요.

A: 네, 총 80달러입니다. 그리고 몇몇 놀이 기구가 보수로 인해 이용 불가능함을 알려드리고자 합니다.

B: 아, 그건 몰랐네요. 어떤 것들이요?

A: 그 목록은 이 안내문에서 확인하실 수 있습니다.

어휘 pass 이용권 unavailable 이용할 수 없는 discount 할인

## 06

정답 ①

해설 이 글은 어떤 것이 책의 초판으로 여겨지는지에 관한 물음을 던지며 책 판본의 개념을 설명한 후, 새 판본을 알아보는 방법을 서술하고 있다. 따라서 글의 주제로 가장 적절한 것은 ① '책의 판본을 식별하는 방법'이다.

② 귀중한 책을 수집하는 이유 → 글의 서론에서 책의 초판이 귀중하게 여겨지는 것을 알 수 있으나, 귀중한 책을 수집하는 이유에 관해서는 언급된 바 없다.

③ 새 판본을 인쇄할 필요성 → 새 판본을 인쇄해야 하는 이유를 다루는 글이 아니다.

④ 책의 초판을 구하는 것의 어려움 → 책의 초판을 구하는 것의 어려움에 관한 내용은 없다.

해석 책 애호가들과 책 수집가들은 숫자 1에 매료된다. 즉 그들은 책의 초판을 얻는 데 관심이 많다. 그렇다면 무엇이 초판으로 여겨지는가? 책의 판본이란 한 세트의 인쇄판에서 제작된 책의 인쇄물이다. 몇 달 혹은 어쩌면 몇 년씩이나 나뉘어 찍히더라도, 인쇄가 얼마나 많이 이루어졌는가는 중요하지 않다. 인쇄할 때마다 책이나 책 디자인에서 아무것도 바뀌지 않았다면, 그것이 7번째 인쇄에서 나온 책이더라도 모든 책은 여전히 초판으로 여겨진다. 그러나 만약 책의 내용, 글꼴, 삽화, 또는 책 표지 그림이 다음번 인쇄에서 바뀐다면, 이렇게 새롭게 인쇄된 책은 일반적으로 그 책의 새 판본으로 여겨진다.

어휘 enthusiast 애호가, 열광적인 팬 collector 수집가 edition (출간 횟수를 나타내는) 판 printing plate 인쇄용 판 font 글꼴 illustration 삽화 dust jacket 책 표지 subsequent 다음의 identify 식별하다

## 07

정답 ②

해설 우리의 불안감은 구체적인 대상보다는 미지의 불확실한 느낌에 의한 것이라는 점을 동굴에 관한 예시를 이용하여 설명하는 글이다. 우리의 걱정은 마치 동굴과 같다고 하였으므로, 동굴의 실제 크기를 파악하는 것과 같이 걱정의 실체를 파악하는 것이 중요한데, 이는 최악의 상황을 가정하여 걱정에 한계선을 둠으로써 이루어진다는 것을 알 수 있다. 따라서 빈칸에 들어갈 말로 가장 적절한 것은 ② '우리의 걱정에 한계를 둘'이다.

① 우리의 불확실성을 높일 → 불확실성을 높이면 불안감이 커지게 되므로 반대된다.

③ 구체적인 걱정을 남들과 나눌 → 걱정을 남들과 공유하는 것과 관련된 내용은 없다.

④ 현실과 이상을 구별할 → 막연한 걱정을 하며 불안해하기보다는 현실을 제대로 파악해야 한다는 취지의 글은 맞으나, 그 걱정과 불안감을 '이상적인' 상황으로 볼 수는 없으므로 적절하지 않다.

해석 절벽 아래 해변에서 놀고 있는 한 아이를 상상해 보라. 그는 한 동굴을 발견하고 잔뜩 들떠서 안으로 들어간다. 갑자기 공포가 그를 사로잡는다. 동굴의 깊은 어둠 속에서 그는 앞에 놓인 길을 볼 수 없다. 그를 두렵게 하는 것은 암흑 저편으로 뻗어나 있는 미지의 것에 대한 느낌이다. (우리의) 걱정들도 이와 같을 수 있다. 우리의 불안감은 구체적인 어떤 것에 관한 것이라기보다는 미지의 불확실한 가능성이 멀리 앞에 보이지 않는 곳에 있을 수 있다는 느낌에 관한 것이다. 우리는 이런 걱정이 커지는 것을 막을 수 있다. 강렬한 횃불이나 손전등이 그 아이에게 동굴의 실제 크기를 보여줄 수도 있었을 것이다. 우리는 "일어날 수 있는 최악의 상황이 무엇인가?"라고 질문함으로써 우리의 걱정에 한계를 둘 수 있다. 대개 우리가 두려워하는 최악의 상황은 우리의 모호하고 불분명한 두려움보다 훨씬 덜 끔찍하다. 일단 우리가 최악의 상황을 알고 나면, 우리는 그것에 직접 맞서며 해야 할 일을 더욱 현명하게 알아낼 수 있다.

어휘 cliff 절벽 seize 사로잡다, 엄습하다 frighten 겁먹게 만들다 unknown 미지의 anxiety 불안, 걱정 out of sight 보이지 않는 곳에 torch 횃불 vague 희미한, 모호한 unarticulated 불분명한 face 맞서다, 직면하다 work out 알다 sensibly 현명하게, 분별 있게 differentiate 구별하다

## 08

정답 ③

해설 사람들이 현 직장에 머무는 이유를 조사한 한 설문 결과에 관한 글이다. 주어진 문장은 대부분 사람들이 현 직장에 머무는 이유를 묻는 내용으로, 그 뒤에는 그 질문을 this question으로 받아 그엔 무수히 많은 답이 있을 수 있다는 내용의 (B)가 이어져야 한다. 그다음으로는, 그 이유를 조사한 웹사이트의 설문 조사 결과를 소개하는 내용의 (C)가 오는 것이 자연스럽다. 마지막으로, (C)의 마지막 문장에서 언급된 Salary를 this로 받아, 연봉이 마지막 순위에 오는 것이 이례적인 것은 아니라는 점을 서술하는 내용의 (A)가 와야 한다. 따라서 글의 순서로 가장 적절한 것은 ③ '(B) - (C) - (A)'이다.

해석 왜 대부분의 사람들은 현 직장에 계속 머물기로 택하는 것일까? (B) 이 질문에 대해 무수한 각양각색의 답이 있을 수 있다. 어느 정도의 이해를 위해, 최근 우리의 웹사이트에서 실시한 설문 조사에서 같은 질문을 하였다. (C) 직장에 계속 머무는 가장 큰 이유는 직업 만족도였다. 유연한 일정 및 일과 삶의 균형이 근소한 차이로 2위였고, 승진 기회와 개인적 성장이 그 뒤를 이었다. 연봉은 가장 중요하지 않았다. (A) 이것이 마지막에 오는 것이 이례적인가? 별로 그렇지는 않다. 대부분의 사람들은 다른 곳에서 더 많은 돈을 벌 수 있다는 사실을 알고 있지만, 그것이 좋아하는 직장을 떠나도록 만들기에는 충분하지 않다.

어휘 current 현재의 myriad 무수함 insight 이해 poll 설문 조사 close 막상막하의 flexible 유연한 advancement 승진, 발전

## 09

정답 ①

해설 과거 미국의 골드러시와 흡사한 경향을 보인 인터넷 골드러시의 개념과 그 실상에 관한 글이다. (A) 앞은 많은 사람이 금을 찾아 나섰던 미국의 골드러시에 관한 내용이고, (A) 뒤는 이에 반해 금을 발견한 사람은 거의 없었다는 내용이므로, (A)에 들어갈 연결사로 가장 적절한 것은 However이다. 또한, (B) 앞은 골드러시에서 돈을 번 사람들은 소수에 불과했다는 내용이고, (B) 뒤에 나온 인터넷 골드러시의 사례 역시 소수의 사람들만 부자가 되고 대부분의 사람들은 실패한 경우이므로, (B)에 들어갈 연결사로 가장 적절한 것은 Similarly이다.

해석 세기가 바뀔 무렵, 소위 '인터넷 골드러시'가 일어났다. 사이버 공간의 새로운 기회들이 굉장하고, 정말 많은 사람이 큰돈을 벌기 위해 온라인으로 돌진하고 있다는 것이 일반적인 생각이었다. 역사상 이와 비슷한 유일한 시기는 많은 사람이 금을 찾아 캘리포니아로 이동한 미국의 골드러시였다. 그러나, 금을 발견한 사람은 거의 없었다. 소수의 광부들을 제외하고 큰돈을 번 사람들은 채광소에 도구와 장비를 판매하는 몇몇 상인들뿐이었다. 마찬가지로, 인터넷 골드러시에서 몇몇 사람들은 온라인에서 큰돈을 벌려는 수많은 사람에게 '방법' 정보와 마케팅 도구를 판매하여 부자가 되었지만, 대부분의 사람들은 실패했다.

어휘 so-called 소위 charge 돌진하다 comparable 비슷한 make a fortune 큰돈을 벌다, 부자가 되다 in search of ~을 찾아서 merchant 상인 mining camp 채광소 mass 다수, 대량

## 10

정답 ③

해설 마지막 2번째 문장에서 그 파리가 멸종 위기종으로 분류된 직후에 병원 주차장의 건설이 중단되었다고 언급되며, 마지막 문장에서 4백만 달러는 벌금이 아니라 주차장 건설 계획을 수정하는 데 든 비용임을 알 수 있다. 따라서 글의 내용과 일치하지 않는 것은 ③ '그 병원은 파리 서식지를 파괴한 것에 4백만 달러의 벌금을 부과받았다.'이다.

① Colton은 한 특정 파리와 관련된 법적 문제에 직면해 있다. → 첫 문장에서 언급된 내용이다.

② Delhi Sands Flower-loving Fly는 멸종 위기에 처해 있다. → 1~3번째 문장에서 언급된 내용이다.

④ 병원 주차장에 대한 계획은 수정되었다. → 마지막 문장에서 언급된 내용이다.

해석 캘리포니아의 한 도시 Colton은 현재 그 지역의 꽃에서 꿀을 가져가는 꽤 예쁜 곤충인 멸종 위기에 처한 파리, Delhi Sands Flower-loving Fly를 보호하기 위해 얼마만큼의 돈을 지불할 준비가 되어 있어야 하는가에 관한 일련의 법적 분쟁에 휘말려 있다. 이 작은 생물은 미국에서 멸종 위기종으로 지정된 최초의 파리라는 특징이 있다. 이 파리가 멸종 위기종으로 지정된 직후, 한 병원의 주차장 건설이 중단되었다. 그 병원은 7에이커의 점유된 파리 서식지에 주차장을 건설할 계획이었지만, 그것은 갑자기 불법이 되었다. 병원은 그 후 계획을 수정하고 주차장을 250피트 옮기는 데 400만 달러를 지출해야 했다.

어휘 legal battle 법정 다툼 endangered 멸종 위기에 처한 nectar 꿀 distinction 특징 declare 지정하다 species 종(種) acre (면적의 단위) 에이커 occupied 점유된 habitat 서식지 illegal 불법의 redraw 변경[수정]하다 fine 벌금을 부과하다 revise 변경[수정]하다

회차 **14** **하프 모의고사**

Date : . .

Score : / 10

| 01 | ② | 02 | ① | 03 | ② | 04 | ③ | 05 | ② |
|---|---|---|---|---|---|---|---|---|---|
| 06 | ② | 07 | ③ | 08 | ④ | 09 | ③ | 10 | ③ |

## 01

정답 ②

해설 동물 보호소에서 가슴 아픈 시간을 보낸 이후 도움이 필요한 개들에게 더욱더 깊게 느낄 감정은 동정과 안타까움 같은 것일 것으로 추론할 수 있다. 따라서 빈칸에 들어갈 말로 가장 적절한 것은 ② 'compassion(연민)'이다.

① 분개 ③ 기대 ④ 만족

해석 동물 보호소에서 가슴 아픈 순간들을 겪으면서 도움이 필요한 개들을 향한 내 연민이 깊어졌다.

어휘 heartbreaking 가슴 아픈 shelter 보호소

## 02

정답 ①

해설 신선한 빵을 사기 위해 집에 오는 길에 할 수 있는 일은 식료품점에 잠시 방문하는 것이므로, 빈칸에 들어갈 말로 가장 적절한 것은 ① 'drop by(~에 들르다)'이다.

② 떠나다, 폭발하다 ③ ~을 과시하다 ④ ~에 침입하다

해석 집에 오는 길에 식료품점에 들러서 우리를 위해 신선한 빵을 좀 사다 줄 수 있니?

어휘 grocery store 식료품점

## 03

정답 ②

해설 통행료가 '지불되는' 것이므로 수동형 has to be paid는 적절하게 쓰였다. 또한 문맥상 '미리 지불하지 않으면'이라는 의미가 되는 것이 자연스러우므로, '~하지 않는다면'이라는 뜻을 지닌 접속사 unless의 쓰임도 적절하다.

① (being disappeared → disappearing) disappear는 수동태로 쓸 수 없는 완전자동사이다.

③ (was → has been) '~이래로'의 의미를 갖는 since가 이끄는 부사구는 현재완료시제와 함께 쓰여야 하므로 was를 has been으로 고쳐야 한다.

④ (Realized → Realizing) 분사구문의 의미상 주어는 주절의 주어인 the professor이고, 교수가 접속사 that이 생략된 명사절(he ~ subject)의 내용을 '깨달은' 것이므로 능동의 현재분사 Realizing이 쓰여야 한다.

해석 ① 일부 전통 음식들이 사라질 위험에 처해 있다.

② 통행료는 미리 지불하지 않으면 현금으로 지불해야 한다.

③ 그것은 1889년부터 미국 노동자들의 비공식적인 유니폼이었다.

④ 그 교수는 자신이 주제에서 벗어났다는 것을 깨닫고 수업으로 돌아갔다.

어휘 toll 통행료 in advance 미리 get off ~에서 벗어나다

## 04

**정답** ③

**해설** (displayed → were displayed) 콤마 앞의 절과 뒤의 절을 연결하는 접속사가 필요한 문장이므로, 접속사 역할을 하면서 of의 목적어 역할을 겸하는 관계대명사 which는 적절하게 쓰였다. 그런데 관계사절의 주어인 모든 차가 '전시한' 것이 아니라 '전시된' 것이므로 수동태인 were displayed가 쓰여야 한다.

① convince는 '확신시키다'라는 의미로 'convince + O + that절'의 구조를 취할 수 있는데, 이를 수동태로 바꾸면 '~을 확신하다'라는 의미인 'S + be convinced + that절'의 구조가 된다. 한편 'of + 추상명사'는 형용사 역할을 할 수 있는데, 여기서는 of value가 valuable을 뜻하는 주격 보어로 적절하게 쓰였다. 참고로 value 앞에 불가산명사를 수식하는 little이 쓰인 것도 적절하다.

② all 앞에 not이 위치하면 부분 부정을 나타내므로 주어진 우리말에 맞게 적절히 쓰였다. 또한 'as ~ as' 원급 표현 사이에는 형용사나 부사가 들어가는데, 여기서는 be동사인 are의 보어로 형용사 effective가 적절하게 쓰였다.

④ '~이 없었다면'을 나타내는 가정법 과거완료인 If it had not been for에서 If가 생략되고 Had it not been for로 적절하게 도치되었다. 또한 주절에도 '조동사 과거형 + have p.p.'가 적절하게 쓰였다.

**어휘** gem 보석 antique 골동품인 scholarship 장학금

## 05

**정답** ②

**해설** B의 알레르기 반응에 관한 대화를 나누는 상황이다. B가 알레르기 약을 먹었다고 하자 A는 빈칸 내용을 물어보았는데, 이에 대한 답으로 B가 약의 효과를 설명했다. 따라서 빈칸에 들어갈 말로 가장 적절한 것은 ② '그 약이 너한테 효과가 있어'이다.

① 그건 어디서 구했어

③ 의사가 주사를 놔 줬어

④ 다른 증상도 있어

**해석** A: 야, 네 얼굴에 무슨 일이 있었던 거야?

B: 알레르기 반응으로 생긴 발진이야.

A: 아 이런, 뭐에 알레르기가 있는데?

B: 난 견과류 알레르기가 있는데, 실수로 견과류가 묻은 과자를 좀 먹었어.

A: 병원엔 가봤어?

B: 아니, 그냥 알레르기 약을 좀 먹었어. 난 항상 가지고 다니거든.

A: 그 약이 너한테 효과가 있어?

B: 주사만큼 빨리 증상을 낫게 해주지는 않지만 그래도 효과는 있어. 곧 나아질 거야.

**어휘** rash 발진 allergic 알레르기의 accidentally 우연히 trace 흔적, 미량 pill 알약 symptom 증상 rapidly 빨리 shot 주사

## 06

**정답** ②

**해설** 사람들은 상대방의 얼굴을 인식할 때 얼굴의 중앙부, 즉 코를 바라보며 이것만으로 얼굴을 알아보는 데 충분하다는 내용의 글이다. 따라서 글의 제목으로 가장 적절한 것은 ② '코: 얼굴 인식의 핵심'이다.

① 코로 아름다움을 판단하기 → 코를 보고 아름다움을 판단하는 것이 아니라, 얼굴을 알아볼 수 있다는 것이므로 적절하지 않다.

③ 첫인상이 전부이다 → 첫인상이 제일 중요하다는 취지의 글이 아니다.

④ 눈 맞춤: 소통하기 위한 최고의 방법 → 눈 맞춤은 글의 핵심 소재가 아니며, 소통을 잘 하는 방법을 소개하는 글도 아니다.

**해석** 사람들은 낯익음을 확인하기(사람을 알아보기) 위해 얼굴의 중앙부를 본다. 사람들이 얼굴을 인식하려고 할 때, 그들이 알든 모르든 제일 먼저 보는 것은 코이다. University of California의 연구자들은 피실험자들에게 컴퓨터 화면에 얼굴들을 보여주고 그들의 눈 움직임을 추적했다. 그들은 사람들 대부분이 처음에는 코의 왼쪽을, 그다음에는 코의 중앙을, 그다음에는 눈을 본다는 것을 알아냈다. 첫 시선으로도 사람들이 얼굴을 인식하기에 충분했다. 두 번째 시선은 정확성을 높였지만, 세 번째는 그렇지 못했다. 그렇게 코를 두 번 흘끗 보는 것만으로도 충분했다. 연구자들은 얼굴의 중앙부를 얼핏 보는 것이 인식 가능할 만큼 얼굴 전체에 대한 충분한 정보를 파악하는 것을 가장 쉽게 만든다고 추측한다.

**어휘** familiarity 잘 앎, 낯익음 recognize 인식하다 subject 피실험자 track 추적하다 accuracy 정확성 glance 흘끗[얼핏] 봄 speculate 추측하다 take in 받아들이다, 이해하다 be all about ~이 최고[전부]다 impression 인상

## 07

**정답** ③

**해설** 우리는 비합리적으로 행동하고 있음에도 자신이 타당하다고 여기며, 누군가가 이의를 제기할 때 그것을 받아들이는 대신에 우리의 생각을 정당화한다는 내용이다. 따라서 우리가 틀렸을지도 모른다는 생각은 자기를 정당화하는 생각에 질 것이라고 할 수 있으므로, 빈칸에 들어갈 말로 가장 적절한 것은 ③ '압도된다'이다.

① 강화된다 → 우리에게 잘못이 있다는 가능성을 생각하지 않으려 한다는 것이 글의 요지이므로 반대된다.

② 밝혀진다 → 자신을 정당화하는 생각을 함으로써 우리에게 잘못이 있을 수도 있다는 생각을 하게 되는 것이 아니므로 적절하지 않다.

④ 승인된다 → 자신에게 잘못이 있을지도 모른다는 생각과 자신을 정당화하는 생각은 반대되는 개념이므로, 전자가 후자에 의해 승인된다는 것은 이치에 맞지 않는다.

**해석** 우리가 비합리적으로 행동할 때, 대개 우리의 행동이 우리에게는 합리적인 것처럼 보인다. 이의제기를 받을 때, 마음속으로 "왜 이 사람들은 나에게 힘든 시간을 주는 걸까? 나는 이치에 맞는 일을 하고 있을 뿐인데. 합리적인 사람이면 누구나 그걸 알 텐데!"라고 말한다. 요컨대, 우리는 자연스럽게 우리의 사고가 완전히 정당하다고 생각한다. 우리가 아는 한, 우리는 옳고 타당하고 합리적인 일을 하고 있을 뿐이다. 우리에게 잘못이 있을지도 모름을 내비치는 어떠한 순간적인 생각도 보통 "나는 해를 끼치려는 의도는 없어. 나는 정당해! 나는 공정해! 틀린 것은 다른 사람들이야!"처럼 자기 정당화하는 더 강력한 생각에 의해 압도된다. 이러한 인간 마음의 본성을 자연적인 상태로 인지하는 것이 중요하다. 다시 말해, 인간은 자기 정당화적이고, 이기적이고, 자기 기만적인 사고와 행동을 배울 필요가 없다. 이러한 양상은 우리 모두에게 있어 타고난 것이다.

**어휘** irrationally 비합리적으로 reasonable 합리적인 challenge 이의를 제기하다 make sense 이치에 맞다 justified 정당한 proper 타당한, 정당한 fleeting 순간의 at fault 잘못한, 죄가 있는 state 상태 self-serving 이기적인 self-deceptive 자기 기만적인 innate 타고난

## 08

**정답** ④

**해설** 실제로 결합하면 의외로 잘 어우러지는 조합에 관한 글이다. 주어진 문장은 Yet으로 시작하여, 그러나 재와 기름이 결합하면 실제로 당신을 깨끗하게 해준다는 내용으로, 앞에는 이와 반대되는 생각이 나와야 하며, 뒤에는 이 문장의 내용에 관한 부연이 이어져야 한다. ④ 앞에서 당신이 손을 씻기 위해 기름이나 재를 사용하지는 않을 것이라고 하였는데, 이는 주어진 문장의 내용과 반대되는 것을 알 수 있다. 또한 ④ 뒤는 수천 년 동안 사람들은 그 두 재료를 비누를 만들기 위해 사용했다는 내용으로 주어진 문장을 부연하고 있으며, 주어진 문장 없이는 ④ 앞뒤로 문맥이 단절되는 것을 알 수 있다. 따라서 주어진 문장이 들어갈 위치로 가장 적절한 곳은 ④이다.

**해석** 의외의 조합일 것 같지만 초콜릿과 치킨은 인기 있고 맛있는 멕시코 음식의 두 가지 주요 재료이다. 겉보기에 조화될 수 없을 것 같은 두 가지 요소가 함께 어우러지는 방식은 놀랍다. 재와 기름을 예로 들어보자. 당신은 손을 씻고 싶다면 그것 중 어느 것도 사용할 생각을 하지 않을 것이다. 기름은 당신의 피부를 미끄럽고 끈적거리게 할 것이고, 재는 당신의 피부를 검게 만들 뿐일 것이다. 그러나 재와 기름이 함께 결합하면 그것들은 정말 당신을 깨끗하게 해줄 수 있다. 수천 년 동안, 사람들은 비누를 만들기 위해 이 두 가지 재료를 사용해 왔다.

**어휘** ash 재 grease 기름 combine 결합시키다 unlikely 있음직하지 않은 combination 조합 ingredient 재료, 성분 seemingly 겉보기에 incompatible 조화될[양립할] 수 없는 element 요소 slippery 미끄러운 sticky 끈적끈적한 blacken 검게 만들다

## 09

**정답** ③

**해설** 도둑 혼란 모드를 제공하는 리모컨의 기능 및 작동 방식에 관해 설명하는 글이므로, 글의 흐름상 가장 어색한 문장은 진공청소기의 기능을 구체적으로 설명하는 ③이다.

**해석** 한 새로운 유형의 리모컨은 일반적인 용도에서 특별한 "도둑 혼란 모드"로 전환함으로써 더 나은 보호를 제공한다. 이 스마트 장치는 사람의 존재를 가장하기 위해 오디오 및 비디오 장치를 틀었다가 껐다가 한다. 예를 들어, 그 리모컨은 아침에 달그락거리는 접시와 진공청소기 청소와 같은 집안의 소리를 담은 사전 녹음된 CD를 재생한다. (그 진공청소기는 바닥을 다 청소하고 난 후 자동으로 충전된다.) 그것은 그날 뒤이어 TV를 낮 시간대 채널로 맞추고 저녁에는 영화를 재생한다. 이러한 전환 프로그래밍은 평일에는 동일한 일반적인 패턴을 따르지만 주말에는 변경된다.

**어휘** remote control 리모컨 burglar 강도, 도둑 confusion 혼란, 혼동 simulate 가장하다 presence 존재(함) pre-recorded 사전 녹음된 household 가정[가사]의 clatter 달그락[쨍그랑] 소리를 내다 vacuum cleaning (진공청소기로 하는) 청소 automatically 자동으로 recharge 충전하다 floor 바닥, 마루 tune (채널을) 맞추다

## 10

**정답** ③

**해설** 7번째 문장에서 그것은 항상 하나의 알에서 같은 성별의 네쌍둥이를 낳는다고 언급되므로, 글의 내용과 일치하지 않는 것은 ③ '하나의 알에서 암컷과 수컷이 동시에 부화한다.'이다.

① 공중으로 뛰어올라 적에게 겁을 줄 수 있다. → 2, 3번째 문장에서 언급된 내용이다.

② 물 위에 뜨기도 하고 물 바닥을 걷기도 한다. → 5번째 문장에서 언급된 내용이다.

④ 라틴 이름의 어원에는 토끼라는 뜻이 담겨 있다. → 마지막 3, 4번째 문장에서 언급된 내용이다.

**해석** 아홉띠아르마딜로는 미국에서만 발견된다. 그것은 깜짝 놀라면 공중으로 약 4피트를 곧장 뛰어오를 수 있다. 이 반사 반응은 야생에서 포식자를 겁주어 쫓아내는 데 도움이 될 수 있다. 그것이 물을 건너는 모습을 보면 놀랍다. 그것은 공기로 자신의 배를 부풀려 물 위에 떠서 건너가거나, 가라앉아 자신의 날카로운 발톱을 이용하여 바닥을 가로질러 걸어갈 수 있다. 이는 그것이 6분 이상 숨을 참을 수 있기에 가능하다! 그것은 항상 하나의 알에서 같은 성별의 네쌍둥이를 낳는다. 아홉띠아르마딜로의 라틴 이름은 Dasypus novemcintus이다. Dasypus라는 단어는 토끼를 뜻하는 라틴어에서 유래하고, novem은 9를 의미하며 cinctus는 띠를 뜻한다. 말 그대로 이것은 '아홉 띠를 가진 토끼'로 번역된다. 껍데기가 없는 아르마딜로는 토끼를 닮았다고 한다.

**어휘** startle 놀라게 하다 reflex 반사 반응 scare off 겁주어 쫓아내다 predator 포식자 inflate 부풀리다 stomach 배, 복부 float 뜨다 sink 가라앉다 claw 발톱 give birth to 낳다 derived 유래된 literally 말 그대로 translate 번역되다 shell 껍데기

회 차 **15** **하프 모의고사**

Date : . . .
Score : / 10

| 01 | ② | 02 | ① | 03 | ④ | 04 | ③ | 05 | ③ |
|---|---|---|---|---|---|---|---|---|---|
| 06 | ④ | 07 | ③ | 08 | ③ | 09 | ① | 10 | ③ |

## 01

**정답** ②

**해설** 공기 오염이 호흡기 질환과 관련하여 사람에게 끼칠 수 있는 영향은 질환에 더 걸리기 쉽게 만드는 것이리라고 유추할 수 있다. 따라서 빈칸에 들어갈 말로 가장 적절한 것은 ② 'susceptible(취약한)'이다.

① 흠 없는 ③ 망설이는 ④ 의무적인

**해석** 공기의 질이 좋지 않으면 개인이 호흡기 질환에 더 취약해질 가능성이 있다.

**어휘** respiratory 호흡 기관의

## 02

**정답** ①

**해설** by and large는 '대체로'라는 뜻으로, 이와 의미가 가장 가까운 것은 ① 'Generally(대체로)'이다.

② 전적으로 ③ 다행히도 ④ 점점 더

**해석** 대체로, 직원들은 새로운 회사 정책에 순응하게 되었다.

**어휘** compliant 순응하는

## 03

**정답** ④

**해설** (are → is) among이 이끄는 부사구가 문두에 나와 주어와 동사가 도치된 구조이다. 따라서 문장의 주어는 단수 명사인 a descriptive inventory이므로 동사도 이에 수일치하여 단수인 is가 되어야 한다.

① a naturally mummified *Alpine Iceman*을 선행사로 받는 관계대명사가 이끄는 절에서 discovered의 목적어 자리가 비어 있으므로 목적격 whom이 쓰인 것은 적절하다.

② 명사절 주어인 he가 현대 북부 및 알프스 유럽인과 밀접하게 '결부시키는' 것이 아니라 '결부된' 것이므로 수동의 과거분사 tied는 적절하게 쓰였다.

③ make가 5형식 동사로 쓰여 that절을 목적어로 취할 땐 'make + 가목적어 it + 목적격 보어 + that절'의 구조를 취한다. 이때 목적격 보어로는 명사나 형용사가 쓰여야 하므로 unlikely의 쓰임은 적절하다. 참고로 unlikely는 -ly로 끝나지만 품사가 형용사임에 유의해야 한다.

**해석** 과학자들은 등산객들이 해발 10,530피트의 녹고 있는 얼음 속에서 발견한 한 자연적으로 미라가 된 Alpine Iceman을 연구해 왔다. 그들은 그가 현대 북부 및 알프스 유럽인과 밀접한 관련이 있으며, 유럽에서 나고 자랐음을 밝혀냈다. 한 국제 연구팀은 그 유전 연구 결과로 인해 그 (미라) 발견이 거짓일 가능성이 작아진다고 말한다. 가장 최근 연구 결과 중에는 그 먼 시대의 알프스 패션을 설명하는 목록이 있다.

**어휘** mummify 미라로 만들다 Alpine 알프스의 elevation 해발 높이 disclose 밝히다 breed 기르다 genetic 유전의 false 거짓의 descriptive 서술하는 inventory 목록 remote 먼

## 04

**정답** ③

**해설** 'it is no use RVing'는 '~해도 소용없다'라는 뜻을 갖는 동명사 관용표현으로 주어진 우리말에 맞게 적절히 쓰였다.

① (borrow → lend) 5형식 동사로 쓰인 ask는 to 부정사를 목적격 보어로 취한다. 그러나 borrow는 '빌리다'라는 뜻의 3형식 동사인데 여기서는 뒤에 '간접목적어 + 직접목적어'의 4형식 구조가 쓰이고 있으며, 주어진 우리말에 따르면 '빌려주다'라는 의미가 되어야 하므로 borrow를 4형식 동사 lend로 고쳐야 한다. 참고로 the money와 I 사이에는 목적격 관계대명사가 생략되어 있다.

② (meeting → I met) 분사구문의 의미상 주어는 주절의 주어와 같을 때만 생략된다. 그런데 여기서 주절의 주어인 things가 그들을 만나는 주체가 될 수는 없으므로, 분사구문의 주어를 따로 명시해야 한다. 따라서 meeting을 I met 정도로 고쳐야 한다.

④ (clean → to clean) 준사역동사 get은 목적어와 목적격 보어의 관계가 능동이면 to RV를, 수동이면 p.p.를 목적격 보어로 취한다. 여기서는 아이들이 방을 '치우는' 것이므로 to clean으로 쓰여야 한다. 참고로 전치사 of의 목적어로 동명사 getting이 온 것은 적절하다.

**어휘** struggle 분투

## 05

**정답** ③

**해설** 역사 수업 시간에 항상 조는 것 같다는 A의 지적에 동의하면서도 자신에게 역사가 항상 매력적이었다는 B의 응답은 모순된다. 따라서 대화 중 가장 어색한 것은 ③이다.

**해석** ① A: 이봐요, 방금 새치기하셨어요!

B: 아 죄송합니다, 대기 줄이 있는 줄 몰랐어요.

② A: 난 그녀가 왜 그렇게 화났는지 정말 모르겠어.

B: 네가 그녀의 입장이 되어보면 이유를 이해할 수 있을지도 몰라.

③ A: 넌 역사 수업 시간에 항상 조는 것 같아.

B: 맞아. 역사는 항상 내게 매력적이었어.

④ A: 혹시 Nessa Reed라는 이름을 가진 사람을 아시나요?

B: 네, 이름이 낯이 익어요.

**어휘** cut in 끼어들다 put oneself in one's shoes ~의 입장이 되어보다 doze off 잠이 들다 fascinating 매력적인 ring a bell 낯이 익다, 들어본 적이 있다

## 06

정답 ④

해설 불리한 상황에서도 긍정적인 면을 볼 수 있을 뿐만 아니라 그것을 기회로 만들 줄 아는 사람들의 특징에 관한 글이다. 따라서 글의 요지로 가장 적절한 것은 ④ '위기를 기회로 바꾸어라.'이다.

① 다른 사람과의 관계를 개선하기 위해 유머를 이용하라. → 유머를 이용하여 위기를 극복한 사례가 나오긴 하나, 유머의 목적이 다른 사람과의 관계를 개선하기 위한 것은 아니므로 적절하지 않다.

② 개인적인 성장을 위해 자신의 약점을 인식하라. → 자신의 약점에서 긍정적인 면을 찾는 것을 강조하는 글이므로, 약점을 인식하는 것만으로는 글의 내용을 포괄할 수 없다.

③ 사소한 이익에 너무 몰두하지 마라. → 사소한 이익에 연연하지 말라는 취지의 내용은 없다.

해석 길모퉁이에 서서 '부러지지 않는' 펜을 파는 한 남자가 갑자기 자신이 보여주고 있는 것 하나가 반으로 부러지는 것을 알아차린다. 그는 잠시 멈추고 군중을 향해 "이제 내부가 어떻게 생겼는지 보여드리겠습니다."라고 선언한다. 웃음은 어떤 불리한 점도 이점으로 바꿀 수 있다. 이를 아는 사람들은 자신의 불운에서 어떤 긍정적인 면을 찾을 뿐만 아니라 실제로 한 걸음 더 나아간다. 처음의 충격 이후, 그들은 자원을 모아 문제를 극복하고 우리 대부분이 보지 못하는 기회를 찾아낸다. 게다가, 큰 상실을 경험한 많은 사람이 종종 자신의 고난에도 불구하고 놀라운 업적을 달성하기 위해 앞으로 나아가는데, 이는 그들이 잃은 것보다는 자신의 상황에서 얻을 수 있는 것에 집중하기 때문이다. 그들은 모든 구름에는 은빛 자락이 있다(암담한 상황에도 희망은 있다)는 오래된 상투적인 문구를 믿으며, 자신의 불리한 점에서 이점을 적극적으로 찾는다.

어휘 breakable 깨지기 쉬운 demonstrate 보여주다, 설명하다 declare 공표하다 laughter 웃음 disadvantage 불리한 점 aspect 측면 misfortune 불운 initial 초기의 remarkable 놀라운, 주목할 만한 feat 위업, 공적 hardship 고난 circumstance 환경 clichè 상투적인 문구 lining 안감, 자락 immerse 몰두시키다 trivial 사소한 crisis 위기(*pl.* crises)

## 07

정답 ③

해설 인구가 늘어나고 있는 상황에서 기후 변화가 농업에 악영향을 미쳐 우리의 식량 확보에 타격을 줄 수 있다는 점을 경고하는 글이다. 따라서 빈칸에 들어갈 말로 가장 적절한 것은 ③ '우리의 밥상'이다.

① 우리의 우물 → 기후 변화가 물의 공급을 어렵게 한다는 취지의 내용은 없다.

② 오존층 → 오존층에 관한 내용은 언급되지 않았다.

④ 야생동물 서식지 → 야생동물의 서식지에 관한 언급은 없다.

해석 기후 변화는 우리에게 가장 중요한 곳, 즉 우리의 밥상에 타격을 줄지도 모른다. 우리는 왜 기후 변화에 신경 쓰는가? 기후 변화로 야기되는 많은 환경 문제들이 있지만, 그것들은 모든 종에 있어 가장 필수적인 기능, 즉 스스로 끼니를 채우는 것에 미칠 영향만큼 중요하지 않을지도 모른다. 지난해 말 세계 인구가 70억명 수준을 돌파하면서, 늘어나고 있는 인구를 먹여 살리는 것이 인류에게 최대 난제가 되었다. 그것이 바로 기후 변화가 농업을 황폐화시킬 수 있다는 위협이 그토록 애를 먹이는 이유이다. 지난주 『Science』에서 선두적인 연구원들로 이루어진 한 국제단체는 "전 세계의 농업은 늘어나는 인구를 먹여 살리기 위해 더 많은 식량을 생산해야 한다. 그러나 과학적 평가는 기후 변화를 농업 수확량과 식량 보장에 대한 커지는 위협으로 지적하고 있다."라고 명시한 공개서한을 발표했다.

어휘 vital 필수적인 feed 먹이다 mark 정도, 수준 challenge 난제 threat 위협 devastate 황폐화시키다 agriculture 농업 trouble 애를 먹이다 leading 선두적인 investigator 연구원 assessment 평가 yield 수확량 security 보장 dinner table 밥상 habitat 서식지

## 08

정답 ③

해설 2004년 인도양에서 쓰나미가 발생했을 때 경보 시스템 부재로 수많은 사람이 목숨을 잃었다는 내용의 글이다. 주어진 문장은 그에 대한 대비가 부족했다는 점을 보여주는 가슴 아픈 사례로 바닷가로 신나게 뛰어나간 아이들에 관해 언급한 내용으로, 이후에는 그 아이들을 Those ill-fated children으로 지칭하며 그 아이들은 바다의 기이한 퇴조가 무엇을 의미하는지 전혀 몰랐다는 내용의 (C)가 와야 한다. 그다음으로, 인도양 쓰나미의 사례가 드물어 아무도 퇴조의 의미를 몰랐다는 내용에 이어 2004년 인도양 쓰나미가 벌어진 이후에야 전문가들이 인도양에서도 경보 시스템을 갖출 것을 요구했다는 내용의 (A)가 오는 것이 자연스럽다. 마지막으로, 그 경보 시스템을 such a system으로 받아, 만일 그 경보 시스템이 가동되었더라면 많은 생명을 구할 수 있었을 것이라는 내용의 (B)로 글이 마무리되는 것이 적합하다. 따라서 글의 순서로 가장 적절한 것은 ③ '(C) - (A) - (B)'이다.

해석 2004년 인도양 쓰나미에 대한 대비 부족의 가장 쓰라린 흔적 중 하나는 초반에 물이 빠지는 동안 물고기를 잡으러 신나게 바닷가로 뛰어 내려간 아이들의 열광이었다. (C) 그 불운한 아이들은 바다의 기이한 후퇴 현상이 무엇을 의미하는지 전혀 몰랐다. 1883년 인도양 쓰나미 참사를 제외하고는 살아있는 사람들의 기억 속에 그런 일이 일어난 적이 없었으므로 그 누구도 알지 못했다. (A) 2004년 재난 이후에야 전문가들이 태평양에서 현재 작동 중인 성공적인 쓰나미 경보 시스템과 유사한 것을 인도양에도 요구했다. (B) 만일 그러한 시스템이 인도양에서 가동되고 있었더라면, 진원으로부터 비교적 먼 곳에서 잃어버린 수천 명의 생명 중 많은 수가 구조되었을 수도 있다.

어휘 readiness 준비(되어 있음) enthusiasm 열광 rush 서두르다, 돌진하다 retreat 후퇴, 퇴각 disaster 재난 call for 요구하다 operate 가동되다 up and running 작동 중인 relatively 상대적으로 distant 먼 earthquake 지진 ill-fated 불운한 in living memory 살아있는 사람들의 기억 속에

## 09

정답 ①

해설 학업 부정행위의 범위가 상황에 따라 달라질 수 있다고 하면서 그 범위를 이해할 필요성을 서술하는 내용의 글이다. (A) 앞에서 명백히 학업 부정행위에 해당하는 예시를 제시하였는데, (A) 뒤에서 다른 상황에서는 학업 부정행위를 식별하기 어려울 수도 있다는 반대 내용을 언급하였으므로, (A)에 들어갈 연결사로 가장 적절한 것은 However이다. 또한, (B) 앞은 학업 부정행위에 해당하는 범위의 문화적 차이는 학생들에게 문제가 될 수 있다는 내용이고, (B) 뒤는 그 범위를 명확하게 이해하는 것의 중요성을 강조하는 내용이므로, 인과관계로 연결되는 것을 알 수 있다. 따라서 (B)에 들어갈 연결사로 가장 적절한 것은 Therefore이다.

해석 학업 부정행위에는 거짓말, 표절 및 기타 유형의 부도덕한 행위가 포함된다. 한 학생이 시험 중 같은 반 학우의 답안을 베끼는 경우와 같은 일부 상황은 학업 부정행위의 명백한 예시이다. 그러나, 다른 상황들에서는 학업 부정행위를 식별하기 어려울 수 있다. 학생들은 자신의 나라에서는 허용되는, 시험 중에 이야기하거나 토론하는 것이 다른 나라에서는 허용되지 않는다는 것을 알게 될 수도 있다. 물론, 이러한 유형의 문화적 차이는 학생들에게 큰 문제를 일으킬 수 있다. 따라서, 반에 있는 모든 사람이 무엇이 학업 부정행위로 간주되는지 명확하게 이해하는 것이 매우 중요하다.

어휘 dishonesty 부정행위, 부정직 plagiarism 표절 immoral 비도덕적인 conduct 행동 copy 베끼다 identify 식별하다 unacceptable 용납되지 않는 extremely 극도로, 매우

## 10

정답 ③

해설 마지막 3번째 문장에서 이 프로그램은 원래 고아들을 돕기 위해 구상되었다고 언급되므로, 글의 내용과 일치하는 것은 ③ '그 프로그램의 초기 목표는 고아들을 돕는 것이었다.'이다.

① 요하네스버그시는 Fresh Food Bank의 설립에 반대했다. → 첫 문장에서 Fresh Food Bank는 Fresh Produce Market과 요하네스버그시에 의해 설립되었다고 언급되며, 마지막 두 문장에서도 요하네스버그시가 협력 중임을 알 수 있으므로 옳지 않다.

② 그 프로그램은 시작 이후 수십 년 동안 운영되어왔다. → 2번째 문장에서 이 프로그램은 시작 후 1년 동안 운영되어왔다고 언급되므로 옳지 않다.

④ 남아프리카공화국의 많은 도시가 그 프로그램과 제휴를 맺고 있다. → 마지막 문장에서 요하네스버그시가 제휴를 맺은 유일한 도시라고 언급되므로 옳지 않다.

해석 남아프리카공화국에서 최초인 Fresh Food Bank는 빈곤 계층에게 식량을 지원하기 위해 Fresh Produce Market과 요하네스버그시에 의해 설립되었다. 그 프로그램은 Masondo 시장에 의해 공식적으로 시작되었고 그 후 1년 동안 운영되어왔다. 그는 "이 프로그램은 우리 시의 가장 취약한 사람들의 시급한 기본적인 필요에 대비하는 것을 목표로 삼고 있다."라고 말했다. 신선한 식품이 고아원, 양로원, 노숙자 및 장애인들에게 분배될 것이다. 그 프로그램은 원래 시장 도매 공급업자들이 고아들을 돕기 위해 구상되었다. 그리고 그 (지원) 범위는 요하네스버그시가 협력하기로 한 이후로 확장되었다. 하지만 요하네스버그시가 제휴를 맺은 유일한 도시이기에, 그 프로그램은 마찬가지로 동참에 따를 다른 도시들을 모색하고 있다.

어휘 set up 세우다, 설립하다 needy 궁핍한 launch 시작하다; 시작 provide for ~에 대해 대비하다 immediate 당면한 vulnerable 취약한 distribute 나누어 주다 orphanage 고아원 disabled 장애를 가진 wholesale 도매의 scope 범위 cooperate 협력하다 follow suit 선례를 따르다 oppose 반대하다 establishment 설립 partner 제휴시키다

# 회차 16 하프 모의고사

Date : . . .
Score : / 10

| 01 | ① | 02 | ③ | 03 | ④ | 04 | ③ | 05 | ③ |
|---|---|---|---|---|---|---|---|---|---|
| 06 | ④ | 07 | ③ | 08 | ④ | 09 | ③ | 10 | ③ |

## 01

정답 ①

해설 tangible은 '실체가 있는'이라는 뜻으로, 이와 의미가 가장 가까운 것은 ① 'concrete(실체적인)'이다.

② 긴박한 ③ 오래가는 ④ 영향력 있는

해석 혁신은 획기적인 아이디어가 우리의 일상생활을 향상하는 제품으로 전환될 때 실체화된다.

어휘 innovation 혁신 groundbreaking 획기적인

## 02

정답 ③

해설 touch on은 '간단히 언급하다'라는 뜻으로, 이와 의미가 가장 가까운 것은 ③ 'mentioned(언급하다)'이다.

① 깨닫다 ② 고려하다 ④ 강조하다

해석 그 학생은 문학을 이해하는 데 있어 역사적 맥락의 중요성을 간단히 언급했다.

어휘 literature 문학

## 03

정답 ④

해설 (have effectively → have been effectively) 관계사절의 주어인 symptoms가 '해결한' 것이 아니라 '해결된' 것이므로 수동태인 have been effectively addressed로 쓰여야 한다. 한편, 주절의 주어가 복수 명사인 a number of patients이므로 그에 수일치한 복수 동사 are의 쓰임은 적절하며, 소유격 관계대명사 whose 뒤에 명사 symptoms와 함께 완전한 절이 온 것 또한 적절하다.

① necessary와 같은 이성적 판단의 형용사가 포함된 가주어(It)-진주어(that절) 구문에서, that절 내의 동사는 '(should) + RV'를 사용하므로 동사 be는 적절하게 쓰였다. 참고로 implemented widely는 changes를 수식하는 분사구인데, 변화가 '시행하는' 것이 아니라 '시행되는' 것이므로 수동의 과거분사 implemented의 쓰임도 적절하다.

② when young과 now를 통해 if절은 과거 사실의 반대, 주절은 현재 사실의 반대를 나타내는 혼합 가정법이 사용되었음을 알 수 있다. 따라서 if절에 가정법 과거완료인 had had, 주절에 가정법 과거인 would be가 쓰인 것은 적절하다.

③ 콤마 뒤 분사구문의 의미상 주어는 Some countries이고, 국가들이 세금을 '올리는' 것이므로 능동의 현재분사 raising은 적절하게 쓰였다. 참고로 '올리다'라는 뜻을 지닌 타동사 raise와 '오르다'라는 뜻을 지닌 자동사 rise의 구별에 유의해야 한다.

해석 ① 광범위하게 시행되는 변화는 실용적일 필요가 있다.
② 내가 젊었을 때 검소한 사고방식을 가졌더라면 지금 분명 부자일 것이다.
③ 일부 국가들은 수입품에 대한 세금을 인상하여 자국 경제를 보호한다.
④ 증상이 완전히 사라진 환자들이 많이 있다.

어휘 implement 시행하다 practical 실용적인 frugal 검소한 mindset 사고방식 import 수입하다 symptom 증상 address 해결하다

## 04

**정답** ③

**해설** (Being → It being) 분사구문의 의미상 주어와 주절의 주어가 다르므로 분사구문의 주어를 생략할 수 없다. 여기서는 분사구문이 날씨를 나타내고 있으므로, 비인칭 주어 it을 사용하여 It being으로 고쳐야 한다.

① for a while now라는 기간을 나타내는 부사구와 함께 현재완료진행이 쓰이고 있다. 또한 부가의문문은 앞 문장이 긍정이면 부정으로 만들고, 동사를 주절 동사의 종류와 시제, 그리고 부가의문문에 쓰인 주어의 수에 맞춰야 하므로, hasn't he는 적절하게 쓰였다.

② 'have difficulty (in) RVing'는 '~하는 데 어려움을 겪다'라는 의미의 준동사 관용표현으로 주어진 우리말에 맞게 쓰였으며, 동명사 reading과 spelling이 등위접속사 and로 병렬된 것도 적절하다.

④ they think는 삽입절로 쓰였고, 관계대명사 what이 want의 목적어 역할과 is의 주어 역할을 동시에 하는 옳은 문장이다.

**어휘** dyslexia 난독증 spell (철자를) 쓰다 wardrobe 옷장

## 05

**정답** ③

**해설** 먼 친척과의 가족 모임이 어색할 것을 걱정하는 A에게 B가 조언하는 상황이다. B는 A가 빈칸 내용에 해당하는 것을 한다면 마음이 더 편해질 것이라고 했다. 그리고 A가 그 방법을 묻자 B는 소소한 대화를 나누는 것을 추천하고 있으므로, 빈칸에는 어색한 분위기를 깨는 것과 관련된 표현이 오는 것이 자연스럽다. 따라서 빈칸에 들어갈 말로 가장 적절한 것은 ③ '서먹한 분위기를 깨다'이다.

① 게으름을 피우다

② 관계를 끊다

④ 잠자코 있다

**해석** A: 나 곧 먼 친척들 몇 명과 가족 모임이 있는데. 얼마나 어색할지 걱정돼.
B: 뭐, 그분들도 결국 가족이잖아. 처음엔 어색할지 몰라도 일단 서먹한 분위기를 깨고 나면 더 편안해질 거야.
A: 그렇게 하는 방법에 대해 제안해 줄 게 있어?
B: 난 날씨, 스포츠 경기, 아니면 영화 같은 사소한 것에 관해 소소한 대화를 나누는 게 가장 좋다고 생각해. 대화를 나누기만 하면 주제는 별로 중요하지 않아.
A: 그거 좋은 생각인 것 같네. 조언 고마워.

**어휘** gathering 모임 distant 먼 relative 친척 awkward 어색한 trivial 사소한

## 06

**정답** ④

**해설** 학업 성적이 체육 시간 동안 하는 적당한 정도의 신체 활동과는 관계가 없지만, 수업 외 격렬한 신체 활동과는 상당한 연관성이 있다는 것을 밝히면서 어느 정도의 활동은 필요함을 제안하는 한 연구에 관한 글이다. 따라서 글의 제목으로 가장 적절한 것은 ④ '신체 활동 정도와 학업 성취도'이다.

① 체육은 학생 건강의 핵심이다 → 체육 수업과 학생 건강 간의 관계를 다루는 글이 아니다.

② 격렬한 신체 활동: 건강에 좋을까 아니면 해로울까? → 격렬한 신체 활동이 건강에 미치는 영향이 아니라, 학업에 미치는 영향을 서술하는 글이므로 적절하지 않다.

③ 체육 (수업) 등록을 증가시키는 방법 → 체육 수업에 등록하게 하는 방법을 소개하는 글이 아니다.

**해석** 한 연구는 체육 수업에 등록하는 것이 학업 성취도 성적과는 관련이 없지만, 학교 밖에서 격렬한 신체 활동에 참여하는 것은 관련이 있다는 것을 밝혀냈다. 학교 밖에서 적어도 하루에 20분, 일주일에 3일 격렬한 활동에 참여한 학생들이 더 높은 학업 성적을 가지고 있다는 것이 밝혀졌다. 체육 수업에서 학생들은 55분 수업 중 평균 19분만을 적당한 신체 활동에 참여하면서 보냈다. 체육 수업 동안의 이러한 활동의 양과 강도는 학생들의 학업 성취도와 상관관계가 없었던 반면, 학업 성취도와 학교 밖에서의 격렬한 활동 사이에는 상당한 연관성이 있었다는 점에서, 연구자들은 잠재적으로 바람직한 효과를 내는 데 필요한 어떤 최소한의 활동 정도가 있을 수 있음을 제의한다.

**어휘** enrollment 등록 academic 학업의 vigorous 격렬한 average 평균 moderate 적당한 given ~을 고려하면 intensity 강도 correlation 상관관계 association 연관성 desirable 바람직한 intense 격렬한

## 07

**정답** ③

**해설** 큰 보상을 한 번에 얻는 것보다 작게 여러 번 경험하는 것이 더 큰 만족감을 가져다준다고 말하며, 긍정적인 감정은 그 강도보다는 횟수에 더 많이 좌우된다는 점을 주장하는 글이다. 따라서 빈칸에 들어갈 말로 가장 적절한 것은 ③ '작은 기쁨들을 시간에 걸쳐 가능한 한 고르게 분산해야'이다.

① 스스로 긍정적인 피드백과 내적 보상을 주어야 → 스스로 긍정적인 피드백이나 내적 보상을 줄 필요성보다는, 긍정적인 보상을 여러 차례 나누어 받는 것이 좋다는 점을 강조하는 글이다.

② 한 번에 큰돈을 벌 방법을 찾아야 → 한 번에 떼돈을 버는 것이 같은 액수를 여러 차례 나누어 버는 것보다 만족감이 덜 한다는 글의 내용과 반대된다.

④ 당신의 모든 고통을 분산시키는 대신 짧은 기간에 견뎌내야 → '기쁨'을 분산시키라는 내용의 글로, '고통'에 관한 언급은 없다.

**해석** 1년에 백만 달러를 벌지만 앞선 9년 동안엔 아무것도 벌지 못하는 것은 같은 기간에 그 총액이 균등히 배분되게 하는 것, 즉 10년간 연속으로 매년 10만 달러를 버는 것과 같은 기쁨을 가져다주지 않는다. 첫해에 떼돈을 벌고 이후 남은 기간에는 아무것도 벌지 못하는 것과 같이, 이는 역순으로도 마찬가지이다. 왠지 모르게, 당신의 기쁨 체계는 꽤 빨리 포화될 것이다. 사실 당신의 행복은 심리학자들이 '긍정 정서'라고 부르는, 긍정적인 기분의 강도보다는 그 횟수에 훨씬 더 좌우된다. 다시 말해, 좋은 소식은 일단 좋은 소식이며, '얼마나' 좋은지는 그다지 중요하지 않다. 수천 년 동안 우리의 주된 만족은 화려한 사치품이라는 잠깐의 기쁨이 아닌, 음식과 물의 형태로 주어졌다는 점을 생각해 보라. 따라서 즐거운 삶을 살기 위해 당신은 작은 기쁨들을 시간에 걸쳐 가능한 한 고르게 분산해야 한다.

**어휘** preceding 이전의 evenly 고르게, 균등하게 distribute 배분하다 in a row 연이어 inverse 역의 make a bundle 떼돈을 벌다 saturate 포화시키다 affect 정서 fleeting 잠깐의 extravagant 사치스러운 fortune 큰돈 spread 분산하다 bear 견디다 brief 짧은

## 08

**정답** ④

**해설** 소음이 성가시게 느껴지는 기준이 주관적임을 서술하는 글이다. 주어진 문장은 In addition으로 시작하여, 또한 소음이 발생하는 시간대가 성가심 여부를 결정한다는 내용으로, 앞에는 소음이 성가신지를 결정하는 다른 기준이 나와야 하며, 뒤에는 주어진 문장의 내용을 부연하는 설명이 오는 것이 적절하다. ④ 앞은 소음을 발생시키는 주체가 누구인지에 따라 짜증이 나기도, 듣기 좋다고 생각되기도 한다는 내용이며, ④ 뒤는 소음의 발생 시간대에 따라 참기 어려울 수도 있고 인지조차 하지 못할 수도 있다는 내용이다. 따라서 주어진 문장이 들어갈 위치로 가장 적절한 곳은 ④이다.

**해석** 소음으로 인한 성가심의 기준에 대해 객관적인 법적 제한을 두기는 어렵다. 성가심은 각 경우의 상황에 따라 달라진다. 만일 당신이 옆집에서 들려오는 피아노 소리를 듣는다면, 당신은 그 음량에 상관없이 짜증 날지도 모른다. 반면에 당신의 사랑스러운 딸이 연주하는 피아노 소리를 듣는다면, 그 소리가 옆집 이웃을 화나게 할지라도 당신은 그것이 매우 듣기 좋다고 생각할지도 모른다. 또한, 하루 중 소음이 발생하는 시간대가 그것이 성가신지 아닌지를 결정짓는다. 예를 들어, 새벽에는 가벼운 발걸음 소리라도 아래층에 사는 사람들이 분명 참기 어려울 것이다. 그러나 같은 소리가 낮 동안에는 주목을 끌지 않을 수도 있다.

**어휘** annoyance 성가심, 괴로움 objective 객관적인 criterion 기준(*pl.* criteria) irritate 짜증 나게 하다 regardless of ~에 상관없이 stamp 쾅쾅거리며 걷다 dawn 새벽 unbearable 참을 수 없는 unnoticeable 주목을 끌지 않는

## 09

**정답** ③

**해설** 불편함을 인식하고 그에 적절하게 대응하는 능력이 우리의 신체를 보호하는 데 필요하다는 점을 역설하는 글이다. 따라서 글의 흐름상 가장 어색한 문장은 교실에서의 움직임이나 소음이 학생의 집중을 방해한다는 내용의 ③이다.

**해석** 불편함을 인식하고 그에 대응하는 우리의 능력은 몸에 대한 신체적 손상을 방지하는 데 아주 중요하다. 당신이 공부하거나 강의실에 앉아 있을 때 의자에서의 자세를 얼마나 자주 바꾸는지 생각해 보라. 만약 당신이 당신의 몸으로부터 오는 불편함의 신호를 받지 못한다면, 당신의 피부에 가해지는 압력을 완화하기 위해 움직이지 않을 것이다. (교실에서의 움직임이나 소음은 학생들이 공부에 집중하지 못하게 할 수도 있다.) 지속적인 압력을 받는 피부 부위에는 상처나 멍이 생길 것이다. 만약 우리가 불편함을 감지할 수 없다면 많은 일상적인 경험들이 우리의 몸에 해를 끼칠 것이므로, 통증을 감지하는 능력의 부족은 심각한 문제를 일으킬 수 있다.

**어휘** recognize 인식하다 discomfort 불편함 lecture 강의 distract 집중이 안 되게 하다 continuous 지속적인 develop (병이) 생기다 sore 상처 bruise 멍 detect 감지하다

## 10

**정답** ③

**해설** 마지막 2번째 문장에서 Stonehenge와 Durrington Walls를 Avon 강으로 연결하는 넓은 길이 두 지역 사이의 이동 양상을 보여준다고 언급되므로, 두 지역 간 교류가 있었음을 알 수 있다. 따라서 글의 내용과 일치하지 않는 것은 ③ 'Stonehenge와 Durrington Walls 사이에는 교류가 없었다.'이다.

① 그 발굴된 고대의 집들은 가운데에 화덕이 있다. → 2번째 문장에서 언급된 내용이다.

② Stonehenge와 Durrington Walls는 거의 같은 시기에 세워졌다. → 4번째 문장에서 언급된 내용이다.

④ Durrington Walls와 Stonehenge는 서로 다른 목적을 수행했다. → 마지막 문장에서 언급된 내용이다.

**해석** 신비로운 Stonehenge에서 열린 축제에 참여한 사람들의 쉼터였을지도 모르는 작은 집들로 구성된 한 마을이 고고학자들에게 발견되었다. 중앙에 화덕이 있는 여덟 채의 집이 발굴되었다. 그 고대의 집들은 Stonehenge에서 약 2마일 떨어진, Durrington Walls로 알려진 곳에 있다. 그 마을은 Stonehenge가 만들어진 시기와 거의 같은, 기원전 2600년경에 세워졌다. Stonehenge와 Durrington Walls 모두 Avon 강으로 연결되는 넓은 길이 있는데, 이는 두 곳 사이의 이동 양상을 보여준다. 연구자들은 Durrington Walls가 살아있는 자들을 위한 공간이었고 Stonehenge는 묘지이자 기념비였다고 추측했다.

**어휘** shelter ~에게 쉴 곳을 제공하다 archaeologist 고고학자 excavate 발굴하다 indicate 보여주다 speculate 추측하다 cemetery 묘지 memorial 기념비 interaction 교류

회차 **17** # 하프 모의고사

Date : . . .
Score : / 10

| | | | | | | | | | |
|---|---|---|---|---|---|---|---|---|---|
| 01 | ③ | 02 | ④ | 03 | ③ | 04 | ③ | 05 | ① |
| 06 | ③ | 07 | ③ | 08 | ④ | 09 | ① | 10 | ③ |

## 01

정답 ③

해설 indulgent는 '너그러운'이라는 뜻으로, 이와 의미가 가장 가까운 것은 ③ 'generous(너그러운)'이다.
① 미묘한 ② 밝은 ④ 의심에 찬

해석 그녀의 너그러운 표정은 그녀가 그의 잘못을 기꺼이 묵인하고 있음을 암시했다.

어휘 condone 용납하다, 묵인하다 fault 잘못

## 02

정답 ④

해설 가족들의 걱정을 덜고자 사랑하는 사람을 잃은 것에 대해 취해야 하는 행동은 그 상실을 이겨내는 것이라고 추측할 수 있다. 따라서 빈칸에 들어갈 말로 가장 적절한 것은 ④ 'cope with(극복하다)'이다.
① 요청하다 ② 지연시키다 ③ 갈망하다

해석 가족들의 걱정을 덜어주기 위해 Sarah는 사랑하는 사람을 잃은 것을 극복해야 했다.

## 03

정답 ③

해설 'B뿐만 아니라 A도'라는 의미의 상관접속사 'A as well as B'가 주어로 나오면 동사의 수는 A에 맞춰야 한다. 따라서 values는 적절하게 쓰였다.
① (will → would) 종속절의 시제는 주절의 시제와 일치하는 것이 원칙이다. 여기서 주절의 시제가 과거(did)이므로, 종속절도 그에 맞춰 미래시제 will을 과거시제 would로 고쳐야 한다. 참고로 부정부사 little이 문두에 오면서 주어와 동사가 의문문의 어순으로 도치되었으며, 의문사 what이 이끄는 간접의문문이 '의문사 + S + V'의 평서문 어순을 취한 것은 적절하다.
② (She is impossible → It is impossible for her) 난이형용사 구문에서 to 부정사의 의미상 주어는 문장의 주어로 나올 수 없다. 따라서 가주어(It)-진주어(to accept) 구문을 활용하여 It is impossible for her to accept로 고쳐야 한다. 참고로 the stage와 she 사이에는 목적격 관계대명사가 생략되어 있다.
④ (small an → a small) such는 'such + a(n) + 형용사 + 명사'의 어순으로 사용하므로, such a small object가 되어야 한다.

해석 ① 우리는 내일 날씨가 어떨지 거의 알지 못했다.
② 그녀가 자신이 사랑하는 무대에서 멀어진 삶을 받아들이는 것은 불가능하다.
③ 직원들뿐만 아니라 CEO도 긍정적인 업무 환경을 중요하게 여긴다.
④ 그렇게 작은 물체를 관찰하는 것은 현미경으로만 가능하다.

어휘 value 가치 있게 여기다 viable 실행 가능한 microscope 현미경

## 04

정답 ③

해설 (check → checked) 사역동사 have는 목적어와 목적격 보어의 관계가 능동이면 RV를, 수동이면 p.p.를 목적격 보어로 취한다. 여기서는 it이 가리키는 것이 a suspected broken arm이고, 팔은 '검사당하는' 것이므로 목적격 보어에 과거분사 checked가 쓰여야 한다. 참고로 팔이 '부러진' 것으로 '의심되는' 것이므로 과거분사형 형용사 suspected broken의 쓰임은 적절하다.
① 사람과 신체 부위를 분리 표현하는 경우, 신체 부위를 강조하여 '전치사 + the + 신체 부위'의 형태로 쓴다. 동사 hit은 전치사 on을 함께 사용하므로 적절하게 쓰였고, 신체 부위 앞에 소유격이 아닌 정관사 the가 온 것도 적절하다.
② 분사구문의 의미상 주어인 they가 '안도시킨' 것이 아니라 '안도하게 된' 것이므로 수동의 과거분사 Relieved는 적절하게 쓰였다.
④ The house와 we 사이에 목적격 관계대명사 that이 생략되어 있으며, 따라서 전치사 to 뒤에 목적어 자리가 비어 있는 것은 적절하다. 또한 'A에(게) B를 갖추게 하다'라는 뜻의 'equip A with B' 구문을 수동태로 전환하면 'A be equipped with B'이므로 주어진 우리말에 맞게 적절히 쓰였다.

어휘 bet 내기 wrist 손목 relieve 안도하게 하다 appliance 가전제품

## 05

정답 ①

해설 B가 선물로 받은 스웨터에 관해 대화를 나누고 있다. A가 선물을 준 Jessica가 그 스웨터를 어디에서 샀는지 아냐고 묻자, B는 라벨을 잘라버려서 브랜드가 기억나지 않는다고 했다. A가 원하는 답을 알려주려면 Jessica에게 물어봐야 할 것으로 추측할 수 있으므로, 빈칸에 들어갈 말로 가장 적절한 것은 ① '근데 너 대신 걔한테 물어봐 줄 수 있어.'이다.
② 내 스웨터에 있는 라벨을 확인해도 돼.
③ 내가 그거 살 때 그게 너한테 잘 어울릴 걸 알았어.
④ 걔가 내 생일에 아무것도 안 사줬다니 믿기지 않아.

해석 A: 야, 그 스웨터 진짜 좋아 보인다.
B: 고마워. Jessica 알지? 걔한테 받은 생일 선물이야.
A: 응, 누군지 알아. 걔가 그걸 어디서 샀는지 알아?
B: 아, 라벨에서 브랜드를 봤었는데 잘라버려서 어느 브랜드인지 이제 기억이 안 나. 근데 너 대신 걔한테 물어봐 줄 수 있어.

어휘 label 라벨, 상표

## 06

**정답** ③

**해설** 이 글은 사회적으로 외면당하는 것과 추위를 연관 짓는 비유들이 실제로 근거가 있다고 말하며, 사회적으로 배척될 때 추위를 더 많이 느끼는 경향이 있다는 사실을 밝혀낸 실험들을 소개하고 있다. 따라서 글의 주제로 가장 적절한 것은 ③ '사회적 고립이 신체 감각에 미치는 영향'이다.

① 사회적 배척의 문제점과 해결책 → 사회적 배척이 글의 중심 소재이긴 하나, 그것의 문제점이나 해결책에 관해서는 언급된 바 없다.

② 우리의 불완전한 기억의 장단점

④ 온도가 우리 감정에 영향을 미치는 다양한 방식 → 오히려 감정이 체감 온도에 영향을 미치는 것에 가까운 내용이므로 인과가 역전된 선지이다.

**해석** '싸늘한 눈빛'과 '차가운 어깨(냉대)'와 같은 비유들은 추위와 관련된 개념을 사용하여 사회적 거부를 묘사하는 것으로, 글자 그대로 받아들여지면 안 되며 확실히 낮아진 온도를 의미하지도 않는다. 그러나 두 실험이 그 표현들은 단순한 비유 이상이라는 것을 드러냈다. 토론토 대학의 심리학자들은 피실험자들에게 사회적 배척의 경험을 떠올린 후 실험실의 실내 온도를 추정하도록 요청했다. 그 피실험자들은 포용의 경험을 떠올리도록 요구받은 피실험자들보다 4도 이상 더 낮은 추정치를 냈다. 다른 실험에서는, 실험실에서 공 던지기 게임을 하는 동안 외면당한 피실험자들이 더 많이 가담한 참가자들보다 게임이 끝난 후 뜨거운 커피 및 수프에 대한 식욕이 더 컸다.

**어휘** metaphor 비유 rejection 거절, 거부 literally 글자 그대로 imply 의미하다 subject 피험자 exclusion 배척, 배제 estimate 추정하다; 추정치 inclusion 포용 toss 던지다 appetite 식욕 pros and cons 장단점 isolation 고립 sensation 감각

## 07

**정답** ③

**해설** 이 글은 근육이 너무 차가울 경우 산소가 혈액의 헤모글로빈에서 쉽게 분리되지 않기 때문에, 준비 운동 없이 바로 운동을 시작하면 숨이 차는 것이라고 설명한다. 따라서 빈칸에 들어갈 말로 가장 적절한 것은 ③ '당신의 근육이 산소에 너무 차가웠기'이다.

① 혈액이 산소를 너무 빠르게 운반했기 → 산소가 혈액에서 벗어나는 속도가 빨라진다는 내용이 근육 온도에 따른 결과로 제시될 뿐, 혈액의 산소 운반 속도에 관해서는 애초에 언급되지도 않았다.

② 혈액이 근육을 통과하지 않았기 → 첫 문장에서 혈액이 차가운 근육을 통과한다고 전제하고 있듯이, 통과 자체를 못 한다는 것은 아니므로 적절하지 않다.

④ 당신의 혈액 온도가 너무 낮았기 → 오히려 근육이 너무 차가워서 산소가 비교적 온도 높은 혈액 안에서 벗어나지 않으려 한다는 내용이므로 적절하지 않다.

**해석** 혈액이 차가운 근육을 통과할 때, 혈액 내 산소는 혈액의 헤모글로빈에서 매우 쉽게 분리될 수 없다. 그것은 마치 산소가 "그 안은 너무 추워. 난 내 헤모글로빈 친구와 바로 여기 혈액 안에 머무를 거야."라고 말하는 것 같다. 하지만 신체 활동으로 근육이 충분히 따뜻해지면서, 산소는 헤모글로빈에서 더 빠르게 그리고 더 완전하게 벗어나기 시작한다. 당신은 준비 운동을 할 시간이 없어서 처음 10분간의 조깅으로 숨이 찼던 날들이 있었을지도 모른다. 이는 당신이 준비 운동을 하지 않은 채 활동에 뛰어들 때, 당신의 근육에 처음 몇 분간은 사실상 산소가 부족하기 때문이다. 당신이 그것을 이해하지 못했더라도 아마 이를 경험해 보긴 했을 것이다. 본질적으로, 그것은 당신의 근육이 산소에 너무 차가웠기 때문이다.

**어휘** oxygen 산소 detach 분리하다 hemoglobin 헤모글로빈, 혈색소 buddy 친구 rapidly 빠르게 warm up 준비 운동을 하다 out of breath 숨이 차는 plunge 뛰어들다

## 08

**정답** ④

**해설** 주어진 문장은 흔히 쓰이는 말의 잘못된 의미가 원래 정의보다 더 널리 알려지는 사례들이 점점 많아지고 있다는 내용으로, 뒤에는 그 사례들을 them으로 받아, 'peruse'가 그중 하나라고 말하는 (C)가 이어지는 것이 적절하다. 그다음으로, 'peruse'를 the word로 받아, 그 단어의 잘못된 의미가 너무 많이 쓰여 결국 이차적 정의로 받아들여졌다는 내용의 (B)가 와야 한다. 마지막으로, 그로 인해 생길 수 있는 문제를 한 예시를 들어 설명하는 (A)가 오는 것이 자연스럽다. 따라서 글의 순서로 가장 적절한 것은 ④ '(C) - (B) - (A)'이다.

**해석** 비교적 흔한 언어의 잘못된 의미가 원래의 정의보다 더 널리 퍼지게 된 사례가 점점 많아지고 있다. (C) 'peruse'라는 단어가 그중 하나이다. 사람들 대부분은 무언가를 'peruse'한다는 것이 '많은 주의를 기울이지 않고 그것을 재빨리 훑는다'를 의미한다고 생각한다. 사실, 이는 'peruse'가 실제로 의미하는 바인 '무언가를 상세히 주의 깊게 읽다'의 정반대이다. (B) 하지만 그 단어는 너무 많은 사람에 의해 너무나 빈번히 오용되어 이 잘못된 의미가 이차적 정의로 결국 받아들여졌고, 대부분의 사람들이 아는 한 그것이 유일한 정의이다. (A) 그럼 이제, 한 화가 난 고객이 당신의 가게에서 받은 서비스에 대해 당신에게 편지를 보냈다고 상상해 보라. 만약 당신의 답변이 당신이 '그의 편지를 peruse했다'라는 것이라면, 비록 그가 잘못 알고 있는 것일지라도 훨씬 더 화를 낼 가능성이 크다.

**어휘** commonplace 아주 흔한 definition 정의 misuse 오용하다 secondary 이차적인 skim 훑어보다 opposite 반대

## 09

**정답** ①

**해설** 질병에 대한 지식 부족으로 고통을 겪은 사람들의 사례를 소개하는 글이다. (A) 앞은 알았더라면 피할 수 있었을 질병으로 인해 사람들이 고통을 겪었다는 내용이고, 뒤에서 그에 관한 사례를 소개하고 있으므로, (A)에 들어갈 연결사로 가장 적절한 것은 For instance이다. 또한 (B) 뒤에서도 같은 취지의 또 다른 사례를 소개하고 있으므로, (B)에 들어갈 연결사로 가장 적절한 것은 Likewise이다.

**해석** 역사를 통틀어, 사람들은 이해했더라면 쉽게 피할 수 있었을 질병들로 고통받아 왔다. 예를 들어, 모자 제작자들이 통제할 수 없는 떨림, 불분명한 말투, 정신적 혼란과 같은 증상을 겪는 것이 예전엔 흔했다. 그 질환은 Lewis Carroll이 그의 책 『Alice's Adventures in Wonderland』 속 Mad Hat Maker를 창작하게 했다. 안타깝게도, 모자 제작자들은 그들이 모자를 만드는 데 사용하는 수은이 자신들을 중독시켜 이상한 증상을 일으킨다는 사실을 알지 못했다. 마찬가지로, 세계 최고의 예술가 중 많은 이들이 끔찍한 우울증으로 고통받았다. 오늘날 우리는 그들이 사용한 페인트 속 납이 아마도 그들의 정신 상태에 영향을 미쳤을 것이라는 사실을 알고 있다. 약간의 지식 부족으로 수많은 삶이 파괴된 것이 얼마나 비극적인가!

**어휘** symptom 증상 trembling 떨림 speech 말투 confusion 혼란 condition 질환 mercury 수은 poison 중독시키다 depression 우울증 lead 납 tragic 비극적인

## 10

정답 ③

해설 마지막 2번째 문장에서 그것은 다른 아까시나무들과 달리 독성 화학물질을 가지고 있지 않다고 언급되므로, 글의 내용과 일치하지 않는 것은 ③ '그것은 다른 아까시나무들처럼 독성 물질을 지니고 있다.'이다.

① 그것의 이름은 바람이 그것을 통과하면서 내는 소리에서 유래한다. → 2~4번째 문장에서 언급된 내용이다.

② 그것은 아카시아 개미와 상호 이익적 관계에 있다. → 5~7번째 문장에서 언급된 내용이다.

④ 아카시아 개미는 그것을 먹으려는 동물들을 쏜다. → 마지막 3번째 문장과 마지막 문장에서 언급된 내용이다.

해석 휘파람 가시나무는 동아프리카 사바나에서 흔히 보이는 아까시나무이다. 그 나무 옆에 서면, 그것이 휘파람 소리를 내는 것을 들을 수도 있다. 그 소리는 가시 맨 아랫부분의 구멍들을 통과하며 부는 바람으로부터 난다. 그 음악적 능력 덕분에, 그 아까시나무는 휘파람 가시나무로 불린다. 부어오른 가시는 특히 공격적인 개미 종류인 아카시아 개미에게 서식처를 제공한다. 게다가, 그 나무는 개미에게 먹이가 되는 달콤한 분비물을 만들어 낸다. 그 보답으로, 개미는 그 나무를 동물들로부터 보호한다. 사실, 이 특정한 아까시나무는 다른 아까시나무 종들처럼 곤충이나 동물들을 멀어지게 하는 독성 화학물질을 가지고 있지 않다. 그래서 기린이 혀로 한입 가득 잎을 뜯어내려 할 때면, 그 개미들이 가시에서 떼를 지어 나와 매서운 침으로 공격한다.

어휘 savanna 사바나, 대초원 whistle 휘파람 소리를 내다 thorn 가시, 가시나무 swollen 부어오른 aggressive 공격적인 sugary 설탕 같은, 달콤한 secretion 분비물 chemical 화학물질 mouthful 한입 가득 swarm 떼를 지어 다니다 vicious 매서운, 공격적인 sting 침; 쏘다 mutually 상호 간에 beneficial 이로운 poisonous 독성이 있는

# 회차 18 하프 모의고사

Date : . . .

Score : / 10

| | | | | | | | | | |
|---|---|---|---|---|---|---|---|---|---|
| 01 | ④ | 02 | ③ | 03 | ③ | 04 | ④ | 05 | ③ |
| 06 | ④ | 07 | ① | 08 | ② | 09 | ② | 10 | ④ |

## 01

정답 ④

해설 transient는 '순간적인'이라는 뜻으로, 이와 의미가 가장 가까운 것은 ④ 'momentary(순간적인)'이다.

① 독특한 ② 향기로운 ③ 상쾌한

해석 산들바람에 실려 온 야생화의 순간적인 향기는 먼 여름의 추억을 불러일으켰다.

어휘 breeze 산들바람 distant 먼

## 02

정답 ③

해설 빈칸에는 '나'가 최대한 빨리 아들을 데리러 학교에 가야 하는 이유가 되는, 아들의 상태에 관한 내용이 와야 한다. 따라서 빈칸에 들어갈 말로 가장 적절한 것은 ③ 'under the weather(몸이 안 좋은)'이다.

① 누구에게도 뒤지지 않는 ② 도움이 되고 있는 ④ 화를 참고 있는

해석 나는 내 아들이 몸이 안 좋다고 들어서 가능한 한 빨리 학교에 데리러 가야 한다.

## 03

정답 ③

해설 (help → helps) that절 내에서 동사 3개가 'A, B, and C'의 형태로 병렬되고 있다. 그런데 주어가 단수 명사 it이므로, 나머지 동사 is, allows와 마찬가지로 help도 단수 동사인 helps가 되어야 한다.

① 분사로 수식되고 있는 새로운 컴퓨터 로그인 시스템이 the TSSA Computer System이라고 '불리는' 것이므로 수동의 과거분사 called는 적절하게 쓰였다.

② 의문사 how가 이끄는 절 내에서 형용사 many와 그것이 수식하는 명사 pages가 how 바로 뒤에 오면서 동사 are printing의 목적어 자리가 비어 있는 구조이다. 또한 they(users)가 페이지를 '인쇄하는' 것이므로 능동태의 쓰임은 적절하다.

④ allow가 5형식 동사로 사용되면 목적격 보어로 to 부정사를 취하므로, to choose가 쓰인 것은 적절하다.

해석 Chelmsford 공공 도서관은 TSSA 컴퓨터 시스템이라고 불리는 새로운 컴퓨터 로그인 시스템을 설치했다. 그 시스템은 도서관 이용자들이 문서를 정식으로 인쇄하기 전 그들이 몇 페이지를 인쇄하고 있는지 알도록 인쇄 상황을 계속 파악하게끔 도와준다. 이용자들은 그 새로운 시스템에 적응했으며, 그것이 사용하기 쉽고, (이용) 시간을 모니터링하여 도움을 주고, 그들이 어떤 컴퓨터를 원하는지 선택할 수 있게 해준다고 견해를 밝혔다.

어휘 keep track of ~에 대해 계속 파악하고 있다 officially 정식으로 adjust to ~에 적응하다 comment 견해를 밝히다

## 04

**정답** ④

**해설** (that → which) run for는 '~에 출마하다'라는 뜻의 타동사구로, 전치사 for가 관계대명사 앞으로 이동하면서 뒤에 완전한 절이 있게 된 구조이다. 그런데 이때 관계대명사 that은 전치사를 앞에 둘 수 없으므로, 전치사와 함께 쓸 수 있는 which로 고쳐야 한다.

① 5형식 동사로 쓰인 keep이 분사형 형용사를 목적격 보어로 취하고 있는데, 목적어인 그들이 정보를 '알게 되는' 것이므로 수동의 과거분사 informed는 적절하게 쓰였다. 또한 '발생하다'라는 뜻의 자동사 arise도 주어진 우리말에 맞게 적절히 쓰였다.

② You가 돈을 '지급받는' 입장이므로 수동태 be paid는 적절하게 쓰였으며, unless가 이끄는 조건의 부사절에서는 현재시제가 미래시제를 대신하므로 receive의 쓰임도 적절하다.

③ 타동사 face가 '직면하다'라는 뜻을 나타낼 때 'be faced with'의 형태를 취할 수 있으므로 분사구문의 Faced with는 적절하게 쓰였다. 또한 '~하지 않을 수 없다'라는 뜻의 'have no choice but to RV' 구문이 주어진 우리말에 맞게 적절히 쓰였다. 참고로 현재분사를 사용한 Facing limited options로 쓰는 것도 가능하나, 여기서는 주절의 내용과 어울리게 수동의 의미를 강조한 과거분사를 사용하는 것이 더 자연스럽다.

**어휘** scandal 스캔들, 추문

## 05

**정답** ③

**해설** 헬스장에서 할 운동에 관해 대화를 나누는 상황이다. A가 어떤 운동을 해야 할지 모르겠다고 말한 뒤 빈칸 내용을 언급했는데, 이에 B는 Of course not이라고 답하며 직접 보여주면서 가르쳐 주겠다고 하였다. 즉, 문맥상 부정문 Of course not이 운동을 기꺼이 가르쳐주겠다는 긍정의 뜻을 담아야 하는 것을 알 수 있다. 따라서 빈칸에 들어갈 말로 가장 적절한 것은 ③ '네 운동 루틴을 공유해 주는 건 혹시 꺼려질까?'이다.

① 운동하는 건 정말 보람 있어.

② 나한테 그중 몇 가지 가르쳐 줄 수 있어?

④ 넌 틀림없이 결국 개인 트레이닝을 받게 될 거야.

**해석** A: 있잖아, 나 최근에 동네 헬스장에 등록했어.

B: 오, 드디어! 잘 됐다. 개인 트레이닝 받을 거야?

A: 아니, 혼자서 시작해 보려고. 근데 문제는 어떤 운동을 해야 할지 정확히 모르겠다는 거야. 네 운동 루틴을 공유해 주는 건 혹시 꺼려질까?

B: 당연히 아니지. 근데 말해주는 것보다 보여주는 게 훨씬 쉬울 거야. 그럼 내가 언제 한번 같이 가서 가르쳐 주면 어때?

A: 그럼 정말 좋겠다! 고마워.

**어휘** register 등록하다 gym 헬스장 rewarding 보람 있는 mind 꺼리다 workout 운동 end up 결국 ~하게 되다

## 06

**정답** ④

**해설** 이 글은 Shakespeare 희곡 속 주인공들은 외부 요인이 아닌 자신의 성격적 결함으로 인해 비극적 운명을 맞이한 것이므로 자신의 의지가 있었다면 운명이 달라졌을지도 모르지만, 그리스 비극 속 주인공들은 자신의 운명을 통제할 수 없었다고 말하며 둘을 비교하고 있다. 따라서 글의 제목으로 가장 적절한 것은 ④ 'Shakespeare 비극 주인공과 그리스 비극 주인공의 차이점'이다.

① Shakespeare 비극 속 주인공의 유형 → Shakespeare 희곡 주인공의 예시들이 제시되긴 하나 그 유형을 구체적으로 다루고 있지는 않으며, 글의 중심 소재는 Shakespeare 희곡과 그리스 비극까지 두 가지이므로 정답이 되기엔 지엽적이다.

② 그리스 비극이 Shakespeare 희곡에 미친 영향 → 두 비극을 비교하고 있을 뿐, 어느 한 쪽이 다른 쪽에 영향을 미쳤다는 내용은 언급된 바 없다.

③ 그리스 비극 속 신과 주인공의 갈등 → 글의 또 다른 중심 소재인 Shakespeare 희곡을 포함하고 있지 않을뿐더러, 그리스 비극에서 주인공은 신들에 맞서 싸울 수 없다고 언급되므로 둘 사이의 갈등이 있다고 하기도 어렵다.

**해석** Shakespeare 희곡 속 비극의 주인공들은 자유의지를 가지고 있다. 그들은 자신의 몰락을 가져오는 자체적인 성격적 결함을 지닌다. Macbeth는 야망이 있지만 나약하고, Othello는 질투심이 많고, Hamlet은 우유부단하지만, 세 사람 모두 자신을 더 나은 인간으로 만들어나갈 수 있었다. 그들 외부의 어떤 것도 그들이 잘못된, 즉 비극적인 길이 아닌 올바른 길을 택하는 것을 막지 못한다. 반면에, 신탁에서 구현되는 운명이 만연하는 그리스 비극 속 주인공들에게는 자유의지가 없다. 신들이 인간의 운명을 지배하고 인간은 신들에 맞서 싸울 수 없다. 주인공들은 그들의 힘이나 지혜와 상관없이 자신의 미래를 통제할 수 없다. 이것이 그리스 비극의 주인공들이 흔히 그물에 걸린 물고기에 비유되는 이유이다.

**어휘** tragic 비극의 hero (남자) 주인공 free will 자유의지 possess 소유하다 defect 결함 downfall 몰락 ambitious 야망이 있는 as opposed to ~이 아니라 embody 구현하다, 담다 oracle 신탁 prevail 만연하다 regardless of ~와 상관없이

## 07

**정답** ①

**해설** 결정을 미루면 더 좋은 결과를 낼 수 있음을 시사하는 글이다. 빈칸에 해당하는 것이 우아함을 망칠 수 있다고 하였으므로, 빈칸에는 결정을 미루는 것과 반대되는 개념이 와야 하는 것을 추측할 수 있다. 따라서 빈칸에 들어갈 말로 가장 적절한 것은 ① '서두름'이다.

② 체계

③ 모방

④ 복잡성 → 글에서 결과를 좌우하는 요소로 언급되는 것은 작업 시간, 즉 미루거나 서두르는 것뿐으로, 복잡함에 관해서는 언급조차 되지 않았다.

**해석** 많은 아이디어와 결정이 미뤄지면 개선되리라는 것을 시사하는 미루기의 길고도 명예로운 역사가 있다. 정치적 과정은 본질적으로 지연과 숙고의 체계이다. 그 점에 있어서는 위대한 그림, 책, 또는 Marlborough 공작의 건축가들과 일꾼들이 건축하는 데 15년이 걸린 Blenheim Palace 같은 건물을 만드는 일도 마찬가지이다. 그 과정에서, 계획은 성숙해져 무르익을 수 있다. 참으로, 서두름은 우아함을 망칠 수 있다. 작가 T.H. White가 언젠가 썼듯, 시간은 "한 시간이나 하루 만에 집어삼켜지는 것이 아니라 섬세하게, 점진적으로, 서두르지 않게 소모되기로 되어 있는 것이다." 다시 말해, 오늘 꼭 해야 할 필요가 없는 일은 얼마든지 내일로 미루어라.

**어휘** honorable 명예로운 procrastination 지연, 미루기 postpone 미루다 deliberation 숙고 duke 공작 mature 성숙한 ripen 무르익다 devour 집어삼키다 haste 서두름 by all means 아무렴 put off 미루다

## 08

**정답** ②

**해설** 과학은 실험실에 국한되지 않으며 어디에서나 존재한다는 내용의 글이다. 주어진 문장은 이러한(this) 과학자에 대한 전통적인 관점이 사실인 곳도 많지만, 과학이 이루어지는 곳이 실험실 하나만은 아니라는 내용이다. 그러므로 이 문장 앞에는 과학에 대한 전통적인 관점이 나와야 하며, 뒤에는 실험실이 아닌 장소들이 언급되는 것이 자연스럽다. ② 앞에서 전형적인 과학 실험실의 모습이 묘사되고, 뒤에서는 과학이 존재하는 다른 여러 장소가 나열되고 있다. 따라서 주어진 문장이 들어갈 위치로 가장 적절한 곳은 ②이다.

**해석** '과학'이라는 단어를 들을 때 마음속에 제일 먼저 떠오르는 것이 무엇인가? 그것은 아마도 유리 기구와 정교한 장비로 가득한 실험실의 모습일 것이다. 그러한 과학을 행하는 사람은 하얀 실험복을 입고 있으며 아마 어떤 종류의 실험에 몰두하는 동안 다소 심각해 보일 것이다. 이러한 과학자에 대한 전통적인 관점이 여전히 사실인 곳도 많지만, 실험실이 과학이 이루어지는 유일한 곳이지는 않다. 과학은 건설 현장, 농구장, 콘서트장에서도 찾아볼 수 있다. 사실, 과학은 우리 주변 모든 곳에서 일어나고 있다. 그것은 음식을 요리할 때 주방에서 이루어지고, 심지어 그림을 그릴 때도 그것을 이용할 수 있다. 그것은 또한 당신이 가장 좋아하는 야구선수가 왜 홈런을 칠 수 있는지를 설명해 준다.

**어휘** hold true 사실이다 at work 작용하는 glassware 유리 기구 sophisticated 정교한 be engaged in ~에 몰두하다 construction 건설

## 09

**정답** ②

**해설** 이 글은 무언가를 빨면서 잠드는 아기들은 이를 습득하여 빠는 행위 없이 잠들지 못한다는 점을 설명한 뒤 이에 대한 해결 방안을 소개하고 있다. 따라서 글의 흐름상 가장 어색한 문장은 부모와 함께 자던 아이들과 그러지 않은 아이들을 비교하는 내용의 ②이다.

**해석** 신생아가 젖, 우유병, 또는 고무젖꼭지를 빨면서 잠드는 것은 자연스러운 일이다. 그러나 아기가 항상 이런 식으로 잠들면, 아기는 빠는 것과 잠드는 것을 연관 짓는 법을 습득하고, 시간이 지나면서 다른 방법으로는 잠들지 못하게 된다. 잠들지 못하거나 잠든 상태를 유지할 수 없는 더 나이 든 아기들로 애를 먹는 부모 중 많은 비율이 이 강력한 연계성과 씨름하고 있다. (한 연구에 따르면, 어릴 때부터 부모와 침대를 같이 쓴 아이들은 혼자 잔 아이들과 수면 문제에 있어 차이가 없었다.) 그러므로 아기가 당신의 도움 없이도 잠들 수 있기를 원한다면, 때때로 당신의 신생아가 졸릴 때까지 빨게 하되, 완전히 잠들지는 않게 하는 것이 필수적이다. 가능하면 아기의 입에서 젖, 우유병, 또는 고무젖꼭지를 떼어내고 그것 없이 잠들게 하라. 충분히 자주 이렇게 해주면, 아기는 빨지 않고도 잠드는 방법을 습득할 것이다.

**어휘** newborn 신생아 suck 빨다 breast 젖 pacifier 고무젖꼭지 associate A with B A와 B를 연관 짓다 struggle 고심하다, 애쓰다 differ 다르다

## 10

**정답** ④

**해설** 마지막 문장에서 자메이카에는 아키의 올바른 수확 방법에 관한 지식이 널리 퍼져 있어 중독의 사례가 드물다고 언급되므로, 글의 내용과 일치하는 것은 ④ '자메이카에서는 아키 중독 발생이 흔하지 않다.'이다.

① 아키는 자메이카 음식에는 사용될 수 없다. → 2번째 문장에서 자메이카 대중 음식의 주재료로 쓰인다고 언급되므로 옳지 않다.

② 아키는 주로 여름철에 보인다. → 4번째 문장에서 그 과일은 주로 12월에서 5월 사이에 보인다고 언급되므로 옳지 않다.

③ 껍질이 벌어진 후에 아키에서 독소가 생성된다. → 마지막 2번째 문장에서 껍질이 벌어지기 전까지는 과육에 독소가 있다고 언급되는데, 이는 곧 벌어진 이후에는 독소가 없다는 의미이므로 옳지 않다.

**해석** 아키는 필수 지방산, 단백질, 비타민 A가 풍부한 자메이카의 국가 과일이다. 그것은 그 나라의 대중 음식인 'Ackee and Saltfish'의 주재료 중 하나이다. 이 과일은 빨간색, 노란색, 또는 주황색이며, 3개의 검은 씨가 들어있는 2~4인치의 캡슐 모양이다. 그 과일은 1년 내내 모습을 드러낼 수도 있지만, 주로 12월에서 5월 사이에 보인다. 두 번의 수확 시기는 1월에서 3월, 그리고 6월에서 8월 사이이다. 껍질이 벌어지기 전까지는 과육에 독소가 있어서 이 시점까지는 과일을 따지 않는 것이 중요하다. 자메이카에는 올바른 수확 방법에 관한 지식이 널리 퍼져 있어, 중독 사례는 드물다.

**어휘** fatty acid 지방산 protein 단백질 ingredient 재료 contain 함유하다 harvest 수확하다 flesh 과육 toxin 독소 widespread 널리 퍼진 poisoning 중독 occurrence 발생, 사건

회차 19 **하프 모의고사**

Date : . . .
Score : / 10

| | | | | | | | | | |
|---|---|---|---|---|---|---|---|---|---|
| 01 | ③ | 02 | ② | 03 | ① | 04 | ④ | 05 | ② |
| 06 | ③ | 07 | ② | 08 | ④ | 09 | ② | 10 | ② |

## 01

정답 ③

해설 다양한 숙련된 인력을 구축하기 위해 성공해야 하는 것은 재능 있는 사람들을 모으는 것이라고 유추할 수 있으므로, 빈칸에 들어갈 말로 가장 적절한 것은 ③ 'acquisition(획득)'이다.

① 방출 ② 운송 ④ 차별

해석 성공적인 인재 획득은 숙련되고 다양한 인력을 구축하는 데 매우 중요하다.

어휘 talented 재능 있는 crucial 매우 중요한

## 02

정답 ②

해설 stand up for는 '옹호하다'라는 뜻으로, 이와 의미가 가장 가까운 것은 ② 'defend(옹호하다)'이다.

① 부인하다 ③ 선택하다 ④ 실천하다

해석 힘들더라도 자신이 믿는 바를 옹호하는 것이 중요하다.

어휘 challenging 힘든

## 03

정답 ①

해설 '~하지 않도록'이라는 뜻의 lest는 'lest + S + (should) RV'의 구조를 취하므로 원형부정사 be는 적절하게 쓰였다.

② (to study → studying) '시간을 ~하는 데 쓰다'라는 표현은 'spend + 시간 + (in) RVing' 구문을 사용하므로 to study를 동명사 studying으로 고쳐야 한다.

③ (throwing → thrown) 부대 상황을 나타내는 'with + O + OC' 분사구문이 쓰였는데, 그의 재킷이 '던진' 것이 아니라 '던져진' 것이므로 throwing을 수동의 과거분사 thrown으로 고쳐야 한다.

④ (than → to that of) 라틴어에서 유래한 비교급 superior는 비교 대상 앞에 than이 아닌 to를 쓴다. 또한 비교 대상이 '그 팀의 전략'과 '상대 팀의 전략'이므로 the opposing team을 The team's strategy의 급에 맞춰 that of the opposing team으로 고쳐야 한다. 참고로 2형식 동사로 쓰인 prove는 '(to be) 형용사'를 보어로 취할 수 있으므로 to be superior는 적절하게 쓰였다.

해석 ① 그녀는 어떤 오해도 생기지 않도록 그것을 큰 글씨체로 써넣었다.

② 나는 지난달 거의 매일을 시험공부 하는 데 보냈다.

③ 그는 재킷을 의자 위로 던져놓고 창밖을 바라보았다.

④ 그 팀의 전략은 상대 팀의 것보다 우수한 것으로 드러났다.

어휘 misunderstanding 오해 strategy 전략

## 04

정답 ④

해설 (praised → be praised) 'would rather A than B'는 'B하기보다는 차라리 A하는 것이 낫다'라는 의미이다. would rather가 조동사이므로 A와 B에는 원형부정사가 와야 하는데, 여기서 face는 적절히 쓰였으나 praised의 쓰임이 잘못되었다. 이때 I가 '칭찬받는' 것이므로 수동태인 be praised가 와야 한다.

① 장소의 부사구 On the desk가 문두에 나와 주어와 동사가 도치된 문장이다. 따라서 문장의 주어는 복수 명사인 letters이므로 복수 동사 were의 수일치는 적절하다. 참고로 letters와 my mom 사이에는 목적격 관계대명사가 생략되어 있어 4형식 동사로 쓰인 write의 직접목적어 자리가 비어 있다. 또한 편지들이 책상 위에 놓이기 전 엄마가 써주신 것이기에 대과거시제 had written의 쓰임도 적절하다.

② 'the number of'는 '~의 수'라는 의미이다. of 뒤에 복수 명사가 와야 하고 The number가 주어이기에 동사의 수일치는 단수로 해야 하므로, tourists와 has reached는 각각 적절하게 쓰였다. 또한 tourists를 수식하는 분사구에서 관광객이 '방문하는' 것이므로 능동의 현재분사 visiting이 쓰인 것도 적절하다.

③ 부정부사 not only가 문두에 오는 경우 주어와 동사는 반드시 도치되어야 한다. 또한 survive는 '~에서 살아남다'라는 뜻의 완전타동사로, 전치사 없이 목적어를 바로 취한다.

어휘 recession 불황 thrive 번창하다 criticism 비난 deceit 속임수

## 05

정답 ②

해설 비가 쏟아지는 상황에서 우산 구매에 관한 대화를 나누고 있다. 편의점에서 우산을 살지 물어보는 A에게 B는 빈칸 내용을 언급한 뒤 집이 멀지 않으니 그냥 뛰어간다는 대안을 제시하고 있다. 따라서 빈칸에는 우산을 사는 것에 반대하는 표현이 있어야 하므로, 빈칸에 들어갈 말로 가장 적절한 것은 ② '그건 돈 낭비인 것 같아.'이다.

① 네가 가져와서 정말 다행이다.

③ 그래, 조만간 하나 필요하긴 했어.

④ 아냐, 오늘 일기예보를 확인해 볼게.

해석 A: 봐, 밖에 비가 마구 쏟아져! 너 우산 가져왔어?

B: 아니, 안 가져왔어. 일기예보는 오늘 온종일 맑을 거라고 했는데.

A: 응, 그래서 나도 안 가져왔어. 흠. 집 가는 길을 위해 편의점에서 하나 살까?

B: 그건 돈 낭비인 것 같아. 대신 그냥 우리 집까지 뛰어가는 게 어때? 여기서 그리 멀지 않으니까.

A: 그래, 네 말이 맞네. 어쨌든 우리 집에는 우산이 충분히 있고. 후드 뒤집어쓰고 출발해 보자!

어휘 pour (비가) 마구 쏟아지다 convenience store 편의점 sooner or later 조만간

## 06

정답 ③

해설 일을 완벽하게 해내야 한다는 생각에 매몰되면 모험을 피하게 되며, 실수하지 않기 위해 일을 미루다가 결국 포기하게 된다는 것을 서술하는 글이다. 즉, 완벽을 추구하는 사람은 어떤 일도 하지 않으려 한다는 것이므로, 글의 요지로 가장 적절한 것은 ③ '완벽함에 집착하는 것은 행동을 저지한다.'이다.

① 지나치게 모험적인 것은 치명적일 수 있다. → 오히려 모험으로부터 멀어지는 것을 경계하는 내용으로, 지나친 모험의 치명성에 관해서는 언급된 바가 없다.

② 침착함을 유지하는 것은 더 적은 실수로 이어진다. → 침착함에 관해서는 언급조차 되지 않았다.

④ 완벽함을 요구하는 것은 때때로 필요하다. → 완벽함을 요구하는 것의 필요성이 아닌 위험성에 관한 글이므로 적절하지 않다.

해석 완벽함을 요구하는 것은 마비를 부르는 것과 같다. 그 패턴은 예측 가능한데, 즉 당신이 한 일에서 오류를 발견하면 당신은 완벽하게 해낼 수 있다고 생각하는 쪽으로 일을 이끈다는 것이다. 당신은 당신이 할 수 있다고 이미 알고 있는 것에, 즉 모험과 탐험으로부터, 그리고 어쩌면 당신이 열망하는 일로부터 더 멀리 있는 것에 더욱더 매달린다. 일하지 않는 것은 곧 실수하지 '않는' 것이기에 당신은 (일을) 미룰 이유를 찾는다. 당신은 당신의 작업물이 완벽해야 한다고 믿으면서 점차 그것을 할 수 없다고 확신하게 된다. 머지않아, 당신은 하고자 하는 것을 해낼 수 없어서 그만둔다. 그리고 그러한 인생의 작은 아이러니 중 하나 속에서 그 패턴, 즉 일의 방향을 잘못 잡고 시간을 끌다가 그만둬버리는 완벽한 죽음의 소용돌이 그 자체만이 완벽을 이룬다.

어휘 paralysis 마비 predictable 예측 가능한 steer 이끌다 cling 매달리다 exploration 탐험 spiral 소용돌이 misdirect 방향을 잘못 잡다 stall 시간을 끌다 adventurous 모험적인 fatal 치명적인 obsess 강박감을 갖다, 집착하다 hinder 저해하다

## 07

정답 ②

해설 상사가 어떻게 생겼는지도 모르는 상황에서 직원들이 그 상사를 신뢰할 수는 없으니, 직원들과의 신뢰를 구축하기 위해서 비즈니스 리더는 일단 그들의 눈에 보여야 한다고 주장하는 글이다. 따라서 빈칸에 들어갈 말로 가장 적절한 것은 ② '눈에 띄는'이다.

① 솔직한 → 언뜻 신뢰와 솔직함을 연결 짓기 쉬우나, 글에서 솔직해지는 것에 관한 언급은 없다.

③ 비슷한 → 직원들과 어울려야 한다는 언급이 있을 뿐으로, 어울리는 것이 비슷해지는 것을 의미하지는 않는다.

④ 고마워하는

해석 비즈니스 리더들이 신뢰를 구축하는 과정을 시작하기 좋은 곳은 직원들에게 더 눈에 띄는 것에서 비롯된다. 사무실을 벗어나 직원들과 어울리는 것은 매우 흔한 신뢰 문제에 대한 간단한 해결책이다. 조직 개선 워크숍에서 우리는 종종 "당신과 당신의 관리자 간의 소통 및 신뢰 향상에 있어 가장 큰 하나의 장벽이 무엇입니까?"라고 질문한다. 많은 경우에 첫 번째 답변은 "저는 그녀를 전혀 보지 못합니다. 그녀는 항상 회의 중이에요."이다. 누군가는 심지어 상사가 어떻게 생겼는지도 모르는 상황에서 직원들이 상사들에 대한 신뢰 인식을 형성할 수는 없다. 리더들이 사무실에서 거의 나오지 않고 대신 이메일로 소통하기를 선택한다면, 그들은 더이상 그 조직의 일부가 아니다.

어휘 organizational 조직의 barrier 장벽 perception 인식 higher-up 상관, 윗사람 seldom 거의 ~않는

## 08

정답 ④

해설 빙과는 생각보다 오래전부터 존재했다는 점을 언급하며 그 기원을 소개하는 글이다. 주어진 문장은 과거에는 냉장 보관을 할 수 없어 빙과가 최근에 생겨난 것으로 생각할 수도 있다는 내용으로, 그 뒤에는 이를 however로 반전시켜 중국인들이 오래전 이미 빙과를 즐기고 있었다는 내용의 (C)가 오는 것이 자연스럽다. 그다음으로 (C)에서 언급된 Marco Polo를 He로 받아, 그가 그 조리법을 이탈리아로 가져왔다는 내용의 (B)가 와야 한다. 마지막으로는 아직 아이스크림의 정확한 형태와 이름이 만들어진 것은 아니라는 (B)의 마지막 문장에 이어, 오늘날 우리가 아는 아이스크림의 시작을 소개하는 (A)가 오는 것이 적절하다. 따라서 글의 순서로 가장 적절한 것은 ④ '(C) - (B) - (A)'이다.

해석 과거 냉장 보관의 문제 때문에 빙과가 상당히 최근에 만들어진 것으로 생각할 수도 있다. (C) 하지만 기원전 8세기에 증발의 원리를 이용하여 얼음 저장을 완벽하게 해낸 중국인들은 Marco Polo가 13세기 방문할 무렵에 과일 맛이 나는 빙과를 즐기고 있었다. (B) 그는 그 조리법을 이탈리아로 가져갔고, 그것은 그 이후로 그곳에서 계속 사랑받고 있다. 아랍인들과 인도인들 역시 중국인들로부터 그 아이디어를 받아들여, 이 맛있는 후식을 셔벗이라고 이름 지었다. 그러나 그것은 아직 아이스크림의 정확한 형태와 이름을 지니지는 않았었다. (A) 오늘날 우리가 아이스크림이라고 부르는 것은 17세기 초에 영국의 왕 Charles 1세의 프랑스인 주방장에 의해 만들어졌다. 그 이후, 그것은 영부인 Dolly Madison에 의해 미국에 도입되어 대중화되었다.

어휘 refrigeration 냉장 보관 popularize 대중화하다 First Lady 영부인 perfect 완벽하게 하다 evaporation 증발 flavored ~맛이 나는

## 09

정답 ②

해설 직장을 잃으면 벌어지는 상황에 있어 유럽과 미국의 사례를 비교하는 글이다. (A) 앞에서 유럽에서는 직장을 잃어도 각종 혜택이 유지된다고 했지만, 뒤에서 미국에서는 직장을 잃으면 거의 모든 것을 잃는다는 대조적인 사례를 언급했으므로, (A)에 들어갈 연결사로 가장 적절한 것은 In contrast이다. 또한 (B) 앞에서 이러한 비교를 한 후에, 뒤에서는 그에 따른 자연스러운 결과로 감원에 대한 근로자의 저항이 유럽보다 미국에서 훨씬 더 크다는 점을 언급했으므로, (B)에 들어갈 연결사로 가장 적절한 것은 As a result이다.

해석 유럽에서는 산업이 쇠퇴하고 직장을 잃으면 큰 타격이지만 세상이 끝나는 것은 아니다. 당신은 실업 수당, 정부 지원 재교육, 구직을 위한 정부 지원을 받으면서 당신의 건강 보험과 공영 주택을 여전히 유지할 것이다. 그에 반해, 미국의 직장인이라면 직장을 잃는 것이 거의 모든 것을 잃는 것을 의미하므로 현재 직장을 계속 유지하는 것이 좋다. 실업 보험의 적용 범위는 유럽에서보다 더 작다. 재교육과 구직에 대한 공적 지원은 거의 없다. 더 무서운 것은 공영 주택이나 임대료에 대한 공공 보조금이 거의 없어서, 직장을 잃는 것이 건강 보험과 집을 잃는 것을 의미한다는 것이다. 그 결과, 일자리 감축을 포함하는 모든 산업 구조조정에 대한 근로자의 저항이 유럽보다 미국에서 훨씬 더 크다.

어휘 decline 쇠퇴하다 blow 타격, 충격 insurance 보험 public housing 공영 주택 subsidize 보조금을 주다 hold on to 계속 유지하다 coverage 적용 범위 frighteningly 무섭게도 resistance 저항 restructure 구조조정을 하다 job cut 일자리 감축

## 10

정답 ②

해설 3번째 문장에서 Carter의 농구팀은 무패였다고 언급되므로, 글의 내용과 일치하지 않는 것은 ② 'Carter의 팀은 처음에 경기에서 계속되는 패배를 겪었다.'이다.

① Carter는 고등학교 농구 코치 시절에 뉴스를 장식했다. → 2번째 문장에서 언급된 내용이다.

③ Carter는 비난에도 불구하고 선수들의 학업을 계속 중시했다. → 4, 5번째 문장에서 언급된 내용이다.

④ Carter의 아들은 운동특기생 장학금을 받았다. → 마지막 3번째 문장에서 언급된 내용이다.

해석 Kenny Ray Carter는 미국의 교육 활동가이자 전 고등학교 농구 코치이다. Carter는 1999년에 Richmond High School Oilers를 코치할 당시 전국적인 뉴스거리가 되었다. 그는 15명의 팀원이 용납할 수 없을 정도로 형편없는 학업 성적을 받았다는 이유로 무패 농구팀의 남은 경기와 훈련을 8일간 취소했다. 이 사건은 'the lockout'으로 알려졌고, 그의 행동은 학교, 학부모, 지역사회로부터 비난받았다. Carter는 선수들이 그들의 학업을 진지하게 여겨야 한다고 주장했고, 그의 아들을 포함하여 자신의 몇몇 팀원들이 4년간 운동특기생 장학금을 받는 것을 보게 되었다. 여론은 결국 바뀌었고, 그는 팀을 위해 좋은 가치를 우선시하는 데 단호히 주안점을 둔 것으로 칭송받았다. 훗날 그의 이야기는 2005년 영화 <Coach Carter>의 기반이 되었다.

어휘 former 이전의 make news 뉴스거리가 되다 undefeated 무패의 unacceptably 용납할 수 없을 정도로 maintain 주장하다 scholarship 장학금 eventually 결국 determined 단호한 emphasis 강조, 주안점 prioritize 우선시하다 grant 주다

| 회차 20 | 하프 모의고사 | Date : . . . | Score : /10 |
|---|---|---|---|

| | | | | | | | | | |
|---|---|---|---|---|---|---|---|---|---|
| 01 | ① | 02 | ④ | 03 | ③ | 04 | ④ | 05 | ③ |
| 06 | ② | 07 | ④ | 08 | ④ | 09 | ④ | 10 | ③ |

## 01

정답 ①

해설 효과적인 폐기물 처리가 환경 오염에 미칠 영향은 그것을 줄이는 것일 것이므로, 빈칸에 들어갈 말로 가장 적절한 것은 ① 'alleviate(완화하다)'이다.

② 발생시키다 ③ 계산하다 ④ 악화시키다

해석 효과적인 폐기물 처리 실행은 환경 오염을 완화하는 데 도움이 될 수 있다.

어휘 disposal 처리

## 02

정답 ④

해설 프로젝트 검토를 철저하게 하기 위해서는 작은 세부 사항들까지 전부 빠뜨리지 않고 봐야 할 것임을 추측할 수 있다. 따라서 빈칸에 들어갈 말로 가장 적절한 것은 ④ 'pass over(무시하다)'이다.

① 타다 ② 입어보다 ③ 차를 세우다

해석 우리는 철저한 프로젝트 검토를 할 때 작은 세부 사항들을 무시해서는 안 된다.

어휘 conduct 행하다 thorough 철저한

## 03

정답 ③

해설 (That → What) 문장의 동사는 is이고 주어는 That people don't realize이다. 그런데 that은 관계대명사로 쓰일 땐 앞에 선행사가 있어야 하고, 접속사로 쓰일 땐 뒤에 완전한 절이 와야 한다. 여기서는 앞에 선행사가 없고 뒤에도 불완전한 절이 오고 있으므로, That을 동사 don't realize의 주어 역할과 문장의 주어 역할을 동시에 할 수 있는 관계대명사 What으로 고쳐야 한다.

① 사역동사 make는 목적어와 목적격 보어의 관계가 능동이면 RV를, 수동이면 p.p.를 목적격 보어로 취한다. 여기서는 someone이 '생각하는' 것이므로 think의 쓰임은 적절하다.

② 5형식 동사로 쓰인 find의 목적격 보어로 분사형 형용사가 오고 있는데, 자신이 '우울하게 한' 것이 아니라 '우울한' 것이므로 수동의 과거분사 depressed는 적절하게 쓰였다.

④ 'A 또는 B'라는 의미의 상관접속사 'either A or B'가 주어로 쓰이면 동사의 수는 B에 맞춰야 한다. 여기서는 단수 명사 fortune-teller에 수일치해야 하므로 단수 동사 has looked는 적절하게 쓰였다.

해석 만약 누군가가 당신이 그의 성격에 대한 통찰력을 가지고 있다고 생각하게 하고 싶다면, 당신은 그저 그에게 "당신은 보통 명랑한 성격이지만, 가끔 이유를 분명히 알지 못한 채 스스로 우울하다고 느끼는군요."라고 말하면 된다. 사람들이 깨닫지 못하는 것은 이러한 자아 인식이 얼마나 흔한가이고, 그래서 그들은 심리학자나 점술가가 그들의 영혼을 깊이 들여다본다고 느끼는 것이다.

어휘 insight 통찰력 upbeat 명랑한 depress 우울하게 하다 self-perception 자아 인식 psychologist 심리학자 fortune-teller 점술가

## 04

정답 ④

해설 'used to RV'는 '~하곤 했다'라는 뜻으로 주어진 우리말에 맞게 적절히 쓰였다. 또한 while 이하의 분사구문에서 의미상 주어가 주절의 주어인 We이고, 우리가 해안가에 '사는' 것이므로 능동의 현재분사 living 또한 적절하게 쓰였다.

① (lately → late) late는 '늦게'라는 뜻이고, lately는 '최근에'라는 뜻이다. 주어진 우리말에 따르면 '늦게' 도착한 것이므로 late가 쓰여야 한다. 참고로 wait은 자동사로 목적어를 취하기 위해선 전치사와 함께 써야 하므로 wait for는 적절하게 쓰였다.

② (was it → it was) 의문형용사 whose가 이끄는 간접의문문이 문장의 주어 역할을 하고 있는데, 간접의문문은 '의문사 + S + V'의 어순을 취하므로 whose money it was가 되어야 한다. 참고로 2형식 동사로 쓰인 seem은 '(to be) 형용사'를 보어로 취할 수 있고, 'of + 추상명사'는 형용사 역할을 하므로 to be of no concern은 적절하게 쓰였다.

③ (arrange → be arranged) 모든 장비가 '배치하는' 것이 아니라 '배치되는' 것이므로 수동태 should be arranged로 써야 한다. 참고로 to prevent는 목적을 나타내는 to 부정사의 부사적 용법으로 적절하게 쓰였다.

어휘 arrange 배치하다 appropriately 적절하게 coast 해안

## 05

정답 ③

해설 상대방의 할아버지가 돌아가신 것을 들었다는 A의 말에 대한 응답으로 B가 도리어 상대방에게 조의를 표하는 것은 모순된다. 따라서 대화 중 가장 어색한 것은 ③이다.

해석 ① A: Harry랑 Sally는 함께 있으니 참 행복해 보여.
B: 그러게. 걔넨 천생연분이야.
② A: 넌 내일 경기에서 우리가 이길 것 같아?
B: 현실을 직시하자. 솔직히 우린 가능성이 없어.
③ A: 당신의 할아버지께서 최근에 돌아가셨다고 들었습니다.
B: 네, 삼가 조의를 표합니다.
④ A: 나 어제 그 약 먹고 나서 잠깐 의식을 잃었어.
B: 그거 심각한 것 같은데. 너 병원에 가봐야겠다.

어휘 be made for each other 아주 잘 어울리다, 천생연분이다 stand a chance 가능성이 있다 pass away 돌아가시다 black out (잠깐) 의식을 잃다

## 06

정답 ②

해설 집단 내 갈등을 만들지 않기 위해 의문점이나 반대 의견을 제시하는 것을 꺼리는 집단사고의 문제점을 제기하고, 그것을 방지하는 방법을 소개하는 글이다. 따라서 글의 제목으로 가장 적절한 것은 ② '일치된 사고 방지하기: 이유와 방법'이다.

① 집단 내 비판적 평가자들의 역할 → 비판적 평가자에 관한 언급이 있긴 하나, 이는 집단사고를 방지하는 방법 중 하나로 제시된 것이므로 정답이 되기엔 지엽적이다.

③ 집단사고와 그를 달성하는 세 가지 방법 → 글에서 제시되는 세 가지 방법은 집단사고의 달성 아닌 방지를 위한 것이므로 글의 내용과 반대된다.

④ 서로 다른 견해: 집단의 균형에 방해되는 것 → 의견 불일치가 집단 균형을 깨뜨린다는 우려가 집단사고를 일으키는 원인으로 언급되었을 뿐, 글의 주제는 다른 의견도 필요하다는 것이므로 적절하지 않다.

해석 한 집단의 구성원들은 일치된 사고의 안전지대 밖의 관점을 내세우길 피하는 경향이 있는데, 이는 '집단사고'라고 알려진 현상이다. 이것은 갈등을 최소화하고 아이디어를 비판적으로 시험, 분석, 평가하지 않은 채 의견 일치에 도달하려는 집단 구성원들이 보이는 사고 유형이다. 이것은 집단이 그 집단의 균형을 해치는 것을 우려하여, 개인의 의구심이 배제된 성급하고 비합리적인 결정을 내리게 할 수 있다. 이러한 집단사고로부터 집단을 보호하기 위해, 리더들은 각 구성원에게 비판적 평가자 또는 악마의 변호인 역할을 맡겨야 한다. 이는 각 구성원이 반대 의견과 의구심을 자유롭게 발표할 수 있게 한다. 또 다른 방법은 집단 구성원들에게 자신의 의견을 증거로 뒷받침하는 것의 중요성을 강조하는 것이다. 나아가, 단순 집단에 대한 헌신보다 과제에 대한 헌신을 강조하는 것은 구성원들이 다른 의견을 저지하는 경향을 극복하는 데 도움이 될 수 있다.

어휘 promote 조장하다 comfort zone 안전지대 consensus 의견 일치, 합의 phenomenon 현상 evaluate 평가하다 hasty 성급한 irrational 비이성적인 set aside 제쳐두다 for fear of ~을 우려하여 upset 틀어지게 만들다 assign 맡기다 devil's advocate 악마의 변호인(일부러 반대 의견을 내는 사람) air (의견을) 발표하다 stress 강조하다 commitment 헌신 hold back 저지하다 hindrance 방해

## 07

**정답** ④

**해설** 조직이 성공하기 위해서는 과거의 영광에 매몰되지 않고 미래를 지향해야 한다고 주장하는 글이다. 따라서 성공한 조직의 특징으로서 빈칸에 들어갈 말로 가장 적절한 것은 ④ '그것을 성공으로 이끌었던 것을 버리고'이다.

① 과거의 영광을 고수하고 → 추억에서 벗어나 새로 출발하라는 글의 내용과 반대된다.

② 그것이 한때 어려움에 처했었음을 인정하고 → 과거의 난관을 인정하는 것에 관한 언급은 없다.

③ 비현실적인 미래 목표를 버리고 → 꿈을 좇으라고만 했을 뿐, 그것의 비현실성을 논하고 있지는 않다.

**해석** 분석가들은 항상 고전적인 경제 및 사회 통계로 사회를 측정하는 경향이 있다. 몇몇 통계는 중요하고 흥미롭다. 하지만 내 생각에 훨씬 더 중요하고 흥미로운 또 다른 통계가 있다. 당신의 사회는 꿈보다 추억이 많은가 아니면 추억보다 꿈이 많은가? 내가 말하는 꿈이란 낙관적이며 삶을 긍정하는 가치이다. 유명한 컨설턴트인 Michael Hammer는 언젠가 이렇게 말했다. "회사가 어려움에 처해 있다는 것을 알려주는 한 가지는 그들이 과거에 얼마나 좋았는지를 내게 말할 때입니다. 국가도 마찬가지입니다. 당신은 정체성을 잊기를 원치 않습니다. 당신이 14세기에 대단했다는 것은 기쁜 일입니다만, 그때는 그때고 지금은 지금입니다. 추억이 꿈을 넘어설 때, 종말은 가까워집니다. 진정으로 성공한 조직의 특징은 기꺼이 그것을 성공으로 이끌었던 것을 버리고 새롭게 출발하고자 하는 마음가짐입니다."

**어휘** revealing 흥미로운 life-affirming 삶을 긍정하는 remark 말하다 identity 정체성 exceed 넘어서다 hallmark 특징 willingness 기꺼이 하는 마음 stick to 고수하다 abandon 버리다

## 08

**정답** ④

**해설** 힘이 센 돼지와 약한 돼지를 대상으로 한 실험에 관한 글이다. 주어진 문장은 But으로 시작하여, 힘센 돼지는 남은 먹이를 차지하기 위해 약한 돼지를 밀쳐낼 수 있다는 내용으로, 앞에는 이와 문맥상 반대되는 내용이 나와야 하며 뒤에는 주어진 문장의 내용에 따른 결과가 나오는 것이 자연스럽다. 또한 ④ 앞에서 힘센 돼지가 레버를 밀면 약한 돼지가 대부분의 먹이를 차지한다고 했는데, 뒤에서는 이것이 힘센 돼지에게 레버를 미는 일이 보람 있게 만든다고 했으므로 앞뒤 내용이 모순되는 것을 알 수 있다. 따라서 주어진 문장이 들어갈 위치로 가장 적절한 곳은 ④이다.

**해석** 힘센 돼지와 약한 돼지를 대상으로 한 다음의 실험을 생각해 보라. 그 두 돼지는 한쪽 끝에 레버가 있고 다른 쪽 끝에는 먹이 공급 장치가 있는 상자 속에 있다. 레버를 밀면 먹이가 공급 장치에 나타난다. 만약 약한 돼지가 레버를 밀면, 힘센 돼지가 공급 장치 옆에서 기다렸다가 먹이를 전부 먹어버린다. 약한 돼지가 먹이가 없어지기 전에 공급 장치로 달려가더라도, 힘센 돼지가 약한 돼지를 밀쳐낸다. 약한 돼지는 이를 깨달아서 절대 먼저 레버를 밀지 않는다. 반면에, 만약 힘센 돼지가 레버를 밀면, 약한 돼지가 공급 장치 옆에서 기다렸다가 대부분의 먹이를 먹는다. 그러나 힘센 돼지는 공급 장치로 달려가 남은 먹이를 차지하기 위해 약한 돼지를 옆으로 밀쳐낼 수 있다. 이는 힘센 돼지가 레버를 미는 것을 보람 있게 만든다. 그 결과, 힘센 돼지가 모든 일을 하고 약한 돼지는 먹는 일 대부분을 하게 된다.

**어휘** dispenser 공급 장치 claim 차지하다 leftover 남은 음식 worthwhile 보람 있는 outcome 결과

## 09

**정답** ④

**해설** 화자는 딸과 함께 택시를 타고 시골길을 가다가, 갑자기 도로에 물이 차오르는 것을 보고 극단의 공포를 느끼며 기도하고 있다. 따라서 화자의 심경으로 가장 적절한 것은 ④ '공황 상태에 빠지고 절박한'이다.

① 지루하고 외로운

② 만족스럽고 감사한

③ 슬프고 실망스러운

**해석** 딸과 나는 택시를 타고 시누이의 집에 가고 있었다. 택시 운전사는 큰길로 가서 교통 체증에 갇히는 대신 시골길을 택했다. 가는 길의 중간쯤에, 땅을 2인치 정도 덮는, 길을 가로질러 흐르는 작은 물줄기가 있었다. 갑자기 물이 차오르기 시작했다. 1피트, 2피트, 3피트…. 나는 급히 운전사에게 멈추지 말고 앞으로 가라고 말했다. 길 양쪽은 논으로 뒤덮여 있었다. 좁은 길이었고, 이즈음 되니 우리는 유턴해서 반대 방향으로 갈 수 없었다. 물은 여전히 차오르고 있었다. 나는 기도하기 시작했고, 내 딸에게도 기도해달라고 했다. 물은 이제 앞 유리와 옆 유리창에 닿았다. 나는 차가 길 안팎으로 떠다니는 것을 느낄 수 있었다. 나는 큰 소리로 외쳤다. "주님, 제발 저희를 높은 지대로 데려가 구해 주세요."

**어휘** sister-in-law 시누이 stuck 갇힌 stream (액체의) 줄기 urgently 급히 rice field 논 narrow 좁은 opposite 반대의 windshield (자동차의) 앞 유리 float 뜨다

## 10

**정답** ③

**해설** 5번째 문장에서 그는 가족을 부양해야 해서 도서관 사서 보조로 첫 직장을 구했다고 언급되므로, 글의 내용과 일치하지 않는 것은 ③ 'Borges는 많은 책을 접하기 위해 사서 보조로 일했다.'이다.

① Borges는 부유하진 않아도 명망 높은 가문에서 태어났다. → 2번째 문장에서 언급된 내용이다.

② Borges는 어렸을 때 집에서 개인 교사에게 교육받았다. → 3번째 문장에서 언급된 내용이다.

④ Borges는 절대 장편 소설을 쓰려고 하지 않았다. → 마지막 문장에서 언급된 내용이다.

**해석** 라틴 아메리카에서 가장 영향력 있는 단편 소설 작가인 Jorge Luis Borges는 부에노스아이레스에서 태어났다. 부유하진 않으나 명망 높았던 그의 가문은 라틴 아메리카 역사 속에서 존경받았으며, 유명한 군사 영웅이 여럿 있었다. 그는 아홉 살이 될 때까지 학교에 다니지 않았지만, 집에서 한 영국인 가정교사에게 교육받았다. 1921년에 Borges는 시와 수필들을 발표하기 시작했다. 그는 아버지의 사망 이후 가족을 부양해야 했기에, 1937년에 사서 보조로 첫 직장을 얻었다. 이후 15년 동안 그는 국제적 명성을 얻게 될 이야기 대부분을 발표했다. 그의 천재성은 더 짧은 형식의 문학을 통해 가장 잘 표현되었기 때문에 그는 절대 장편 소설을 쓰려고 하지 않았다.

**어휘** influential 영향력 있는 short-story 단편 소설 prestigious 명망 높은 tutor 가정교사 publish 발표하다, 출판하다 assistant 보조의 librarian (도서관의) 사서 fame 명성 novel (장편) 소설 literature 문학

# Staff


| | |
|---|---|
| **Writer** | 심우철 |
| **Director** | 정규리 |
| **Researcher** | 장은영 |
| **Design** | 강현구 |
| **Assistant** | 임희선 |
| **Manufacture** | 김승훈 |
| **Marketing** | 윤대규 / 한은지 / 장승재 / 유경철 |


발행일: 2023년 12월 29일 (1쇄)



내용문의: http://cafe.naver.com/shimson2000

Shimson_lab

2024

# 심우철 하프 모의고사

**심우철** 지음

**This is TRENDY HALF!**

2024 심우철 영어 하프 모의고사 시리즈

**Season 2. 완성편**

커넥츠 공단기 gong.conects.

심슨영어연구소 카페 cafe.nave

Shimson_lab

2024

# 심우철 하프 모의고사

심우철 지음

This is TRENDY HALF!

2024 심우철 영어 하프 모의고사 시리즈

Season 2. 완성편

커넥츠 공단기 gong.conects.

심슨영어연구소 카페 cafe.nave

회차 01 하프 모의고사

Date : . . .
Score : /10

정답/해설 82p

**01** 밑줄 친 부분과 의미가 가장 가까운 것은?

The comedian's <u>offensive</u> jokes about religion and politics caused a significant portion of the audience to walk out of the comedy club in protest.

① dull ② sensitive
③ absurd ④ unpleasant

**02** 밑줄 친 부분과 의미가 가장 가까운 것은?

He had not received any offer from a new company so there was no choice but to <u>wind up</u> his career.

① seek ② resume
③ finish ④ enhance

**03** 어법상 옳은 것은?

① She explained her mother how to send pictures on a smartphone.
② They're looking forward to celebrate their anniversary this weekend.
③ Each of the six stories enable you to have much imaginative pleasure.
④ A sentence consisting of two clauses connected by a relative is complex.

**04** 우리말을 영어로 잘못 옮긴 것은?

① 창의력의 중요성은 아무리 강조해도 지나치지 않는다.
→ We cannot emphasize the importance of creativity too much.
② 그의 압도적인 승리를 묘사하는 데 다양한 어휘들이 사용되었다.
→ Various words were used to describe his overwhelming victory.
③ 아이들은 자신이 완벽함에 이르러야 한다고 느끼도록 강요되지 않는다.
→ Children are not made feel that they have to attain perfection.
④ 그는 은퇴한 이후로 자원봉사에 더 많이 참여하게 되었다.
→ He has become more involved in volunteering ever since he retired.

**05** 밑줄 친 부분에 들어갈 말로 가장 적절한 것은?

A: What are all those papers for?
B: I've written down what I'm going to say at the presentation tomorrow. I need a script to read from.
A: Isn't it better to just have important points written and improvise from them? Reading off papers doesn't seem like a good way to appeal to the audience.
B: But, ______________________
A: In that case, the important thing is to take a deep breath and try not to panic. Remember that you'll still have your notes to refer to, and that with enough practice, it probably won't happen.
B: Okay, I'll keep that in mind. Thanks for your advice.

① what if I forget what to say next?
② my presentation just got cancelled.
③ interacting with the audience is key.
④ I can't decide on the presentation topic.

**06** 다음 글의 제목으로 가장 적절한 것은?

There's good news for those of you who are health-conscious coffee lovers: you're not being ironic. According to research, coffee intake can be linked to a lower likelihood of type 2 diabetes, heart disease, liver cancer, and depression. It's even possible that people who drink coffee can reduce their risk of early death. Furthermore, it's been discovered that coffee alone does not typically lead to weight gain. As a matter of fact, black coffee is a low-calorie beverage that contains beneficial compounds that may promote a healthy weight, especially when consumed before exercising. Of course, this holds true provided that your favorite caffeinated beverage doesn't contain excessive amounts of added sugar and high-fat creamer. So, you can savor your coffee guilt-free and enjoy what it offers.

① How Much Caffeine Is Too Much?
② How Coffee Can Benefit Your Health
③ The Pros and Cons of Drinking Coffee
④ Caffeine: The Secret Cause of Weight Gain

**07** 밑줄 친 부분에 들어갈 말로 가장 적절한 것은?

Although trust may require a meaningful relationship to satisfy its more demanding analysts, it need not ________________. When A is a person and B is a bank, A may trust B to keep her money safe although she does not imagine for a moment that the bank has a warm regard for her and she may well suspect that it will assert its interests at her expense when it gets a chance to impose charges or manipulate interest rates. If A enters hospital and is examined by Doctor B, she may trust B's professional expertise even though B appears indifferent to her as a person. Until relatively recently indifference on the part of medical professionals, or plain rudeness, was if anything regarded as a sign of trustworthiness: it implied the objectivity needed for expertise, and asserted the superior status that medical expertise granted.

① be permanent
② require goodwill
③ rely on objectivity
④ demand any agreement

**08** 주어진 문장 다음에 이어질 글의 순서로 가장 적절한 것은?

Like many children, I learned the fundamental principles of capitalism at an early age: most of the good things in life — candy, movies, video games — could only be obtained in exchange for hard-to-come-by, small, rectangular, green pieces of paper.

(A) When I shared this mystery with my dad, he patiently told me that it was not exactly free: companies gave the TV networks money to broadcast their commercials, which in turn persuaded the viewers to buy certain products.

(B) But what was perplexing to me was TV — it was entertaining, it provided hours of fun, and, as far as I could tell, it was all for free.

(C) My first thought was, *fools*! I never bought any products I saw on TV and I certainly didn't intend to now that I knew about their wicked mind-controlling scheme. Of course, at the time, and today, my tastes and desires were very much shaped by advertising on TV.

① (B)−(A)−(C)
② (B)−(C)−(A)
③ (C)−(A)−(B)
④ (C)−(B)−(A)

**09** 다음 글의 흐름상 가장 어색한 문장은?

A mountain floats on the Earth's semiliquid mantle with only its tip showing. So, like floating icebergs, mountains are deeper than they are high. From this comes an interesting fact about mountains that can be inferred from looking at an iceberg. ① <u>If you could shave off the top of an iceberg, the iceberg would be lighter and would be raised to nearly its original height before being shaved.</u> ② <u>Likewise, when mountains erode, they are lighter, and they are pushed from below to float to nearly their original heights.</u> ③ <u>Computing the height of mountains is important as it helps identify world sea level rise resulting from the effects of climate change.</u> ④ <u>So, when a kilometer of mountain erodes away, some 85% of a kilometer of mountain pushes up from below.</u> That is why it takes so long for mountains to weather away.

**10** 다음 글의 내용과 일치하지 않는 것은?

Without question saffron is the most expensive spice in the world. This is because harvesting saffron is incredibly time-consuming and labor-intensive. Out of 100,000 handpicked plants, only one pound of saffron is yielded. Saffron likely was first discovered in Greece, though it now grows throughout Europe and Asia, with Iran producing 85 percent of the world's saffron. The taste of saffron is so unique that anyone who has ever tasted it can guess whether it has been added to a dish. Only a pinch of saffron should be used in cooking. In small doses, the flavor is subtly sweet with floral and honey scents, but too much can overpower a dish with a bitter flavor.

① Saffron's costliness is due to its laborious production process.
② Today saffron is mostly grown in Greece where it was first found.
③ The taste of saffron can be easily recognized in a dish.
④ Saffron gives different flavors based on the amount used.

회차
# 02 하프 모의고사

Date : . .
Score : / 10

정답/해설 84p

**01** 밑줄 친 부분과 의미가 가장 가까운 것은?

The artist believed that <u>inherent</u> artistry resided in every individual, waiting to be awakened and expressed.

① hidden ② suppressed
③ natural ④ outstanding

**02** 밑줄 친 부분에 들어갈 말로 가장 적절한 것은?

The player, the only hope for the basketball team, suffered from back injuries but tried to show no sign of pain in order not to ________ her teammates.

① let out ② give off
③ let down ④ pass down

**03** 밑줄 친 부분 중 어법상 옳지 않은 것은?

Cultural evolution ① <u>resembles</u> genetic evolution. Population size matters, just as it ② <u>does</u> in the evolution of species. Small populations are very vulnerable to the loss of knowledge because the death of one person with the key information ③ <u>means</u> the knowledge is permanently lost to everyone. For example, Amadeo García García, a member of an ④ <u>isolating</u> tribe in the Peruvian Amazon, is the last living speaker of the Taushiro language, so the language will go extinct after her death.

**04** 우리말을 영어로 잘못 옮긴 것은?

① 그녀가 엄마가 되면 나한테 편지해 줘.
→ Drop me a line when she becomes a mother.

② 그 협상은 너무 중요해서 비밀리에 진행할 수 없다.
→ The negotiation is too important to be conducted in secret.

③ 도서관보다는 카페에서 공부하는 게 어때?
→ What do you say to study at a cafe rather than in the library?

④ 식단에서 중요한 것은 무엇을 먹는가가 아니라 얼마나 먹는가이다.
→ It is not what you eat but how much you eat that is important in diet.

**05** 밑줄 친 부분에 들어갈 말로 가장 적절한 것은?

A: David, I have a little issue with my dog.
B: What is it?
A: My dog absolutely hates going on walks. Whenever I take out the collar and leash, she runs away from me!
B: I saw on Youtube that it might be because the dog is afraid of going outside.
A: Hmm. ______________________________?
B: First, get her used to the collar, and once she's comfortable with it, start walking her around inside your house. Make sure to give her treats... You know what, I'll give you the link to the video I watched.

① Does your dog refuse to go on walks too
② How should I help her get over her fears
③ Which dog treat brands do you recommend
④ Has she always been afraid of going on walks

**06** 다음 글의 주제로 가장 적절한 것은?

When customers understand and see evidence that their patronage contributes to something beyond the profits of the company, a strong motivator is created for continuing to take their custom there. Think of companies like Ben & Jerry's, The Body Shop, or LensCrafters: part of your dollar for ice cream goes to charity; a fair share of the price of cosmetics is channeled to the original producer of the raw materials; or part of your dollars spent on glasses goes to free eye care for less fortunate people. That you can fulfill your specific needs while contributing to a greater good in the process is a compelling combination. Most people complain that even if they want to, it is very difficult to make a difference in this world. This way, everyone can, and that produces a positive feeling that keeps these customers coming back.

① appropriate ways to deal with customer complaints
② tendency for customers to seek well-known brands
③ the appeal to ethical desires as a marketing strategy
④ the relationship between product price and its quality

**07** 밑줄 친 부분에 들어갈 말로 가장 적절한 것은?

Identity has become increasingly central to debates on transport choices. There is evidence that some people embrace the identity associated with particular modes of transport. As with other forms of consumption, people feel judged on the basis of their decision. For instance, for teenagers, public transport is shown to be associated with a low-status identity, while the car is associated with higher status. Sociologist John Urry describes the car as 'the major item of individualized consumption which provides status to its user through the sign-values with which it is associated (speed, wealth, career success, freedom, family)'. Cyclists are also perceived to have a distinct identity, characterized by their commitment to good health, physical activity, and eco-consciousness. It is thus clear that identity might be ______________________.

① fixed regardless of mode of transport
② projected through transport choices
③ established when traveling alone
④ relevant to one's skill of driving

**08** 주어진 문장이 들어갈 위치로 가장 적절한 곳은?

However, if there are people lacking the gene, they will only benefit from the altruism of the group without bearing any of the cost of these behaviors (such as dying in battle).

Curiously, many anthropologists believe that constant warfare was responsible for the evolution of altruistic behaviors, such as joining in defense or going to war for your village. ( ① ) If one gene resulted in the expression of altruism, and that gene was present in all the members of a social group, the group as a whole would prosper from this selflessness. ( ② ) For instance, a tribe of altruistic warriors will be more fearless and effective in battle, which in turn increases the dominance and growth of their clan. ( ③ ) These individuals without the altruism gene would reproduce more, and eventually bring the whole idea of altruism to break down. ( ④ ) The argument goes that warfare kept this problem in check: groups with a high proportion of freeloaders might occasionally be wiped out by groups that benefited from having the full complement of altruists in their midst.

*freeloader: 무임승차자

**09** 밑줄 친 (A), (B)에 들어갈 말로 가장 적절한 것은?

The way in which we present our spoken statements conveys a great deal of meaning, particularly in the tone of our voice. The resulting message may communicate our true feelings or thoughts far more than words themselves do. ___(A)___, an R&D lab at a major communications company performed a voice-pitch analysis — a technique of analyzing a subject's voice to test their feelings and attitudes — of customer responses to a service satisfaction question. The lab concluded that a high level of uncertainty was present in many of the most positive responses given. ___(B)___, although the literal statement customers provided indicated high levels of satisfaction, the uncertainty expressed in their voices meant considerably less satisfaction. Had the company relied only on literal verbal language, they would have had false confidence in their service delivery systems.

| | (A) | | (B) |
|---|---|---|---|
| ① | By contrast | …… | Likewise |
| ② | By contrast | …… | Conversely |
| ③ | For example | …… | Instead |
| ④ | For example | …… | That is |

**10** 다음 글의 내용과 일치하지 않는 것은?

The National Zoological Garden of South Africa, or the Pretoria Zoo, is the largest zoo in Africa. The 85-hectare Zoo houses over 9,000 animals from 705 different species. As it is one of the largest and best rated zoos in the world, more than 600,000 people visit the Zoo annually. There are cable-car rides commanding a superb view over the Zoo and a train which transports people to different sections. Golf carts are available as well, though not all of the exhibits are accessible by golf cart. There is a fee to enter the park, but on several days throughout the year seniors can enter for free.

① 프리토리아 동물원은 아프리카에서 가장 큰 동물원이다.
② 매년 60만 명 이상이 프리토리아 동물원을 방문한다.
③ 프리토리아 동물원의 모든 구역에 골프 카트로 들어갈 수 있다.
④ 프리토리아 동물원은 때때로 노인들에게 무료로 개방된다.

회 차
# 03 하프 모의고사

Date : . . .
Score : / 10

정답/해설 87p

**01** 밑줄 친 부분과 의미가 가장 가까운 것은?

> The ship was found to be in an extremely <u>hazardous</u> condition, as numerous timbers that provided its primary support were completely decayed.

① rare ② risky
③ poor ④ optimal

**02** 밑줄 친 부분과 의미가 가장 가까운 것은?

> Following his father's wishes, he was <u>bent on</u> quitting his job and pursuing a career in law to uphold the family's legal legacy.

① forced into ② based on
③ tempted into ④ resolved on

**03** 어법상 옳은 것은?

① I caught him by his arm and asked him to wait a little longer.
② I remembered many occasions which my best friend was in need.
③ Only recently have humans noticed social conflicts rapidly increase.
④ They must choose a CEO whom they believe has proven leadership skills.

**04** 우리말을 영어로 잘못 옮긴 것은?

① 우리는 큰 발표를 앞두고 긴장할 수밖에 없었다.
→ We couldn't help feeling nervous before a big presentation.
② 일주일 내내 열심히 공부한 그녀는 시험에서 좋은 결과를 얻었다.
→ Having studied hard all week, she got a good result on her test.
③ 그는 필요하지 않은 물건을 버리지 않는 습관이 있다.
→ He has a habit of not throwing away the stuff he can dispense with.
④ 미국은 대통령 후보가 두 차례 넘게 선출되는 것을 금지한다.
→ The U.S. prevents presidential candidates from electing more than twice.

**05** 밑줄 친 부분에 들어갈 말로 가장 적절한 것은?

> A: Hey, did Harry come to work today?
> B: Not that I know of. But I don't think it's his day off, either.
> A: Maybe he's sleeping in. ______________?
> B: Yes, I have his phone number. I'll call him right now.

① What do you need him for
② Where did he go for vacation
③ Do you know how to reach him
④ Can you tell me why you're late

**06** 다음 글의 요지로 가장 적절한 것은?

> Recent work by Richard Tremblay has suggested that the main impact of socialization is to restrain aggression. Tremblay's data have led to the somewhat startling conclusion that the age of maximum aggressive tendencies is actually in early childhood, perhaps at age two or three, not adolescence as has usually been assumed. The only reason 2-year-olds get less press coverage for their violent activities than young adults is that, being small and weak and generally not permitted to roam the streets at night alone, they do less damage. Tremblay's observations of kids have found that a shocking 25% of social interactions between 2-year-olds contain some degree of physical aggression. Even the wildest groups of teenage boys or hardened criminals stop far short of that. The implication is that kids start off with an ample stock of aggressive impulses, and under the influence of socializing agents like parents and teachers, they gradually learn to restrain them.

① Children tend to imitate their parents' aggression.
② Aggression is a natural instinct curbed by socialization.
③ Crimes by younger children receive more press coverage.
④ Violent tendencies reach their peak in one's teenage years.

**07** 밑줄 친 부분에 들어갈 말로 가장 적절한 것은?

In order to be appreciated, a work of art must possess (a) sufficient ________, but this requirement is not about the nature of art so much as about the nature of the human perceptive apparatus. Without it, no object can be perceived as having parts that can be arranged in a pattern, or a perceptible structure. A lion or a shark, therefore, can be beautiful, because their parts form a meaningful, well-structured whole. A flea, however, cannot be beautiful, not because it is a trivial or disagreeable animal, but because it is too tiny for the naked eye to perceive parts that are arranged meaningfully. A speck cannot possibly by itself be beautiful; beauty is only possible where an object has visible parts.

① size
② renown
③ originality
④ description

**08** 주어진 글 다음에 이어질 글의 순서로 가장 적절한 것은?

Our unconscious processes often protect us better than our conscious processes do. For example, images related to snakes you store in your brain may comprise your memories of actual snakes, garden hoses, or perhaps tree roots that resemble snakes.

(A) Instead, if you realize that the object is a garden hose or a tree root, then your awareness unfolds unconsciously to recognize the non-threatening nature of the scenario and you may resume walking.
(B) If you see an object that more closely resembles a snake than a garden hose, then your innate plan for dealing with dangerous snakes kicks in.
(C) None of these responses ever required conscious thought. If they did, our species would probably have gone extinct. After all, when faced with a possibly dangerous snake, who has the time to think about a response?

① (B)−(A)−(C) ② (B)−(C)−(A)
③ (C)−(A)−(B) ④ (C)−(B)−(A)

**09** 다음 글의 흐름상 가장 어색한 문장은?

Television had an enormous impact on sports in the last half of the twentieth century. The financial success of sports is due to its exposure on television. ① The most successful sports leagues, such as the National Football League (NFL) and Major League Baseball (MLB) generate more money from television rights fees than they do from live attendance. ② Golf and tennis owe their large purses to the growth of television fees in the last two decades. ③ The less successful professional team sports such as hockey have also improved their status greatly with television packages. ④ Furthermore, television drastically reduced attendance in small towns for minor league or local clubs, leading to their breakup. In essence, the small screen has indeed become a lifeblood of financial success in sports.

**10** 다음 글의 내용과 일치하는 것은?

The Gulf War was a conflict that took place from 1990 to 1991 when a coalition of 42 countries led by the U.S. intervened to liberate Kuwait from Iraqi occupation. Iraq's invasion of Kuwait in August 1990 was met with international condemnation, and a coalition force authorized by the UN and led by the U.S. launched a military operation known as Operation Desert Storm in response. The operation resulted in the successful liberation of Kuwait in early 1991 and put an end to the Gulf War. The Gulf War had significant implications including a shift in the balance of power in the Middle East, the establishment of a precedent for international intervention in conflicts, and the restoration of American confidence in its position as the world's sole superpower.

① Over 40 countries were involved in defending Iraq from Kuwait.
② The UN never approved of the coalition led by the U.S.
③ The Gulf War ended with the success of Operation Desert Storm.
④ America's global status was greatly damaged by the Gulf War.

회 차
# 04 하프 모의고사

Date : . .

Score : /10

정답/해설 89p

**01** 밑줄 친 부분에 들어갈 말로 가장 적절한 것은?

Students' absences from class may be ________ by teachers for some unavoidable reasons like medical emergency.

① excused ② punished
③ rejected ④ inherited

**02** 밑줄 친 부분과 의미가 가장 가까운 것은?

It can be emotionally challenging to go through a difficult breakup.

① forgo ② depict
③ undergo ④ recollect

**03** 어법상 옳은 것은?

① The recipe for this dish is quite easy to follow it.
② There are a number of people whose help I wish to acknowledge.
③ Though lacking higher education, she has respected in her country.
④ The desire to return to my hometown during holidays remain strong.

**04** 우리말을 영어로 잘못 옮긴 것은?

① Roosevelt는 다른 어떤 대통령보다 더 오래 재임했다.
→ Roosevelt had served longer than any other presidents.
② Tim은 차를 트랙 위의 경주차인 것처럼 몰았다.
→ Tim drove the car as if it were a race car on the track.
③ 제게 세부 사항이 담긴 이메일을 보내는 걸 잊지 마세요.
→ Please don't forget to send me the email with the details.
④ 나는 그녀에게 그 문제를 다음날까지 해결하지 않은 채로 두라고 제안했다.
→ I suggested she leave the problem unsolved until the next day.

**05** 밑줄 친 부분에 들어갈 말로 가장 적절한 것은?

A: What's that drink in your hand?
B: It's an energy drink. It helps me stay awake.
A: ______________________
B: Pretty early. I had enough sleep but I'm so worn out for some reason.
A: It's probably because you've been taking extra shifts for the past few weeks. You should go easy on yourself.

① I've never tried one.
② When did you go to sleep?
③ Why did you stay up last night?
④ Those drinks give me a headache.

**06** 다음 글의 제목으로 가장 적절한 것은?

People are wrong to regard play as a frill. Marc Bekoff at the University of Colorado studying play behavior in social animals such as wolves, coyotes, and dogs, concluded that play allows individuals to try out new things because they can make mistakes without penalty. "Play encourages taking reasonable risks," he says. "It allows you to be flexible and creative." By providing a safe space for experimentation and learning, play nurtures innovation and serves as a powerful catalyst for growth. In this way, play is not a frivolous pastime, but an essential component of personal development and the progress of society. At the very least, then, we should equip the next generation for the inevitable recessions of the future by encouraging water fights and inviting imaginary friends to join in.

① How Do Animals Play with Each Other?
② Being Playful: The Upside and Downside
③ Types of Play That Stimulate Brain Growth
④ The Power of Play in Fostering Development

**07** 밑줄 친 부분에 들어갈 말로 가장 적절한 것은?

Aristotle had argued that one element could transform into another, and even in 1770 many believed that water could be transformed into earth if it was heated long enough — for when water was heated over a period of days in a glass container, it left a thin sediment. Lavoisier tested this by boiling water for a hundred days in a special flask in which the water vapor condensed and was returned to the flask, so that no water could leave the system. By carefully comparing measurements of both the water and the flask before and after the experiment, he showed that the water did not change its weight, so it was not being transformed. However, the flask weighed slightly less. The difference was made up by the sediment, which consisted not of water or earth, but of material from the glass. Lavoisier thus proved that ________________________.

① water was being filtered
② Aristotle had been correct
③ earth was not being produced
④ no sediment was being formed

**08** 주어진 문장이 들어갈 위치로 가장 적절한 곳은?

It is more difficult to sell online those appealing to the senses of touch, taste, or smell.

Some products are easier to sell online than others. Author Michael de Kare-Silver suggests that a product's inclination to online selling depends to a certain degree on which of the five senses it appeals to. ( ① ) Products which are sold on the basis of sight or sound alone can be sold online relatively easily. ( ② ) This is why online music streaming platforms have flourished while traditional record stores have dwindled. ( ③ ) For example, a customer may wish to test-drive a new car before buying it or feel the weight of a piece of furniture to assess its solidity. ( ④ ) Similarly, selling a new perfume online can be a difficult task since customers prefer to experience the fragrance before making a purchase.

**09** 밑줄 친 (A), (B)에 들어갈 말로 가장 적절한 것은?

In theories of human memory, a distinction is often made between working memory and long-term memory. The former refers to our ability to recall a small amount of information from a recent time period, such as what someone said last during a conversation. __(A)__, long-term memory is the capacity to recall memories from a longer time ago, like a tune one heard from two years ago. The two types of memories serve distinct roles in our cognitive processes, with working memory facilitating immediate mental tasks and long-term memory housing a vast reservoir of our experiences that can be accessed in the future when necessary. __(B)__, despite their differences, these two memory systems jointly shape our cognitive processes, enabling us to integrate immediate experiences with the memories of our past to make sense of the world.

| | (A) | | (B) |
|---|---|---|---|
| ① | For instance | ······ | Nonetheless |
| ② | On the other hand | ······ | However |
| ③ | For instance | ······ | Consequently |
| ④ | On the other hand | ······ | Likewise |

**10** 다음 글의 내용과 일치하지 않는 것은?

Known as the "forest giraffe," the okapi looks more like a cross between a deer and a zebra. Nevertheless, it's the giraffe's only living relative. The okapi is native to the Ituri Rainforest in the Democratic Republic of Congo — the only place where it can be found in the wild — and has thick, oily fur to stay dry in the rain. While all males have horns, most females have bumps instead. Its elusive nature, combined with its limited geographical range, makes it one of the world's most uncommon and mysterious mammals. While it's not clear how many remain in the wild, scientists estimate that populations may have been slashed in half over the past two decades. Though the leopard is the okapi's chief predator in the wild, human hunters pose a greater threat to the okapi's existence.

① The okapi is genetically close to the giraffe despite its appearance.
② Only the Ituri Rainforest is home to the okapi in the wild.
③ Horns are more common among male okapi than female ones.
④ Human efforts led to the recent increase in the okapi population.

회 차
# 05 하프 모의고사

Date : . . .
Score : / 10

정답/해설 92p

**01** 밑줄 친 부분에 들어갈 말로 가장 적절한 것은?

Sarah is a(n) ________ musician, capable of playing the piano, guitar, and flute with equally proficient skill.

① alien ② versatile
③ extinct ④ mediocre

**02** 밑줄 친 부분에 들어갈 말로 가장 적절한 것은?

When taking a message, make sure to note the person's correct name. After you ________ the name, repeat it back to them to confirm you heard it correctly.

① take on ② take off
③ take over ④ take down

**03** 밑줄 친 부분 중 어법상 옳지 않은 것은?

Exercise gets your body ① release substances called endorphins, which greatly improve your mood in the same way morphine ② does. So, the next time you are feeling low or stressed, exercise. But if you have heart problems, you need to see a doctor before you start putting increased demands on your heart. If you are ③ healthy enough to start exercising now, choose several things ④ that you will like. Commit yourself to doing one of those activities every day for at least twenty minutes.

**04** 우리말을 영어로 가장 잘 옮긴 것은?

① 고객님께선 저희 은행에서 재정적인 조언을 받으실 수 있습니다.
→ You can receive financial advices from our bank.

② 이상하게 들릴 수도 있지만, 나는 종종 살해당하는 꿈을 꾼다.
→ Strangely as it may sound, I often dream of being killed.

③ 그녀는 그가 늦게 도착했을 때 화를 낼 뻔했다.
→ She came near to losing her temper, when he arrived late.

④ 그 결정은 일요일 전 날씨가 맑아지느냐에 달려 있다.
→ The decision depends on if the weather clears up before Sunday.

**05** 두 사람의 대화 중 가장 어색한 것은?

① A: I'm sorry I forgot to bring a gift to your party.
B: Don't sweat it. I'm just happy you're here.

② A: Harry never pays for anything, saying he's broke.
B: I know. He's been using that excuse for years.

③ A: Did you not like my work? You made so many revisions.
B: Don't get me wrong, I liked it. I just wanted to make it even better.

④ A: I can cook all kinds of dishes: Indian, Italian, Thai, you name it.
B: Oh, thank you for letting me name your new dish.

**06** 다음 글의 주제로 가장 적절한 것은?

Without interpretation about the natural environment, tourists might not be inspired to engage in an activity, might not be able to find their way to locations, and might not understand the full significance of the area they are visiting. Some forms of interpretation tell us about places in indirect ways, such as through music, news stories, fiction, movies and architectural design. More direct and intentional forms of interpretation include maps, information boards and human guides. How places are interpreted in these many different ways influences people's perception and experience of places and environments. Interpretation serves as a key variable in creating satisfactory visitor experiences, though many places are subject to different and conflicting interpretations that represent divergent views within a society. Interpretation is also related to the concept of sense of place and how people interpret places and place experiences.

① shifts in tourism trend throughout history
② reasons places are interpreted very differently
③ importance of interpretation in tourism experience
④ ways tourists impact the environment of their destinations

**07** 밑줄 친 부분에 들어갈 말로 가장 적절한 것은?

In 1983, Joe Farman, using a 25-year-old machine in a research station in Antarctic, discovered that half the ozone layer over Antarctica appeared to have vanished. Together with Brian Gardiner and Jon Shanklin, Farman announced his discovery in a paper in *Nature* in May 1985. Initially, there was disbelief: not surprising, as a NASA satellite had been measuring ozone levels for several years and didn't detect significant depletion. Nevertheless, NASA reviewed its satellite findings. Incredibly, the satellite had detected the massive depletion, but its data quality control algorithms had automatically rejected the data as being wildly improbable. Once the data were re-run without the data quality control algorithms, the massive depletion was __________.

① denied
② verified
③ prevented
④ undetected

**08** 주어진 글 다음에 이어질 글의 순서로 가장 적절한 것은?

The sharpest blades in history were not made of steel. They were crafted thousands of years ago from a naturally occurring material called obsidian.

(A) I know what you're thinking, "If obsidian's that great, how come doctors don't make scalpels out of it?"

(B) The blades made from this material are truly legendary for their unmatched sharpness. In fact, they are said to be many times sharper than modern surgical scalpels.

(C) That's because even though the edge it produces is second to none, obsidian isn't the most durable substance. It cracks much more easily than any metal. It is also difficult to produce in large quantities, limiting its practicality.

① (B)－(A)－(C)
② (B)－(C)－(A)
③ (C)－(A)－(B)
④ (C)－(B)－(A)

**09** 다음 글의 흐름상 가장 어색한 문장은?

The process by which a high-tech computer gets from an inventor's brainstorm to our desk, or by which an innovative bridge gets transformed from some engineer's dream to a spectacular structure, is rarely a simple one. ① It can involve years of research and development, followed by intense work periods. ② Each engineering project is influenced by the intricate and often unpredictable dynamics of the people involved, the companies, the communities, and the markets. ③ Also, each engineering project is highly dependent on the availability of raw materials, which come with its own set of challenges. ④ Those who graduate with a degree in engineering can work in many environments, from offices to construction sites and laboratories. And though engineering is the art of rearranging the materials and forces of nature, the unchanging laws of nature always limit what engineers can and cannot do.

**10** Day of the Dead에 관한 다음 글의 내용과 일치하지 않는 것은?

The Day of the Dead is a Mexican holiday celebrated on November 1 and 2, though other days such as October 1 and November 6 may be included depending on the region. It is a time when families and communities come together to remember and honor their deceased loved ones. Altars are set up in homes adorned with flowers, candles, sugar skulls, and the favorite foods and drinks of the deceased. In urban areas, people take to the street for festive celebrations including parades, music, and traditional dances and indulge in the consumption of food and alcohol. The holiday is not a mournful occasion but a joyful celebration of life and death, where people believe that the spirits of their ancestors return to visit.

① The dates it's celebrated can vary by region.
② People decorate altars at home as its custom.
③ During this time, consuming alcohol is forbidden.
④ It is a holiday marked by joy rather than grief.

회 차
# 06 하프 모의고사

Date : . . .
Score : / 10

정답/해설 94p

**01** 밑줄 친 부분과 의미가 가장 가까운 것은?

> Different authors envision different futures, but they all <u>unanimously</u> have a very negative reaction to the political issues.

① collectively ② naturally
③ accidentally ④ deliberately

**02** 밑줄 친 부분에 들어갈 말로 가장 적절한 것은?

> During the live TV show, the host succeeded in improvising thanks to his ability to make up stories ____________.

① on edge ② off the hook
③ on the spot ④ off the record

**03** 어법상 옳은 것은?

① She makes it a rule to reaching home by midnight.
② I will have made dinner by the time you will arrive.
③ The furniture seemed to design for the right-handed.
④ I don't think it is wise of him to refuse the opportunity.

**04** 우리말을 영어로 잘못 옮긴 것은?

① 그가 집을 떠나자마자 눈이 내리기 시작했다.
→ No sooner had he left home than it began to snow.
② 다른 사람들은 나와 다른 견해를 가지는 것도 당연하다.
→ Other people may well take a different view from mine.
③ 범행 동기에 관해 도움이 되는 단서가 거의 없다.
→ There are few helpful clues as to the motive behind the crime.
④ 나는 우리가 그것을 위해 할 수 있는 게 더는 없다는 진실을 깨달았다.
→ I realized the truth which there was no more we could do for it.

**05** 밑줄 친 부분에 들어갈 말로 가장 적절한 것은?

> A: Good morning, Mrs. Jones. Thank you for coming to the parent-teacher meeting.
> B: Hello, Ms. Gard. No problem, I'm glad to be here.
> A: Well, there's actually an issue with Kevin that I wanted to discuss. He's absolutely great with his peers, so socially, he's doing exceptionally well.
> B: But...?
> A: Hmm, ______________________. He tends to sleep in class, even during a test. He also never gets his homework completed. I'm afraid his grades are falling rapidly.
> B: Oh, that's quite alarming. Thank you for bringing this to my attention. I'll have a talk with him.

① he shows great attitude in class as well
② math and science are his favorite classes
③ there are problems concerning his studies
④ he has difficulty fitting in with his classmates

**06** 다음 글의 제목으로 가장 적절한 것은?

> There are people gifted with perfect memory. For many of them, this gift comes at a price. One of the best documented cases is of Solomon Shereshevsky, a Russian journalist. He could effortlessly memorize scientific formulas and extensive lists of meaningless numbers and syllables in any foreign language, even in reverse order. The man was a living computer. However, due to his superior memory function, he had difficulty enjoying simple everyday activities like taking a walk or reading a book because he was unable to avoid the rush of associations aroused by his memory when he noticed an object or a text. He experienced problems recognizing the faces of people he knew because the slightest changes in facial expression distorted his recognition. With his mind permanently showered by all the details of life, he eventually went as far as writing things down on paper and burning it, in a desperate attempt to forget them.

① Is Perfect Memory Really Possible?
② Forget If You Want to Remember Better
③ Perfect Memory: A Blessing or a Curse?
④ How to Develop a Photographic Memory

**07** 밑줄 친 부분에 들어갈 말로 가장 적절한 것은?

If I could give you only a single piece of advice from my life-long experience in the movie industry, it would be to ______________________________. The process of learning how to make a movie is cyclical, meaning you have to go through the entire process at least once just to begin to understand the craft. For example, much of directing stems from understanding the editing process and the way shots work together to make a scene. Understanding just this one aspect will have a huge impact on your choices for camera placement and pacing when directing on set. Don't turn your star idea into your first film; you will regret it for your entire career. Start small and learn the process with a short film; then with the second and third films, develop your craft of directing, working with actors and directing the camera. You will know when you are ready to take on a feature film.

① give an effort to write your own scenario
② master your filmmaking skills step by step
③ inspire yourself and your business partners
④ find emerging actors and network with them

**08** 주어진 문장이 들어갈 위치로 가장 적절한 곳은?

Researchers at the University of Maryland have developed a solution to this problem by using a paper-thin layer of wood fibers.

Many researchers believe sodium-ion batteries are the answer to sustainable energy storage because sodium is cheap and eco-friendly. ( ① ) But the major obstacle to using these batteries has been that they have very short lives. ( ② ) This allows the battery to last much longer, enough to survive more than 400 charge cycles. ( ③ ) At the end of the charging cycles, the wood is wrinkled, but still intact. ( ④ ) Computer models show that those wrinkles relax the stress in the battery during charging and recharging, creating a flexible and long-lasting battery.

**09** 밑줄 친 (A), (B)에 들어갈 말로 가장 적절한 것은?

The first law of thermodynamics is a conservation principle. It states that all energy in the Universe is constant. ___(A)___, the sum of all energy is fixed, has been fixed since the beginning of time, and will remain so until the end of time. Formulated in the 1840s, this law has no known exceptions to date. Even so, energy can appear in various forms like heat, light, gravitation, kinetic energy, mechanical work, chemical potential, and even matter; matter itself is also a form of energy. The many varied forms of energy can also be interchanged, including matter transforming into other energy and vice-versa. ___(B)___, according to the first law of thermodynamics, energy itself can be neither created nor destroyed, but its many forms can change.

| | (A) | | (B) |
|---|---|---|---|
| ① | That is | …… | In short |
| ② | That is | …… | In contrast |
| ③ | Nevertheless | …… | In addition |
| ④ | Nevertheless | …… | In the same way |

**10** 다음 글의 내용과 일치하는 것은?

Hidalgo was a dedicated scholar who had studied the writings of Thomas Jefferson and the leaders of the French Revolution. These revolutionary writings helped convince him that Mexico should gain independence from Spain. He also had great sympathy for the poor and oppressed Mexicans, so he lived and worked among them and earned respect and loyalty. In 1810 Hidalgo gathered tens of thousands of Mexicans into his rebel army. Several times they defeated small Spanish armed forces. But their success did not last long, because rebel forces were untrained and poorly armed. In a great battle, he was beaten and captured in January, 1811. He faced death bravely, placing his hand over his heart so that the firing squad could take better aim.

① Hidalgo published many books on the French Revolution.
② Many criticized Hidalgo's involvement with poor Mexicans.
③ Hidalgo recruited an army to fight against Spanish troops.
④ In 1811, Hidalgo was captured in a battle but was released.

회 차
# 07 하프 모의고사

Date : . .
Score : / 10

정답/해설 97p

**01** 밑줄 친 부분과 의미가 가장 가까운 것은?

> The chef at the renowned restaurant believes that the use of fresh ingredients and impeccable presentation will <u>reinforce</u> the restaurant's reputation.

① earn ② stain
③ maintain ④ strengthen

**02** 밑줄 친 부분과 의미가 가장 가까운 것은?

> The doctor <u>came down with</u> a severe case of the flu last year.

① treated ② contracted
③ prevented ④ announced

**03** 밑줄 친 부분 중 어법상 옳지 않은 것은?

> Today, following the success of gambling destinations ① <u>owned</u> and operated by American Indian tribes, gambling now brings them revenue for essential governmental services. However, many of the U.S. states ② <u>which</u> recognized Native American tribes live ③ <u>place</u> major restrictions against most types of gambling, although the tribes are considered ④ <u>as independent</u>.

**04** 우리말을 영어로 잘못 옮긴 것은?

① 나이가 들수록 주름이 더 두드러진다.
→ The older you grow, the more noticeable wrinkles become.

② 내가 지난달에 예약했더라면, 지금 그곳에 있을 텐데.
→ If I had made a reservation last month, I would be there now.

③ 휴가의 가장 좋은 점은 일하느라 바쁜 다른 사람들을 보는 것이다.
→ The best part of a vacation is seeing other people busy to work.

④ 나는 언니 방에 들어가서야 내 시계를 찾을 수 있었다.
→ It wasn't until I entered my sister's room that I could find my watch.

**05** 밑줄 친 부분에 들어갈 말로 가장 적절한 것은?

> A: Gary, I heard you're moving soon.
> B: Yes, I'm moving further away from our workplace, unfortunately.
> A: That's too bad. ____________________
> B: Around two hours by car.
> A: Oh, that sounds like a real hassle.

① When will you be moving?
② Is there a reason you're moving?
③ How long would the commute take?
④ What's the length of your employment?

**06** 다음 글의 요지로 가장 적절한 것은?

> I am a mature student who has just completed a part-time degree course in History and Sociology. I enjoyed every moment of it, learning for learning's sake and gaining wonderful knowledge of the humanities and many other subjects. However, whenever I talked with friends about my studies, they would invariably ask me, "So what are you going to do with your degree? What's it for?" I tried to explain that I did it because I love learning and want to expand my knowledge about the world, but nobody seemed to understand that. They would persist and say that I must use it somehow to advance my job prospects, or it would be a waste of time. It's a shame they don't understand that education and knowledge for its own sake is never wasted.

① Learning should be a lifelong process.
② Investment in humanities research is necessary.
③ Studying simply for the love of learning deserves respect.
④ Career outlook should be considered in choosing a major.

**07** 밑줄 친 부분에 들어갈 말로 가장 적절한 것은?

Do you like people watching when you are doing something or do you prefer to do things unobserved? Interestingly, being observed has ______________. In some cases, performance is decreased, even to the point of non-existence. The extreme of this is stage fright, the sudden fear of public performance. The other extreme is that being observed enhances performance, people doing whatever it might be better when they know that others are watching. The general rule seems to be that if one is doing something new or for the first time, then being observed while doing it detracts from performance. On the other hand, being observed while doing a task that is well known or well practiced tends to enhance performance. So, if you are learning to play a new sport, it is better to begin it alone, but when you become adept at it, then you will probably perform better with an audience.

① little impact on one's productivity
② a risk of violating people's privacy
③ negative influence on all performers
④ two quite distinct effects on performance

**08** 주어진 문장 다음에 이어질 글의 순서로 가장 적절한 것은?

In order for a claim to be accepted by the scientific community, it must undergo a strict peer review process by experts in the same field who rigorously evaluate the questions asked, methods used, data collected, and conclusions drawn.

(A) Nevertheless, nothing can guarantee certainty. Sometimes peer review fails to weed out results produced by poor methodology.
(B) It is because of this evaluation process that science produces knowledge that is so well supported by evidence.
(C) Those conducting the peer review process are fallible, too, so it is always possible that a mistake may allow poor-quality research to slip through the cracks. Despite the evaluation process in place, there is always a possibility of flaw.

① (B)－(A)－(C) ② (B)－(C)－(A)
③ (C)－(A)－(B) ④ (C)－(B)－(A)

**09** 다음 글의 흐름상 가장 어색한 문장은?

On our new data landscape, conversations that we traditionally have thought of as private — talking on the phone, sending email and texts — are actually shared with corporations that claim ownership over our data. ① Wherever we let ourselves wander online, we leave a trace that is now someone else's data. ② Insofar as we search the web looking for what to read, what to buy, and what to watch, these introspective activities, too, belong to the company that facilitates our search and records our choices. ③ Ensuring data security has become a top priority for organizations in safeguarding consumer trust. ④ Consequently, these data become lucrative assets for the company that uses them to tailor their products and services to our preferences. In this digital age, our every click contributes to the commodification of our online existence.

**10** 다음 글의 내용과 일치하지 않는 것은?

Elizabeth Blackwell was a pioneering figure in the history of medicine and women's rights. Born in England, she emigrated to New York City and, against societal norms, aspired to become a doctor in the mid-19th century. After overcoming numerous obstacles and securing admission to a medical school in Philadelphia, she graduated in 1849, becoming the first woman in the United States to earn a medical degree. Although her dream of becoming a surgeon was crushed by a severe eye infection, Blackwell's determination led her to open a groundbreaking hospital in 1857, which was the first hospital dedicated to women and children. Her legacy extended beyond her own medical career, as she also established the first medical school for women, making significant contributions to the advancement of women in the field of medicine.

① Blackwell moved from England to New York City.
② Blackwell graduated from a medical school in Philadelphia.
③ Blackwell opened the first hospital devoted to the poor.
④ Blackwell founded the first medical school for women.

회 차 08 **하프 모의고사**

Date : . .
Score : / 10

정답/해설 99p

**01** 밑줄 친 부분과 의미가 가장 가까운 것은?

The company's ability to adapt to market fluctuations showcases its <u>resilient</u> business model.

① viable ② compatible
③ flexible ④ remarkable

**02** 밑줄 친 부분에 들어갈 말로 가장 적절한 것은?

The band was determined to ________ performing, even after technical difficulties delayed the show.

① carry on ② put off
③ hold back ④ look up

**03** 어법상 옳지 않은 것은?

① The house whose windows are broken is in need of repairs.
② I didn't believe the student's words, and neither did the teachers.
③ He discovered that gravity pulls everything toward the center of the earth.
④ The vaccine should have released much earlier before the spread of COVID-19.

**04** 우리말을 영어로 잘못 옮긴 것은?

① 군인들 중에는 아무 죄가 없는 어린 소년이 있었다.
→ Among the soldiers was an innocent, young boy.
② 그의 얼굴엔 미소는커녕, 아무런 표정도 나타나지 않았다.
→ No expression appeared on his face, still less a smile.
③ 우리는 런던에 가본 적이 있고, 그 도시를 탐험하는 것을 즐겼다.
→ We have been to London, and we enjoyed exploring the city.
④ 결혼한 사람들이 더 오래 살고, 더 행복하고, 병에 덜 걸린다.
→ Married people live longer, happier, and suffer from fewer diseases.

**05** 밑줄 친 부분에 들어갈 말로 가장 적절한 것은?

A: I wonder how Emily's presentation went. She must have been so nervous giving a presentation in front our CEO.
B: I was there at the meeting actually.
A: Oh, how was she?
B: ______________ She was well-prepared and her delivery was flawless. Our CEO even stood up and gave her applause. I'm so proud of her.
A: Seriously? Wow, that's fantastic!

① She nailed it.
② Fill me in later.
③ She messed up.
④ I can't stand her.

**06** 다음 글의 제목으로 가장 적절한 것은?

Research into health and memory in work environments has radically changed the way music is used in the workplace. The University of Washington reported that in a study of ninety people copy-editing a manuscript, accuracy in the group listening to light classical music for ninety minutes increased by 21.3 percent. Meanwhile, those subjects editing in silence were 8.3 percent less accurate than those working alongside the usual office noise. AT&T and DuPont were able to cut training time in half with creative music programs. Equitable Life Insurance increased the output of its workers by 17 percent after introducing music to the office for six weeks, and Mississippi Power & Light raised efficiency in the billing department by 18.6 percent after instituting a nine-month office listening program.

① Put Efficiency Before Accuracy
② Music Boosts Productivity at Work
③ Turn off the Radio, and Concentrate
④ Why Classical Music Is Meaningful Today

**07** 밑줄 친 부분에 들어갈 말로 가장 적절한 것은?

Since the nineteenth century, it has been widely assumed that the spread of industrialized society would spell the end of religion. Marx, Freud, and Weber along with other innumerable scholars expected religious belief to wither in the light of modernity. It has not come to pass. In the midst of modernization, religion ____________. This has prompted scholars to reevaluate the relationship between faith and the contemporary world. They recognize the continuous growth of religious belief in most countries around the globe. It was found that as of 2018, an estimated 84% of the world's population identified with a religious group, and this proportion continues to rise as members of this demographic are generally younger and produce more children than those who have no religious affiliation. So the world is in fact getting more religious, not less.

① prevails
② misleads
③ diversifies
④ diminishes

**08** 주어진 문장이 들어갈 위치로 가장 적절한 곳은?

In a similar vein, merely hearing about climate change or ecological degradation may not evoke the same immediate response as witnessing the effects firsthand in your own community.

Human reactions to crises are often triggered only by direct encounters with them. ( ① ) For example, if you are simply told that someone is drowning somewhere but you don't see that person or hear them, you might not feel so obliged to take action. ( ② ) But when you see a drowning victim right in front of you and hear her cries as she struggles in the cold water, you feel an immediate need to act. ( ③ ) It is only when these problems become "real" to us that we begin to realize the urgency of the situation and try to do something about the environment. ( ④ ) But unfortunately by then, it's usually too late.

**09** 밑줄 친 (A), (B)에 들어갈 말로 가장 적절한 것은?

Law enforcement officers are charged with the responsibility to investigate crime, arrest criminals, and obtain the necessary evidence for a prosecution. These are difficult tasks and often must be carried out in complex or dangerous circumstances. ___(A)___, this doesn't excuse them from adhering to a framework of established rules. Neither police officers investigating common crimes nor federal investigators pursuing white-collar criminals can make arrests or conduct searches without legitimate cause. ___(B)___, district attorneys cannot continue prosecutions unless they have valid reasons and sufficient credible evidence to do so. Law enforcement decisions must be justified on a rational, objective basis and must comply with the rule of law as established by the Constitution, Congress, and the courts.

| | (A) | | (B) |
|---|---|---|---|
| ① | For instance | …… | Thus |
| ② | For instance | …… | Moreover |
| ③ | Nevertheless | …… | By contrast |
| ④ | Nevertheless | …… | Likewise |

**10** 다음 글의 내용과 일치하지 않는 것은?

The 2009 Nobel Prize for Literature was awarded to Romanian-born German author Herta Müller, a distinct and compelling voice of opposition against political oppression and the anguish of human existence. Known primarily as a novelist, Müller also wrote a lot of works as a short-story writer, poet, and essayist. Her works portrayed the harsh reality of life in Romania. Although she was highly regarded by those who read her, Müller was limited to a German-speaking audience for much of her career. She was the 12th woman to receive the Nobel Prize for Literature and the first German writer to win since 1999, when the award was presented to Günter Grass. Criticizing all forms of totalitarian rule, she was drawn to those who were abused by authority.

① Müller는 루마니아 태생의 독일 작가이다.
② Müller의 작품들은 루마니아의 평온한 삶을 묘사했다.
③ Müller의 주요 독자층은 독일어 사용자들이었다.
④ Müller는 모든 형태의 전체주의 통치를 비판했다.

회 차 09 하프 모의고사

Date : . . .
Score : / 10

정답/해설 102p

**01** 밑줄 친 부분에 들어갈 말로 가장 적절한 것은?

> The undercover detective had to go around in __________ in order to conceal her own face during the investigation.

① disguise ② confusion
③ ignorance ④ anticipation

**02** 밑줄 친 부분과 의미가 가장 가까운 것은?

> The car broke down <u>out of the blue</u>, leaving them stranded in the middle of nowhere.

① briefly ② severely
③ unexpectedly ④ unfortunately

**03** 어법상 옳은 것은?

① How effectively is artificial intelligence in predicting price movements?
② It is time we focused on the feedback to enhance our services.
③ The extent of his knowledge of religious topics astonish people.
④ Let's not worry about what might be happened anymore.

**04** 우리말을 영어로 잘못 옮긴 것은?

① 나는 커피를 홀짝이며 흥미진진한 소설을 읽었다.
→ I read a fascinated novel while sipping my coffee.
② 그는 감정적으로 되기만 하면 아기처럼 많이 운다.
→ He cannot get emotional without crying a lot like a baby.
③ 설상가상으로, Tom은 그의 모든 돈을 강탈당했다.
→ To make matters worse, Tom was robbed of all his money.
④ 그들은 나를 너무 미워해서 나와 얼굴을 마주하는 것을 피한다.
→ They hate me so much that they avoid coming face to face with me.

**05** 밑줄 친 부분에 들어갈 말로 가장 적절한 것은?

> A: Good afternoon. How can I help you today?
> B: Hello. Um, I think I got food poisoning.
> A: ______________________________
> B: I've been experiencing stomach aches and diarrhea, and I've also thrown up a few times.
> A: I see. Is there a reason you think you have food poisoning?
> B: Yes, I had a milkshake a couple of days ago that tasted really odd, and I got sick the next day.
> A: Okay, I'm going to prescribe you pills for 5 days. Make sure to eat bland, easily digestible foods, and to stay hydrated.

① When did your symptom start?
② What kind of food did you eat?
③ Please describe your symptoms.
④ Maybe you should see a doctor.

**06** 다음 글의 주제로 가장 적절한 것은?

> All organisms expend energy to obtain nourishment and to continue the process of living, expending, and feeding. Throughout history, human beings also have spent most of their existence expending energy on work to obtain food. But unlike many other organisms, we have invented ways to amplify that energy by harnessing forces far greater than those available to us in our teeth and musculature. Perhaps as early as a million years ago, our ancestors tamed the element of fire. Controlled fire was among the greatest of all work innovations. By cooking food, our ancestors were able to spend less energy in digestion, allowing us to eat useful plants like wheat and rice, destroying bacteria that burden our bodies, and reducing the work we spend in chewing and processing. This freed us to expend more energy on evolving our enormous brains.

① theories on how humans discovered fire
② various ways animals amplify energy from food
③ what humans gain and lose by eating cooked food
④ the significance of cooking food in human evolution

**07** 밑줄 친 부분에 들어갈 말로 가장 적절한 것은?

> Humans work out pecking orders just like other animals. In the eighteenth century the English writer Samuel Johnson pointed out, "No two people can be half an hour together, but one shall acquire an evident superiority over the other." It seems that during countless generations, males who gained the upper hand were able to turn their social success into extra reproduction, shaping the evolutionary basis of our pecking order tendency. This tendency is of course prevalent in us today as well. According to a recent study, it was found that the thought of moving up the social ladder activated specific brain areas in a way similar to the way winning money did. This further substantiates the idea that our human inclination to pursue __________ within a group is deeply rooted in our nature.

① equality
② dominance
③ individuality
④ companionship

**08** 주어진 문장 다음에 이어질 글의 순서로 가장 적절한 것은?

> In instant messaging, rapid writing is essential so that the back-and-forth conversation can be maintained in real time without losing the receiver's attention.

> (A) In this view, people use abbreviated language not because they're lazy, but simply to make sure that written synchronous communication can occur rapidly and efficiently.
> (B) However, others respond that it reflects nothing more than an efficient way to create written messages for informal communication.
> (C) This is creating new types of communicative practices based on time-saving methods like using abbreviated forms such as btw (by the way) or idk (I don't know). Some observers condemn this as a product of modern-day laziness.

① (B)−(A)−(C) ② (B)−(C)−(A)
③ (C)−(A)−(B) ④ (C)−(B)−(A)

**09** 다음 글의 흐름상 가장 어색한 문장은?

> Some degree of artistic ability is natural talent, but people really do get better with practice. ① <u>One way to build your artistic sense is by sketching the things around you</u>. ② <u>Look around your town, find a quiet place to sit undisturbed, and begin to capture your surroundings on paper</u>. ③ <u>The town hall provides a variety of art programs for children and seniors to enjoy</u>. ④ <u>You can sketch the ones that please you, and may even add your own imagination to your work</u>. So, let your artistic journey begin, and watch your skills grow with each stroke of the pencil.

**10** 다음 글의 내용과 일치하는 것은?

> Street luge is an extreme, gravity-powered sport that involves riding downhill on a street luge board which looks like an oversized skateboard. Racers referred to as "lugers" lie on their backs and go down a paved road or course at very high speeds often exceeding 120 km/h. Street luge originated in California when downhill skateboarders found they could reach higher speeds by lying down on their skateboards. As street luge is an extremely dangerous sport, riders are required to wear safety equipment including a hard shell helmet with a chin strap, a face shield, goggles, gloves, and sturdy shoes. Sturdy shoes are necessary because braking is done with the feet, as mechanical brakes are strictly forbidden. Paddings on the front and back of the board protect other competitors in case of a crash, but not necessarily the rider of the board.

① Street luge involves racing down a hill at extremely fast speeds.
② Street luge was created as a safer alternative to skateboarding.
③ Lugers are allowed to use mechanical brakes when necessary.
④ Front and back paddings of the board mainly protect its rider.

회 차 **10** 

# 하프 모의고사

Date : . .

Score : / 10

정답/해설 104p

**01** 밑줄 친 부분에 들어갈 말로 가장 적절한 것은?

> Honesty is ________ for maintaining relationships, so never lie to those with whom you wish to stay in contact.

① impartial ② marginal
③ comparable ④ indispensable

**02** 밑줄 친 부분과 의미가 가장 가까운 것은?

> The defendant chose to give in and plead guilty to avoid a lengthy legal battle.

① evade ② submit
③ confer ④ forgive

**03** 밑줄 친 부분 중 어법상 옳지 않은 것은?

> The Rhodium Group reports that coal-fired power stations that produced a total of 11.2 gigawatts of power ① to close last October. Natural gas is now ② by far the more promising energy choice in the U.S. But as ③ confirmed, increases in the demand for other fuels, such as diesel and jet fuel, still make transportation the industry most ④ responsible for U.S. carbon emissions.

**04** 우리말을 영어로 가장 잘 옮긴 것은?

① 넌 너무 오래 떠나 있지 않는 게 좋을 거야, 안 그러면 우리가 그리울지도 몰라.
→ You had better stay away too long, or you may miss us.

② 그 영화는 큰 성공을 거두지도, 완전히 실패하지도 않았다.
→ The film was neither a great success nor completely failed.

③ 내가 네게 말한 그 Todd라는 남자애는 수업을 빼먹은 적이 없다.
→ Todd, the boy that I told you about him, had never skipped class.

④ 우리는 지침을 따르는 사람이라면 누구에게든지 보상을 주기로 약속했다.
→ We promised to give a reward to whoever would follow the guidelines.

**05** 두 사람의 대화 중 가장 어색한 것은?

① A: Let's call it a day, shall we?
B: Yes, I think we've done enough for today.

② A: Would you knock it off with the noise?
B: Okay, I'll knock on the door before I enter your room.

③ A: Be my guest if you want to wear my dress.
B: Oh, thanks! I needed a dress to wear at the party.

④ A: I'm not going to study for the test. I'm too lazy.
B: Suit yourself, but don't regret it later.

**06** 다음 글의 제목으로 가장 적절한 것은?

> The structure of the Internet has changed. We have become unchained from the desktop computer with a slow connection to an always-on, ubiquitous culture of smartphones and apps powered by super-fast broadband and data connections. This shift in technology has also created a parallel shift in music creation and consumption. Not only do these technologies allow us to consume music from anywhere, but they allow us to create it from anywhere. For example, Craig David performing one of his songs ad hoc on a bus in London got hundreds of thousands of YouTube views. This was filmed and shared by people on the bus. Unknown New York Subway brass bands Lucky Chops and Too Many Zooz were filmed by a fan who posted the videos on YouTube and received millions of views. The technological evolution has turned ordinary spaces into potential stages, changing how music can be experienced.

① Music Films on YouTube: Copyright Issues
② Mobile Platform as Opportunity for Unknown Singers
③ True Value of Music Diminished by Change in Technology
④ The Technological Shift Changes How Music Is Made and Heard

**07** 밑줄 친 부분에 들어갈 말로 가장 적절한 것은?

Because the U.S. education system was designed largely to meet the needs of the industrial economy of the nineteenth and twentieth centuries, it tends to emphasize the skills most valuable in a world made up of factories, bureaucracies, and ledger ink. Often, it pushes students to learn mathematics, language, science, and other "hard skills," with less emphasis on creative disciplines such as music and art that typically require what are referred to as "soft skills." Our educational system tends to put academic performance above all else, as if the ideal product of the educational process is a university professor. Educator and author Ken Robinson comments on this __________ view on education, saying that "Our schooling has mined our minds like we've strip-mined the earth for a particular commodity, when there are greater treasures to be uncovered."

① biased
② innovative
③ pessimistic
④ comprehensive

**08** 주어진 문장이 들어갈 위치로 가장 적절한 곳은?

However, asthma is a lifelong disease for most individuals and therefore can never be truly cured.

Many children who have asthma during their early childhood years become symptom-free as adolescents. They experience long periods without the chest symptoms, a well-known phenomenon that asthma specialists refer to as "prolonged asthma remission." ( ① ) This can understandably lead a physician to conclude that their adolescent patient's asthma has disappeared. ( ② ) It is very common for adults in their late twenties or thirties to recall having had asthma as a child and be surprised that "the symptoms come back after so many years." ( ③ ) Despite the fact that prolonged asthma remissions occur and may last many years, physicians should never promise any parent that a child will outgrow their asthma. ( ④ ) They should instead convey the need for perpetual asthma awareness and management, as the condition may reappear unexpectedly later on in life.

**09** 다음 글에 나타난 Kim의 심경 변화로 가장 적절한 것은?

One day the phone rang at Kim's office. It was the day-care center in Tracy. Her little boy had turned beet red. He was as hot as a kettle, and he was vomiting the contents of his stomach all over the playroom. Her child was dying, she thought, and he was fifty miles away. She sprinted downstairs to her car and hit the highway. Her heart pounded as if it were going to break right through her chest. She had no idea how fast she was traveling, but no speed seemed fast enough. By the time Kim burst through the doors of her son's day-care center, his vomit had been mopped up and his fever had settled. She picked him up, wiped the sweaty hair back on his forehead, and held him. The boy was recovering. Kim let out a deep breath and kissed her son's lips.

① nervous → angry
② panicked → relieved
③ indifferent → grateful
④ hopeful → disappointed

**10** 다음 글의 내용과 일치하지 않는 것은?

John Williams is an iconic American composer widely famous for composing some of the most popular, recognizable, and critically acclaimed film scores in cinema history. With a career spanning over seven decades, he is perhaps best known for his scores for movies such as *Jaws, Star Wars, Indiana Jones, Jurassic Park*, and *Harry Potter*. Williams has won numerous awards, including five Academy Awards and 25 Grammy Awards. Williams had originally dreamed of being a concert pianist, and worked as a jazz pianist in many clubs in New York. But after he moved to L.A., he decided to switch his focus to composition and got a job writing music for television shows. It was this television job which led him into movies. His transition from television to film marked the beginning of a celebrated career that reshaped the landscape of cinematic soundtracks.

① Williams is a renowned film score composer.
② Williams' career has endured for over 70 years.
③ Initially, Williams aspired to be a concert pianist.
④ In L.A., Williams worked as a pianist for TV music.

회 차 **11** 

# 하프 모의고사

Date : . .

Score : / 10

정답/해설 107p

**01** 밑줄 친 부분과 의미가 가장 가까운 것은?

> The fantasy novel described an <u>elaborate</u> world filled with mythical creatures and magical landscapes.

① vast ② ultimate
③ delicate ④ fascinating

**02** 밑줄 친 부분에 들어갈 말로 가장 적절한 것은?

> By virtue of using simple illustrations, the teacher was able to ________ the difficult concept to the students.

① tear up ② hold over
③ look out ④ get across

**03** 어법상 옳은 것은?

① This medicine is less effective as the previous one.
② The engineer was well aware of how did the system work.
③ It starts with address the factors that affect people's health risks.
④ Exposed to dry conditions, the forest was regarded as a fire hazard.

**04** 우리말을 영어로 잘못 옮긴 것은?

① 그들은 집에 도착하자마자 잠자리에 들었다.
→ Hardly had they reached home when they went to bed.
② 어떤 사람들은 그가 혼잣말하는 것이 불쾌하다고 생각했다.
→ Some people found unpleasant that he talked to himself.
③ 대부분의 탄소 배출은 석유와 석탄을 태우는 데서 비롯된다.
→ Most of the carbon emissions result from burning oil and coal.
④ 오늘날 사람들은 오프라인 매장에 가는 것보다 온라인으로 쇼핑하는 것을 더 좋아한다.
→ People today prefer shopping online to walking to a physical store.

**05** 밑줄 친 부분에 들어갈 말로 가장 적절한 것은?

> A: Guess what? Ken proposed to me last night!
> B: Really? I'm so happy for you! How did he propose?
> A: We were dining at the restaurant where we had our first date, and out of nowhere, he got down on one knee and asked me to marry him.
> B: That's very romantic. ________________?
> A: I immediately said "yes," and gave him a big hug.

① How did you respond
② Did he have a wedding ring
③ When are you getting married
④ Why did he choose to propose that way

**06** 다음 글의 요지로 가장 적절한 것은?

> The calorie argument claims that, based on weight, age, and several other variables, we each need a specific number of calories per day. To lose, gain, or maintain weight in this model, you have two variables: calories consumed and calories expended. According to this theory, to lose weight we simply eat less and move more. To gain weight, we move less and eat more. If we followed this simplified formula, we could eat junk food all day and run those calories off on a treadmill. However, common sense tells us this is not health. Sure, counting calories can help some people move in the right direction in losing weight, but for those who are serious about being healthy, simply counting calories doesn't make the cut. Counting calories does not help manage appetite or eliminate cravings. It also doesn't help manage or reverse diseases. We need a more holistic model.

① Enough exercise helps you to manage your appetite.
② It is crucial to lose weight in order to prevent diseases.
③ The calorie argument provides a powerful guideline for diet.
④ Counting calories is an insufficient approach to overall health.

**07** 밑줄 친 부분에 들어갈 말로 가장 적절한 것은?

There is a contrast principle in human perception that affects the way we see the difference between two things that are presented one after another. For example, each subject in the psychophysics laboratory takes a turn sitting in front of three buckets of water — one cold, one at room temperature, and one hot. After placing one hand in the cold water and the other in the hot water, the subject is told to place both hands in the water at room temperature simultaneously. Then something surprising happens. Even though both hands are in the same bucket, the hand that was in the cold water feels as if it is now in the hot water, while the one in the hot water feels as if it is in cold water. The point is that the same thing can be made to seem very different, depending on the nature of ____________________.

① the event that precedes it
② what we expect to happen
③ the risks associated with it
④ the benefits it could provide

**08** 주어진 글 다음에 이어질 글의 순서로 가장 적절한 것은?

Potato chips were invented because of a hard-to-please restaurant customer in 1853.

(A) To his surprise, the customer loved them. Other guests demanded the same and soon "Saratoga Chips" became the most popular item on the menu. From this success emerged the potato chips we know today.
(B) A chef named George Crum was working at an elegant resort in Saratoga Springs that year. He was in charge of cooking French-fried potatoes for customers there.
(C) But one customer kept sending his potatoes back to the kitchen, complaining that they were too thick, too soggy, or not salted enough. Frustrated, Crum sliced several potatoes extremely thin, fried them to a crisp, and seasoned them with extra salt.

① (B) − (A) − (C)　② (B) − (C) − (A)
③ (C) − (A) − (B)　④ (C) − (B) − (A)

**09** 밑줄 친 (A), (B)에 들어갈 말로 가장 적절한 것은?

The coconut palm is known by many as the "tree of life." __(A)__, some people consider it the most useful tree on earth. Entire houses, including furniture, have been built from the coconut tree. People eat the meat of the coconut itself, and drink its milk, which is sweeter than the cow's milk you are probably used to. People heat their houses by burning its wood, and let the shade from the palms cool them. Coconut oil can be burned for lamplight, used as a skin cream, or converted into soap. __(B)__ all these characteristics, the coconut tree is nice to look at. Who doesn't enjoy the sight of the graceful palms swaying in a tropical breeze?

| (A) | | (B) |
|---|---|---|
| ① Indeed | …… | In spite of |
| ② Indeed | …… | In addition to |
| ③ However | …… | Instead of |
| ④ However | …… | As a result of |

**10** 다음 글의 내용과 일치하지 않는 것은?

There are about 32 species of fish which have been observed to dwell in caves. Most cave fish species are small but adults of one of these species can reach a length of almost 20cm. A few species of cave fish have functional eyes but, for the vast majority, vision is of little use. Some of them are completely blind, with the vestiges of eyes still visible beneath a thin layer of skin. Many cave fish have little or no skin color as these species have no need for body coloring, a feature widely used for communication purposes among other fish. Some cave fish appear to be a pinkish color, but this is the result of the animals' blood vessels showing through their pale skin.

① Most species of cave fish are small in size.
② Cave fish generally have little need for vision.
③ Cave fish commonly use body coloring to communicate.
④ Blood vessels cause the pinkish color in some cave fish.

회 차
# 12 하프 모의고사

Date : . .
Score : /10

정답/해설 109p

**01** 밑줄 친 부분과 의미가 가장 가까운 것은?

His knowledge of the subject was superficial, limited to basic facts rather than a profound understanding.

① simple ② shallow
③ accurate ④ deficient

**02** 밑줄 친 부분에 들어갈 말로 가장 적절한 것은?

As the latest update was released, everyone wanted to use the new software; the original one became ____________.

① out of date ② out of control
③ out of stock ④ out of question

**03** 밑줄 친 부분 중 어법상 옳지 않은 것은?

Human beings are the only species that deliberately deprive themselves ① of sleep without legitimate gain. Every component of health and countless threads of societal fabric ② are being eroded as we neglect sleep. It is no coincidence that several countries ③ where sleep time has declined most dramatically over the past century ④ is also suffering the greatest increase in rates of physical diseases and mental disorders.

**04** 우리말을 영어로 잘못 옮긴 것은?

① 그 단체는 8개월마다 회의를 주최한다.
→ The organization hosts a conference every eight months.

② 그 길을 따라 있는 해안 도시들은 발견될 가치가 있었다.
→ The coastal towns along the route were worth discovering.

③ 넌 휴가 때 그렇게 많은 돈을 쓰지 말았어야 했어.
→ You ought not to have spent so much money on the vacation.

④ 장비를 다시 사용하기 전에 수리가 먼저 되게 해라.
→ Before the equipment is used again, let the repairs conducted first.

**05** 밑줄 친 부분에 들어갈 말로 가장 적절한 것은?

A: Hey, what do you think of this coat?
B: Wow, it looks great on you! The design really suits you.
A: Oh, I just looked at the price tag. It's more expensive than I thought.
B: ____________________
A: $500 maximum. But this coat is $650.
B: Hmm. Then let's look at other ones first. Maybe there's a coat that looks just as great at a lower price.
A: Okay, you're right.

① What's the price of the coat?
② Can I get a refund on this item?
③ You should get it when it's on sale.
④ How much are you willing to spend?

**06** 다음 글의 제목으로 가장 적절한 것은?

We usually offer lengthy scientific explanations as answers to children's questions, when a direct experience of something similar or an image that can live and work in their imagination would be much more satisfying to them. Rational explanations are like giving a hungry child stones instead of bread. A well-known early childhood educator points out that when young children ask questions like "Why does the sun shine?", they are really asking about purpose rather than mechanics. They are much more nourished by an answer like "To keep us warm and to make the grass and the flowers grow" than a lecture on the relationship between heat and other forms of energy.

① Ways to Ask Children Questions
② Vivid Imaginations Alive in Children
③ Why Be Rational with Curious Children?
④ How to Appropriately Answer Kids' Questions

## 07 밑줄 친 부분에 들어갈 말로 가장 적절한 것은?

Consumers of different age groups obviously have very different needs and wants. Although people who belong to the same age group differ in many other ways, they do tend to share a set of values and common cultural experiences that they carry throughout life. In some cases, marketers initially develop a product to attract one age group and then try to ______________________. That is what the powerful energy drink Reddox does. The company aggressively introduced it in bars, nightclubs, and gyms to the product's core audience of young people. Over time, it became popular in other contexts, and the company began to sponsor the PGA European Tour to expand its reach to older golfers. It also hands out free cans to commuters, cab drivers, and car rental agencies to promote the drink as a way to stay alert on the road.

① raise its retail price
② broaden its appeal later on
③ increase demand by limiting supply
④ create a positive image via mass media

## 08 주어진 문장이 들어갈 위치로 가장 적절한 곳은?

In Central and South America and the Orient, however, sellers and buyers enjoy a kind of game together when they do business.

Cultural distinctions are evident when we look at the way bargaining takes place. ( ① ) In the United States, the price of almost everything except used cars and real estate is fixed. ( ② ) People expect to pay for an article exactly what the price tag establishes as its worth. ( ③ ) The seller asks a higher price than he really expects to get for his merchandise, and the buyer offers a much lower price than he expects to pay in the end. ( ④ ) Gradually the seller lowers his asking price, and the buyer raises his offer, finally reaching a compromise wherein both parties are happy.

## 09 다음 글의 흐름상 가장 어색한 문장은?

We are in the midst of a mass extinction, many scientists have warned — this one driven not by a catastrophic natural event, but by humans. The unnatural loss of biodiversity is accelerating, and if it continues, the planet will lose vast ecosystems. ① The current rate of extinctions greatly exceeds those that would occur naturally. ② Scientists know of 543 species lost over the last 100 years, a tally that would normally take 10,000 years to accumulate. ③ They are concerned that the loss of some species, especially at this rate, will likely trigger a domino effect that sends others into a downward spiral, ultimately threatening entire ecosystems. ④ Mass extinctions are usually associated with catastrophic events, like giant meteorite impacts and volcanic super-eruptions. This ecological crisis underscores the urgent need for global conservation efforts to preserve the balance of our planet's biodiversity.

## 10 다음 글의 내용과 일치하는 것은?

During the early 1980s, a team of Italian scientists carried out a series of studies under a variety of circumstances on the ticklishness of people. The researchers found that people seem to have one foot that is more ticklish than the other — and for most people it is the right. One suggested explanation was that this was because the left side of the brain, which detects stimuli applied to the right foot, is associated with positive emotions such as laughter. The experiment was repeated in 1998 using a pointed nylon rod to stroke across the bottom of the foot. After applying it to thirty-four people, the researchers confirmed the original finding and pushed the frontiers of knowledge further by showing that males were more ticklish than females.

① The left foot was found to be more ticklish than the right.
② Positive feelings are linked to the left side of the brain.
③ The 1998 experiment's results contradict the initial findings.
④ Gender did not affect the level of ticklishness observed.

회차 13 하프 모의고사

Date : . .
Score : / 10

정답/해설 112p

**01** 밑줄 친 부분과 의미가 가장 가까운 것은?

> The weather is a <u>variable</u> factor that can impact outdoor events and activities.

① staple ② decisive
③ changeable ④ unfavorable

**02** 밑줄 친 부분과 의미가 가장 가까운 것은?

> We were passing along a quiet street in a neighborhood and then ended up <u>running into</u> our favorite author.

① visiting ② recognizing
③ addressing ④ encountering

**03** 어법상 옳은 것은?

① The wealth need to step in to help the poor.
② The renovations are expected to be completed by next spring.
③ I will bring my charger in case my phone battery will run low.
④ As the price of luxuries increases, so do the desire of consumers.

**04** 우리말을 영어로 잘못 옮긴 것은?

① 몸을 튼튼하고, 활동적이고, 건강하게 유지할 것을 기억하세요.
→ Remember to keep your body fit, active, and healthy.
② 나는 그 사진을 볼 때마다 항상 어머니가 생각났다.
→ Whenever I saw the picture, I was always reminded my mother.
③ 그녀는 눈을 질끈 감고 입을 굳게 닫은 채 서 있었다.
→ She was standing with her eyes tightly closed and her lips sealed.
④ 그 의사는 그에게 처방된 약을 일주일 동안 복용할 것을 권했다.
→ The doctor recommended he take the prescribed medication for a week.

**05** 밑줄 친 부분에 들어갈 말로 가장 적절한 것은?

> A: Hello, welcome to Shimson Amusement Park.
> B: Hi, I'd like all-day passes for two adults, please.
> A: Sure, that will be a total of $80. And I'd like to inform you that a few of our rides are unavailable due to renovation.
> B: Oh, I didn't know that. Which ones?
> A: ______________________

① You can check this notice for the list.
② These are the restaurants you can visit.
③ There is a discount if you're a member.
④ Passes are more expensive on weekends.

**06** 다음 글의 주제로 가장 적절한 것은?

> Book enthusiasts and book collectors are fascinated with the number one — they are interested in obtaining the first edition of a book. So, what is considered as the first edition? An edition of a book is a printing of the book made from a single set of printing plates. It doesn't make any difference how many print runs are made, even if they are separated by months or perhaps even years. If nothing has changed in the book or its design between printings, all the books are still considered first editions even if the book is from the seventh printing. However, if the book contents, font, illustrations or dust jacket artwork change in a subsequent printing, the new printing is generally considered to be a new edition of the book.

① way to identify an edition of a book
② reasons for collecting valuable books
③ necessity of printing a new book edition
④ difficulty of obtaining a book's first edition

**07** 밑줄 친 부분에 들어갈 말로 가장 적절한 것은?

Imagine a child playing on the beach below a cliff. He finds a cave, and full of excitement, goes in. Suddenly fear seizes him. In the deep dark of the cave, he cannot see the way ahead. What is frightening him is the sense of the unknown stretching into the black distance. Worries can be like this. Our anxiety is not about something specific, but more of a sense that unknown and uncertain possibilities may be out of sight far ahead. We can stop these worries from growing. A powerful torch or flashlight could have shown the child the actual extent of the cave. We can ______________________ by asking: "What is the worst that can happen?" More often than not, the worst that we fear is much less terrible than our vague, unarticulated fear. Once we know the worst, we can face it directly and work out more sensibly what to do.

① increase our uncertainties
② place limits on our worries
③ share specific worries with others
④ differentiate reality from the ideal

**08** 주어진 문장 다음에 이어질 글의 순서로 가장 적절한 것은?

Why do most people choose to stay with their current employer?

(A) Is it unusual that this comes in last? Not really. Most people know they could make more money elsewhere, but it's not enough to get them to leave a job they like.

(B) There may be a myriad of different answers for this question. To gain some insight, a recent poll on our website asked the same question.

(C) The top reason for staying on the job was job satisfaction. Coming in a close second was flexible schedule and work-life balance, followed by advancement opportunity and personal growth. Salary was the least important.

① (A)－(C)－(B) ② (B)－(A)－(C)
③ (B)－(C)－(A) ④ (C)－(B)－(A)

**09** 밑줄 친 (A), (B)에 들어갈 말로 가장 적절한 것은?

Around the turn of the century, there was the so-called "Internet gold rush." The general idea was that new opportunities in cyberspace were so big, and so many people were charging online to make fortunes. The only comparable time in history was the U.S. gold rush where many people moved into California in search of gold. ___(A)___, almost nobody found any gold. Except for a few miners, those who made fortunes were only several merchants selling tools and equipments to the mining camps. ___(B)___, in the Internet gold rush, some people got rich selling "how to" information and marketing tools to the mass of people who were seeking their fortunes online, but most people failed.

| | (A) | | (B) |
|---|---|---|---|
| ① | However | …… | Similarly |
| ② | However | …… | For instance |
| ③ | Therefore | …… | In contrast |
| ④ | Therefore | …… | Besides |

**10** 다음 글의 내용과 일치하지 않는 것은?

Colton, a city in California, is currently involved in a series of legal battles over how much it should be prepared to pay to save an endangered fly: the Delhi Sands Flower-loving Fly, a rather pretty insect that takes nectar from local flowers. This tiny creature has the distinction of being the first fly to be declared an endangered species in the U.S. Shortly after this fly was listed as an endangered species, construction of a hospital parking lot was stopped. The hospital had planned to construct its parking lot over seven acres of occupied fly habitat, but that suddenly became illegal. The hospital then had to spend $4 million redrawing its plans and moving its parking lot 250 feet.

① Colton is faced with legal matters related to a particular fly.
② The Delhi Sands Flower-loving Fly is at risk of extinction.
③ The hospital was fined $4 million for destroying fly habitat.
④ The plan for the hospital parking lot was revised.

회 차
**14**
# 하프 모의고사

Date : . . .
Score : / 10

정답/해설 114p

**01** 밑줄 친 부분에 들어갈 말로 가장 적절한 것은?

Experiencing heartbreaking moments at the animal shelter deepened my ____________ toward the dogs in need.

① resentment ② compassion
③ anticipation ④ contentment

**02** 밑줄 친 부분에 들어갈 말로 가장 적절한 것은?

Can you __________ the grocery store on your way home and buy some fresh bread for us?

① drop by ② go off
③ show off ④ break in

**03** 어법상 옳은 것은?

① Some traditional foods are at risk of being disappeared.
② The toll has to be paid in cash unless you pay in advance.
③ It was the unofficial uniform of America's laborers since 1889.
④ Realized he had gotten off the subject, the professor returned to his lesson.

**04** 우리말을 영어로 잘못 옮긴 것은?

① 우리는 그 보석의 가치가 거의 없다고 확신했다.
→ We were convinced that the gem was of little value.
② 모든 비타민 제품이 광고된 것만큼 효과적인 것은 아니다.
→ Not all vitamin products are as effective as advertised.
③ 그는 골동품 자동차들을 수집했는데, 그것들은 모두 그의 개인 박물관에 전시되었다.
→ He collected antique cars, all of which displayed in his private museum.
④ 장학금이 없었다면, 나는 대학을 졸업할 수 없었을 것이다.
→ Had it not been for the scholarship, I could not have graduated from college.

**05** 밑줄 친 부분에 들어갈 말로 가장 적절한 것은?

A: Hey, what happened to your face?
B: It's a rash from an allergic reaction.
A: Oh no, what are you allergic to?
B: I'm allergic to nuts, and I accidentally ate some snacks with traces of them.
A: Did you go to the doctor?
B: No, I just had some allergy pills. I always carry them with me.
A: ____________________?
B: They don't relieve the symptoms as rapidly as a shot does, but they are still effective. I'll get better soon.

① Where did you get them from
② Do the pills work well for you
③ Did the doctor give you a shot
④ Do you have any other symptoms

**06** 다음 글의 제목으로 가장 적절한 것은?

People look to the center of a face for familiarity. When people are trying to recognize a face, the first thing they look at is the nose — whether they know it or not. Researchers at the University of California showed subjects faces on a computer screen and tracked their eye movements. They found that most people look first just to the left of the nose, then to the center of the nose, then to the eyes. The first look was enough for people to recognize a face. The second look increased accuracy, but the third did not. Those two glances at the nose were enough. The researchers speculate that glancing at the center of the face makes it easiest to take in enough information about the whole face to enable recognition.

① Judging Beauty by Nose
② Nose: Key to Facial Recognition
③ It's All about the First Impression
④ Eye Contact: Best Way to Communicate

**07** 밑줄 친 부분에 들어갈 말로 가장 적절한 것은?

When we behave irrationally, our behavior usually seems reasonable to us. When challenged, the mind says to itself, "Why are these people giving me a hard time? I'm just doing what makes sense. Any reasonable person would see that!" In short, we naturally think that our thinking is fully justified. As far as we can tell, we are only doing what is right and proper and reasonable. Any fleeting thoughts suggesting that we might be at fault typically are ________ by more powerful self-justifying thoughts: "I don't mean any harm. I'm just! I'm fair! It's the others who are wrong!" It is important to recognize this nature of the human mind as its natural state. In other words, humans don't have to learn self-justifying, self-serving, self-deceptive thinking and behavior. These patterns are innate in every one of us.

① fortified
② unveiled
③ overcome
④ authorized

**08** 주어진 문장이 들어갈 위치로 가장 적절한 곳은?

Yet, when ashes and grease are combined together, they can actually get you clean.

Though they seem to be an unlikely combination, chocolate and chicken are the two main ingredients of a popular and tasty Mexican dish. The way two seemingly incompatible elements work together is surprising. ( ① ) Take ashes and grease, for instance. ( ② ) You wouldn't think of using either one of them if you wanted to clean your hands. ( ③ ) The grease would make your skin feel slippery and sticky, and the ashes would only blacken your skin. ( ④ ) For thousands of years, people have been using those two ingredients to make soap.

**09** 다음 글의 흐름상 가장 어색한 문장은?

A new type of remote control provides better protection by switching from normal use to a special "burglar confusion mode." ① <u>This smart device switches audio and video equipment on and off to simulate the presence of a person</u>. ② <u>In the morning, for example, the remote plays a pre-recorded CD containing household sounds like clattering dishes and vacuum cleaning</u>. ③ <u>The vacuum cleaner automatically recharges itself after cleaning the entire floor</u>. ④ <u>Later that day, it tunes the TV to a daytime channel and in the evening it plays a movie</u>. The switching programming follows the same general pattern on weekdays but changes on weekends.

**10** nine-banded armadillo에 관한 다음 글의 내용과 일치하지 않는 것은?

The nine-banded armadillos are found only in the United States. When startled, they can jump straight upward about four feet into the air. This reflex may help scare off predators in the wild. It's amazing to look at them crossing water. They can inflate their stomachs with air and float across the water, or sink down and use their sharp claws to walk across the bottom. It's possible because they can hold their breath for six minutes or more! They always give birth to the same gender quadruplets from a single egg. The Latin name for the nine-banded armadillo is Dasypus novemcinctus. The word Dasypus is derived from the Latin word for rabbit, novem means nine, and cinctus means band. Literally, it translates to "nine-banded rabbit." It is said that armadillos without their shells resemble rabbits.

*quadruplets: 네쌍둥이

① 공중으로 뛰어올라 적에게 겁을 줄 수 있다.
② 물 위에 뜨기도 하고 물 바닥을 걷기도 한다.
③ 하나의 알에서 암컷과 수컷이 동시에 부화한다.
④ 라틴 이름의 어원에는 토끼라는 뜻이 담겨 있다.

회 차
15 **하프 모의고사**

Date : . . .
Score : / 10

정답/해설 117p

**01** 밑줄 친 부분에 들어갈 말로 가장 적절한 것은?

Poor air quality has the potential to make individuals more ________ to respiratory problems.

① flawless ② susceptible
③ hesitant ④ compulsory

**02** 밑줄 친 부분과 의미가 가장 가까운 것은?

By and large, the staff members became compliant to the new company policy.

① Generally ② Exclusively
③ Mercifully ④ Increasingly

**03** 밑줄 친 부분 중 어법상 옳지 않은 것은?

Scientists have studied a naturally mummified *Alpine Iceman*, ① whom hikers discovered in the melting ice at an elevation of 10,530 feet. They disclosed that he was European born and bred, closely ② tied to modern Northern and Alpine Europeans. An international research team states the genetic findings make it ③ unlikely that the discovery is false. Among the latest research results ④ are a descriptive inventory of Alpine fashions in those remote times.

**04** 우리말을 영어로 가장 잘 옮긴 것은?

① 그녀는 내게 내가 가진 돈의 대부분을 빌려달라고 했다.
→ She asked me to borrow her most of the money I had.

② 그들을 만난 후 상황이 매우 달라지려 했다.
→ After meeting them, things were going to be very different.

③ 그는 마음을 바꾸지 않을 테니 그와 논쟁해도 소용이 없다.
→ As he won't change his mind, it is no use arguing with him.

④ 부모들은 아이들에게 방을 치우게 하는 분투를 안다.
→ Parents know the struggle of getting the kids clean their rooms.

**05** 두 사람의 대화 중 가장 어색한 것은?

① A: Hey, you just cut in line!
B: Oh sorry, I didn't know there was a waiting line.

② A: I really don't get why she's so upset.
B: If you put yourself in her shoes, you might understand why.

③ A: I find that you always doze off during history class.
B: I do. History has always been fascinating to me.

④ A: Do you happen to know someone named Nessa Reed?
B: Yes, the name rings a bell.

**06** 다음 글의 요지로 가장 적절한 것은?

A man standing on the street corner selling "non-breakable" pens suddenly finds that the one he is demonstrating with breaks in half. He stops for a moment, turns to the crowd, and declares, "Now I'll show you what the inside looks like." Laughter can turn any disadvantage into an advantage. People who know this not only look for some positive aspect in their misfortunes but actually go one step further. After their initial shock, they gather their resources, overcome their problem, and find opportunities that most of us fail to see. Moreover, many who have experienced a major loss often go on to achieve remarkable feats in spite of their hardships, because they focus on what they can gain from their circumstance rather than on what they have lost. They believe in the old cliché that every cloud has a silver lining, and they actively seek the advantage in their disadvantage.

① Use humor to improve your relationships with others.
② Recognize your weaknesses for personal growth.
③ Don't be too immersed in trivial gains.
④ Turn crises into opportunities.

**07** 밑줄 친 부분에 들어갈 말로 가장 적절한 것은?

Climate change might hit us in the most important place of all — ____________. Why do we care about climate change? There are many environmental problems caused by climate change, but they might not be as important as the impact that it might have on the most vital function of any species: feeding itself. As the human population broke the 7 billion mark late last year, feeding the growing population has become the greatest challenge to humanity. That's why the threat that climate change could devastate agriculture is so troubling. In last week's *Science*, an international group of leading investigators published an open letter stating, "Global agriculture must produce more food to feed a growing population. Yet scientific assessments point to climate change as a growing threat to agricultural yields and food security."

① our water wells
② the ozone layer
③ our dinner table
④ the wildlife habitats

**08** 주어진 문장 다음에 이어질 글의 순서로 가장 적절한 것은?

One of the most painful signs of the lack of readiness for the tsunami in the Indian Ocean in 2004 was the enthusiasm of children, who rushed excitedly down to the beach to gather fish during the initial retreat of water.

(A) It was only after the 2004 disaster that experts called for a tsunami warning system in the Indian Ocean similar to the successful one now operating in the Pacific.
(B) If such a system had been up and running in the Indian Ocean, many of the thousands of lives lost in places relatively distant from the center of the earthquake might have been saved.
(C) Those ill-fated children had no idea what the sea's strange retreat meant. No one knew because nothing like that had happened in living memory except for the 1883 tsunami disaster in the Indian Ocean.

① (B)−(A)−(C)　② (B)−(C)−(A)
③ (C)−(A)−(B)　④ (C)−(B)−(A)

**09** 밑줄 친 (A), (B)에 들어갈 말로 가장 적절한 것은?

Academic dishonesty includes lying, plagiarism and other types of immoral conduct. Some situations are clear examples of academic dishonesty, such as when a student copies a classmate's answers during an exam. ___(A)___, it may be difficult to identify academic dishonesty in other situations. Students might find that talking or discussing during an exam which is acceptable in their country is unacceptable in another country. These types of cultural differences, of course, can cause students a great deal of trouble. ___(B)___, it is extremely important for everyone in class to have a clear understanding of what is considered academic dishonesty.

| | (A) | | (B) |
|---|---|---|---|
| ① | However | …… | Therefore |
| ② | However | …… | Furthermore |
| ③ | In addition | …… | Besides |
| ④ | In addition | …… | For example |

**10** 다음 글의 내용과 일치하는 것은?

Fresh Food Bank, the first in South Africa, has been set up by the Fresh Produce Market and Johannesburg City to help feed the needy. The program was officially launched by Mayor Masondo and has since been running for a year. "This program aims to provide for the immediate and basic needs of those who are most vulnerable in this city," he said. Fresh foodstuff will be distributed to orphanages, old age centers, the homeless and the disabled. The program was originally designed by the market wholesale suppliers to help the orphans. And its scope has expanded since Johannesburg City decided to cooperate. But as Johannesburg City is the only city in partnership, the program is seeking other cities to follow suit in joining as well.

① Johannesburg City opposed the establishment of Fresh Food Bank.
② Since its launch, the program has been operating for decades.
③ The initial aim of the program was to help the orphans.
④ Many cities in South Africa are partnered with the program.

회 차
# 16 하프 모의고사

Date : . . .
Score : /10

정답/해설 119p

**01** 밑줄 친 부분과 의미가 가장 가까운 것은?

Innovation becomes <u>tangible</u> when groundbreaking ideas are translated into products that improve our daily lives.

① concrete ② imminent
③ enduring ④ influential

**02** 밑줄 친 부분과 의미가 가장 가까운 것은?

The student <u>touched on</u> the importance of historical context in understanding literature.

① realized ② considered
③ mentioned ④ emphasized

**03** 어법상 옳지 않은 것은?

① It is necessary that changes implemented widely be practical.
② If I had had a frugal mindset when young, I would certainly be rich now.
③ Some countries protect their economies, raising taxes on imported goods.
④ There are a number of patients whose symptoms have effectively addressed.

**04** 우리말을 영어로 잘못 옮긴 것은?

① 그는 지금 스페인어 수업을 들은 지 꽤 됐어요, 그렇죠?
→ He's been taking Spanish lessons for a while now, hasn't he?
② 난독증이 있는 아이들은 읽고 쓰는 데 어려움을 겪을 수 있다.
→ Children with dyslexia may have difficulty reading and spelling.
③ 나는 밖이 너무 추워서 겨울 코트를 꺼내러 옷장을 뒤져야 했다.
→ Being so cold outside, I had to dig in the wardrobe for my winter coat.
④ 전 세계의 부모들은 자신이 생각하기에 자녀들에게 최선인 것을 원한다.
→ Parents around the world want what they think is best for their children.

**05** 밑줄 친 부분에 들어갈 말로 가장 적절한 것은?

A: I have a family gathering soon with some distant relatives. I'm worried about how awkward it'd be.
B: Well, they're family after all. It might be awkward at first but you'll feel more comfortable once you ________________.
A: Do you have any suggestions on how to do that?
B: I find it best to engage in small talk, about something trivial like the weather, sports games, or movies. The topic doesn't really matter as long as you're making conversation.
A: That sounds like a good idea. Thanks for the advice.

① slack off
② burn bridges
③ break the ice
④ hold your tongue

**06** 다음 글의 제목으로 가장 적절한 것은?

A study found that enrollment in physical education classes was not related to academic achievement scores, but involvement in vigorous physical activity outside of school was. Students who engaged in vigorous activity outside of school at least 20 minutes per day, three days per week, were found to have higher academic scores. Students in the physical education class spent an average of only 19 minutes out of a 55-minute class engaged in moderate physical activity. Given that this amount and intensity of activity in physical education classes had no correlation to students' academic achievement, whereas there was a significant association between academic achievement and vigorous activity outside of school, the researchers propose that there may be a certain minimum level of activity necessary to produce the potentially desirable effects.

① Physical Education Is Key to Student Health
② Intense Physical Activity: Healthy or Harmful?
③ How to Increase Enrollment in Physical Education
④ Physical Activity Levels and Academic Achievement

**07** 밑줄 친 부분에 들어갈 말로 가장 적절한 것은?

Making $1 million in one year, but nothing in the preceding nine, does not bring the same pleasure as having the total evenly distributed over the same period, that is, $100,000 every year for ten years in a row. The same applies to the inverse order — making a bundle the first year, then nothing for the remaining period. Somehow, your pleasure system will be saturated rather quickly. As a matter of fact, your happiness depends far more on the number of instances of positive feelings, what psychologists call "positive affect," than on their intensity. In other words, good news is good news first; *how* good matters rather little. Consider that our major satisfaction for thousands of years came in the form of food and water, not fleeting pleasures of extravagant luxuries. So to have a pleasant life you should ________________________.

① offer positive feedback and internal rewards for yourself
② find the way to make a big fortune on a single occasion
③ spread small pleasures across time as evenly as possible
④ bear all your pain in a brief period rather than spread it out

**08** 주어진 문장이 들어갈 위치로 가장 적절한 곳은?

In addition, the time of the day when noise occurs determines whether or not it is an annoyance.

It is hard to set objective legal limits on the criteria of annoyance caused by noise. ( ① ) The annoyance depends on the circumstances of each case. ( ② ) If you hear the piano coming from next door, you may feel irritated regardless of its volume. ( ③ ) On the contrary, if you hear the piano played by your lovely daughter, you may think it's very sweet even if it upsets next-door neighbors. ( ④ ) For example, even a light stamping sound at dawn is surely unbearable for those who live on the floor below. The same sound, however, might be unnoticeable during the daytime.

**09** 다음 글의 흐름상 가장 어색한 문장은?

Our ability to recognize and respond to discomfort is critical for preventing physical damage to the body. ① Consider how often you shift position in your chair when you are studying or sitting in a lecture. ② If you were unable to receive signals of discomfort from your body, you would not move to relieve pressure on your skin. ③ Movement or noise in the classroom may distract the students from their work. ④ The parts of your skin under continuous pressure would develop sores or bruises. Since many everyday experiences would be damaging to our bodies if we were not able to detect discomfort, a lack of ability to detect pain could cause serious problems.

**10** 다음 글의 내용과 일치하지 않는 것은?

A village of small houses that may have sheltered the people attending festivals at the mysterious Stonehenge has been found by archaeologists. Eight houses with fire places in the center have been excavated. The ancient houses are at a site known as Durrington Walls, about two miles from Stonehenge. The village was established in about 2600 B.C., about the same time Stonehenge was built. Both Stonehenge and Durrington Walls have wide roads connecting them to the Avon River, indicating a pattern of movement between the two sites. The researchers speculated that Durrington Walls was a place for the living and Stonehenge was a cemetery and memorial.

① The ancient houses that were excavated have fire places in the middle.
② Stonehenge and Durrington Walls were built around the same period.
③ There was no interaction between Stonehenge and Durrington Walls.
④ Durrington Walls and Stonehenge served different purposes.

회 차 **17** 하프 모의고사

Date : . . .
Score : /10

정답/해설 122p

**01** 밑줄 친 부분과 의미가 가장 가까운 것은?

> Her <u>indulgent</u> look suggested that she was more than willing to condone his faults.

① subtle ② bright
③ generous ④ suspicious

**02** 밑줄 친 부분에 들어갈 말로 가장 적절한 것은?

> To ease her family's worries, Sarah had to ________ the loss of her loved one.

① call on ② set back
③ long for ④ cope with

**03** 어법상 옳은 것은?

① Little did we know what the tomorrow's weather will be like.
② She is impossible to accept a life away from the stage she loves.
③ The CEO as well as the employees values a positive work environment.
④ The observation of such small an object is viable only with a microscope.

**04** 우리말을 영어로 잘못 옮긴 것은?

① 내 친구가 내기에서 이겨서 장난스럽게 내 손목을 때렸다.
→ My friend won the bet and playfully hit me on the wrist.
② 그들은 골치 아픈 회의가 끝난 후 안도하며 농담 몇 마디를 나눴다.
→ Relieved after the stressful meeting, they shared a few jokes.
③ 팔 골절이 의심되는 한 남자가 즉시 검사를 받았다.
→ A man with a suspected broken arm had it check right away.
④ 우리가 이사하는 집에는 현대적인 가전제품이 갖춰져 있다.
→ The house we are moving to is equipped with modern appliances.

**05** 밑줄 친 부분에 들어갈 말로 가장 적절한 것은?

> A: Hey, that sweater looks really nice.
> B: Thanks. You know Jessica, right? It was a birthday gift from her.
> A: Yeah, I know who she is. Do you know where she bought it?
> B: Oh, I saw the brand on the label but I cut it off and don't remember which brand anymore.
> ________________________________

① But I could ask her for you.
② You can check the label on my sweater.
③ I knew it would suit you well when I bought it.
④ I can't believe she didn't get anything for my birthday.

**06** 다음 글의 주제로 가장 적절한 것은?

> Metaphors such as 'icy stares' and 'cold shoulders' describe social rejection using cold-related concepts; they are not to be taken literally and certainly do not imply reduced temperature. Two experiments, however, revealed that those expressions are more than mere metaphors. Psychologists at the University of Toronto asked subjects to recall an experience of social exclusion and then to estimate the lab's indoor temperature. The subjects gave estimates that were more than four degrees colder than those given by subjects who had been asked to recall an experience of inclusion. In the other experiment, subjects ignored during a ball-tossing game in the lab had a larger postgame appetite for hot coffee and hot soup than did players who had seen more action.

① problems and solutions of social exclusion
② the pros and cons of our imperfect memories
③ effects of social isolation on physical sensation
④ various ways temperature influences our emotions

**07** 밑줄 친 부분에 들어갈 말로 가장 적절한 것은?

When blood passes through cold muscles, oxygen in the blood can't detach itself from the blood's hemoglobin very easily. It's as if the oxygen says, "It's too cold in there. I'm staying right here in the blood with my hemoglobin buddy." But as the muscles get warm enough from physical activity, oxygen starts to break away from the hemoglobin more rapidly and more completely. There may have been days when you hadn't had time to warm up, and the first ten minutes of jogging got you out of breath. This is because when you plunge into an activity without warming up, your muscles are, in effect, short of oxygen for the first few minutes. You've probably experienced this although you may not have understood it. Essentially it's because ______________________________.

① blood carried the oxygen too rapidly
② blood didn't pass through the muscles
③ your muscles were too cold for the oxygen
④ the temperature of your blood was too low

**08** 주어진 문장 다음에 이어질 글의 순서로 가장 적절한 것은?

There are a growing number of examples where the incorrect meaning of relatively commonplace language has become more widespread than the original definition.

(A) Now then, imagine that an angry customer sent you a letter about the service he received in your store. If your reply is that you 'perused his letter,' he is likely to get even more angry, although he would be mistaken.

(B) But the word has been misused so often by so many people, that this incorrect meaning has finally been accepted as a secondary definition and as far as most people know, it is the only definition.

(C) The word 'peruse' is one of them. Most people think that to 'peruse' something means to 'skim it quickly, without paying much attention.' In fact, this is the exact opposite of what 'peruse' really means: 'to read something carefully, in detail.'

① (A)−(C)−(B)　② (B)−(A)−(C)
③ (B)−(C)−(A)　④ (C)−(B)−(A)

**09** 밑줄 친 (A), (B)에 들어갈 말로 가장 적절한 것은?

Throughout history, people have suffered from diseases that could have been easily avoided if they had been understood. ___(A)___, it used to be common for hat makers to have symptoms such as uncontrollable trembling, unclear speech, and mental confusion. The condition led to Lewis Carroll's creation of the Mad Hat Maker in his book *Alice's Adventures in Wonderland*. Sadly, the hat makers did not know that the mercury they used in creating hats was poisoning them, leading to their strange symptoms. ___(B)___, many of the world's greatest artists suffered from terrible depression. Today we know that the lead in the paint they used probably affected their mental state. How tragic that so many lives were destroyed for lack of a little knowledge!

| | (A) | | (B) |
|---|---|---|---|
| ① | For instance | …… | Likewise |
| ② | For instance | …… | However |
| ③ | In addition | …… | Even so |
| ④ | In addition | …… | Therefore |

**10** whistling thorn에 관한 다음 글의 내용과 일치하지 않는 것은?

A whistling thorn is an acacia tree which is commonly seen on the savannas of East Africa. If you stand next to the tree, you might hear it whistling. The noise comes from the wind blowing through holes at the base of the thorns. Thanks to its musical ability, the acacia tree is called the whistling thorn. The swollen thorns provide homes for particularly aggressive types of ants, the acacia ants. In addition, the tree produces sugary secretions that feed the ants. In return, the ants protect the tree from animals. In fact, this particular acacia tree doesn't have the toxic chemicals that keep away insects and animals like other species of acacia trees do. So, when a giraffe tries to grab a mouthful of leaves with its tongue, the ants swarm out of the thorns and attack with vicious stings.

① Its name comes from the sound made by wind passing through it.
② It has a mutually beneficial relationship with the acacia ants.
③ It possesses poisonous substances like other acacia trees do.
④ Acacia ants sting animals that try to feed on it.

회차 **18** 
# 하프 모의고사

Date : . .
Score : / 10

정답/해설 124p

**01** 밑줄 친 부분과 의미가 가장 가까운 것은?

The <u>transient</u> scent of wildflowers carried on the breeze evoked memories of a distant summer.

① peculiar ② fragrant
③ refreshing ④ momentary

**02** 밑줄 친 부분에 들어갈 말로 가장 적절한 것은?

I should go pick up my son from school as soon as possible since I heard he is ________________.

① second to none ② coming in handy
③ under the weather ④ keeping his temper

**03** 밑줄 친 부분 중 어법상 옳지 않은 것은?

Chelmsford Public Library set up a new computer sign-in system ① <u>called</u> the TSSA Computer System. The system helps keep track of printing so that library users know how many pages they are ② <u>printing</u> before they officially print their documents. Users have adjusted to the new system and commented that it is easy to use, ③ <u>help</u> by monitoring their time, and allows them ④ <u>to choose</u> which computer they want.

**04** 우리말을 영어로 잘못 옮긴 것은?

① 나는 어떤 변화든 일어나는 대로 그들에게 계속 알려준다.
→ I keep them informed of any changes as they arise.

② 저희 측에서 내일 제품을 받지 못하면 대금이 지급되지 않을 것입니다.
→ You will not be paid unless we receive the product tomorrow.

③ 선택이 제한된 상황에 직면한 그녀는 그것을 받아들일 수 밖에 없었다.
→ Faced with limited options, she had no choice but to accept it.

④ 그 추문은 그가 출마한 선거를 이틀 앞두고 터졌다.
→ The scandal broke two days before the election for that he was running.

**05** 밑줄 친 부분에 들어갈 말로 가장 적절한 것은?

A: You know, I've recently registered at a local gym.
B: Oh, finally! Good for you. Are you going to get personal training?
A: No, I'm going to try starting on my own. But the problem is that I don't exactly know what kind of exercise I should do. ________________
B: Of course not. But it'll be a lot easier to show you than to tell you. So how about I come along sometime and teach you?
A: That'll be awesome! Thanks.

① Doing exercise is so rewarding.
② Can you teach me some of them?
③ Do you mind sharing your workout routine?
④ I bet you'll end up getting personal training.

**06** 다음 글의 제목으로 가장 적절한 것은?

The tragic heroes in Shakespeare's plays have free will. They possess their own defects of character that bring their downfalls. Macbeth is ambitious but weak; Othello is jealous; Hamlet cannot make up his mind but all three could have made themselves into better human beings. Nothing outside themselves prevents them from taking the right path as opposed to the wrong, or tragic path. On the other hand, for the heroes in Greek tragedies where fate embodied in the oracles prevails, there is no free will. The gods control a man's destiny, and one cannot fight the gods. Regardless of their strength or wisdom, the heroes cannot control their own future. That is why the heroes in Greek tragedies are often compared to fish in the net.

① Types of Heroes in Shakespearean Tragedies
② Influence of Greek Tragedies on Shakespearean Plays
③ Conflict Between Gods and Heroes in Greek Tragedies
④ Difference Between Shakespearean and Greek Tragic Heroes

**07** 밑줄 친 부분에 들어갈 말로 가장 적절한 것은?

> There is a long and honorable history of procrastination to suggest that many ideas and decisions may well improve if postponed. The political process is essentially a system of delay and deliberation. So, for that matter, is the creation of a great painting, a book, or a building like Blenheim Palace, which took the Duke of Marlborough's architects and laborers 15 years to construct. In the process, the design can mature and ripen. Indeed, ________ can ruin elegance. As author T.H. White once wrote, time "is not meant to be devoured in an hour or a day, but to be consumed delicately, gradually, and without haste." In other words, what you don't necessarily have to do today, by all means put off until tomorrow.

① hurry
② system
③ imitation
④ complexity

**08** 주어진 문장이 들어갈 위치로 가장 적절한 곳은?

> While there are many places where this traditional view of a scientist still holds true, labs aren't the only place where science is at work.

> When you hear the word *science*, what's the first thing that comes to mind? It's probably an image of a laboratory filled with glassware and sophisticated equipment. ( ① ) The person doing the science is wearing a white lab coat and probably looks rather serious while engaged in some type of experiment. ( ② ) Science can also be found at a construction site, on a basketball court, and at a concert. ( ③ ) The truth is that science is happening all around us. ( ④ ) It's at work in the kitchen when cooking meals, and we can even use it when painting pictures. It also explains why your favorite baseball player can hit a home run.

**09** 다음 글의 흐름상 가장 어색한 문장은?

> It is natural for a newborn to fall asleep while sucking at the breast, a bottle, or a pacifier. However, when a baby always falls asleep this way, he learns to associate sucking with falling asleep; over time, he cannot fall asleep any other way. ① A large percentage of parents who are struggling with older babies who cannot fall asleep or stay asleep are fighting this powerful association. ② According to a study, children who had shared bed with their parents from an early age did not differ from those who had slept alone in their sleep problems. ③ Therefore, if you want your baby to be able to fall asleep without your help, it is essential that you sometimes let your newborn baby suck until he is sleepy, but not totally asleep. ④ When you can, remove the breast, bottle, or pacifier from his mouth, and let him fall asleep without it. If you do this often enough, he will learn how to fall asleep without sucking.

**10** 다음 글의 내용과 일치하는 것은?

> Ackee is the national fruit of Jamaica, rich in essential fatty acids, protein, and vitamin A. It is one of the main ingredients in the country's popular dish 'Ackee and Saltfish.' This fruit is red, yellow or orange, and is in the shape of a 2~4 inch capsule, which contains three black seeds. The fruits' appearance may occur throughout the year, but mostly in December through May. The two harvesting seasons occur from January to March and from June to August. It is important that the fruits are not picked until their skin has opened up as the flesh contains toxins up until this point. Knowledge of proper harvesting techniques is widespread in Jamaica, so cases of poisoning are rare.

① Ackee cannot be used in Jamaican food.
② Ackee is mostly seen in the summer months.
③ Toxins are produced in ackee after its skin opens up.
④ Occurrences of ackee poisoning are not common in Jamaica.

회차 19

# 하프 모의고사

Date : . .

Score : / 10

정답/해설 127p

**01** 밑줄 친 부분에 들어갈 말로 가장 적절한 것은?

> Successful ________ of talented people is crucial for building a skilled and diverse workforce.

① discharge ② transportation
③ acquisition ④ discrimination

**02** 밑줄 친 부분과 의미가 가장 가까운 것은?

> It's important to <u>stand up for</u> what you believe in, even when it's challenging.

① deny ② defend
③ choose ④ practice

**03** 어법상 옳은 것은?

① She put it in a large font, lest there be any misunderstanding.
② I spent nearly every day of the past month to study for the exam.
③ With his jacket throwing over the chair, he stared out the window.
④ The team's strategy proved to be superior than the opposing team.

**04** 우리말을 영어로 잘못 옮긴 것은?

① 그 책상 위에는 엄마가 나에게 써주신 편지들이 있었다.
→ On the desk were letters my mom had written me.
② 그 장소를 찾는 관광객의 수가 기록상 최고치에 달했다.
→ The number of tourists visiting the site has reached a record high.
③ 그 회사는 불황에서 살아남았을 뿐만 아니라 번창하기까지 했다.
→ Not only did the company survive the recession, but it also thrived.
④ 나는 속임수로 칭찬받느니 차라리 정직함으로 비난받겠다.
→ I would rather face criticism for my honesty than praised for deceit.

**05** 밑줄 친 부분에 들어갈 말로 가장 적절한 것은?

> A: Look, it's pouring outside! Did you bring an umbrella?
> B: No, I didn't. The weather forecast said it was going to be sunny all day today.
> A: Yeah, that's why I didn't bring one either. Hmm. Should we buy one at the convenience store for the way home?
> B: ________________ Why don't we just run to our house instead? It's not that far from here.
> A: Okay, you're right. We have enough umbrellas at home anyway. Let's put on our hoods and get going!

① Thank goodness you brought one.
② That seems like a waste of money.
③ Sure, I needed one sooner or later.
④ No, I'll check today's weather forecast.

**06** 다음 글의 요지로 가장 적절한 것은?

> To require perfection is to invite paralysis. The pattern is predictable: as you see error in what you have done, you steer your work toward what you imagine you can do perfectly. You cling ever more tightly to what you already know you can do — away from risk and exploration, and possibly further from the work of your heart. You find reasons to delay, since to not work is to *not* make mistakes. Believing that your work should be perfect, you gradually become convinced that you cannot do it. Sooner or later, since you cannot do what you are trying to do, you quit. And in one of those little ironies of life, only the pattern itself achieves perfection — a perfect death spiral: you misdirect your work; you stall; you quit.

① Being too adventurous can be fatal.
② Remaining calm leads to fewer mistakes.
③ Obsessing over perfection hinders action.
④ Demanding perfection is sometimes necessary.

**07** 밑줄 친 부분에 들어갈 말로 가장 적절한 것은?

A good place for business leaders to start the process of building trust is by becoming more _______ to their employees. Getting out of the office and mixing with employees is a simple solution to a very common trust problem. In organizational improvement workshops, we often ask, "what is the single greatest barrier to improving communication and trust between you and your manager?" In many cases, the first response is, "I never see her. She's always in a meeting." The employees cannot develop a perception of trust with higher-ups when some don't even know what they look like. If leaders seldom come out of the office, choosing to communicate through email instead, they are no longer a part of that organization.

① frank
② visible
③ similar
④ grateful

**08** 주어진 문장 다음에 이어질 글의 순서로 가장 적절한 것은?

You might think iced desserts would be a fairly recent creation due to the problems of refrigeration in the past.

(A) What we call ice cream today was created in the early seventeenth century by a French chef for King Charles I of England. After that, it was introduced and popularized in the United States by First Lady Dolly Madison.

(B) He brought the recipe back to Italy, where it has been a favorite ever since. The Arabs and Indians picked up the idea from the Chinese as well, and named this delicious dessert sherbet. But it did not have the exact form and name of ice cream yet.

(C) The Chinese, however, who had perfected ice storage using the principle of evaporation in the eighth century B.C., were enjoying fruit-flavored ices by the time Marco Polo visited in the thirteenth century.

① (B)－(A)－(C) ② (B)－(C)－(A)
③ (C)－(A)－(B) ④ (C)－(B)－(A)

**09** 밑줄 친 (A), (B)에 들어갈 말로 가장 적절한 것은?

In Europe, if your industry declines and you lose your job, it is a big blow but not the end of the world. You will still keep your health insurance and public housing, while receiving unemployment benefits, government-subsidized retraining and government help in your job search. ___(A)___, if you are a worker in the US, you'd better hold on to your current job because losing your job means losing almost everything. Unemployment insurance coverage is smaller than in Europe. There is little public help with retraining and job search. More frighteningly, losing your job means losing your health insurance and your home, as there is little public housing or public subsidies for your rent. ___(B)___, worker resistance to any industrial restructuring that involves job cuts is much greater in the US than in Europe.

| | (A) | | (B) |
|---|---|---|---|
| ① | Similarly | …… | Moreover |
| ② | In contrast | …… | As a result |
| ③ | Similarly | …… | In short |
| ④ | In contrast | …… | Nonetheless |

**10** 다음 글의 내용과 일치하지 않는 것은?

Kenny Ray Carter is an American education activist and former high school basketball coach. Carter made national news in 1999 when coaching the Richmond High School Oilers. He canceled the rest of his undefeated basketball team's games and practices for eight days because fifteen team members had unacceptably poor academic performance. This event was known as 'the lockout,' and his actions were criticized by the school, the parents, and the community. Carter maintained that his athletes must take their studies seriously and went on to see several of his team members, including his own son, go on to earn four-year athletic scholarships. Public opinion eventually changed, and he was praised for his determined emphasis on prioritizing good values for his team. Later, his story became the basis for the 2005 film *Coach Carter*.

① Carter made news when he was a high school basketball coach.
② Carter's team initially faced continuous losses in games.
③ Carter still valued the players' studies despite criticism.
④ Carter's son was granted an athletic scholarship.

회 차
# 20 하프 모의고사

Date :   .   .   .

Score :        / 10

정답/해설 129p

**01** 밑줄 친 부분에 들어갈 말로 가장 적절한 것은?

Effective waste disposal practices can help ________ environmental pollution.

① alleviate ② generate
③ calculate ④ aggravate

**02** 밑줄 친 부분에 들어갈 말로 가장 적절한 것은?

We should not ________ the small details when conducting a thorough project review.

① get on ② try on
③ pull over ④ pass over

**03** 밑줄 친 부분 중 어법상 옳지 않은 것은?

If you want to make someone ① think that you have insight into their character, you can just tell them "Although generally you have an upbeat personality, sometimes you find yourself ② depressed without having a clear idea why." ③ That people don't realize is how common these self-perceptions are and so they feel that either a psychologist or a fortune-teller ④ has looked deep into their soul.

**04** 우리말을 영어로 가장 잘 옮긴 것은?

① 우리는 늦게 도착해서 자리가 나길 기다려야 했다.
→ We had to wait for a table because we arrived lately.

② 그것이 누구의 돈인지는 그에게 아무런 문제가 되지 않는 것 같았다.
→ Whose money was it seemed to be of no concern to him.

③ 사고를 방지하려면 모든 장비를 적절하게 배치해야 한다.
→ All equipment should arrange appropriately to prevent accidents.

④ 우리는 해안가에 사는 동안 해변을 오래 산책하곤 했다.
→ We used to take long walks on the beach while living by the coast.

**05** 두 사람의 대화 중 가장 어색한 것은?

① A: Harry and Sally seem so happy together.
B: I know. They're made for each other.

② A: Do you think we'll win tomorrow's match?
B: Let's face it. Honestly, we don't stand a chance.

③ A: I heard your grandfather recently passed away.
B: Yes, I'm sorry for your loss.

④ A: I blacked out yesterday after taking that medicine.
B: That sounds serious. You should go to a doctor.

**06** 다음 글의 제목으로 가장 적절한 것은?

Members of a group tend to avoid promoting viewpoints outside the comfort zone of consensus thinking — a phenomenon known as *groupthink*. It is a type of thought exhibited by group members who try to minimize conflict and reach consensus without critically testing, analyzing, and evaluating ideas. It may cause groups to make hasty, irrational decisions, where individual doubts are set aside, for fear of upsetting the group's balance. To protect the group from this groupthink, leaders should assign each member the role of critical evaluator or devil's advocate. This allows each member to freely air objections and doubts. Another is to stress to group members the importance of supporting their opinions with evidence. Furthermore, emphasizing commitment to the task rather than just commitment to the group can help members overcome the tendency to hold back differing opinions.

① The Role of Critical Evaluators in a Group
② Preventing Consensus Thinking: Why & How
③ Groupthink and the Three Ways to Achieve It
④ Different Views: Hindrance to Group's Balance

**07** 밑줄 친 부분에 들어갈 말로 가장 적절한 것은?

Analysts have always tended to measure a society by classical economic and social statistics. Some statistics are important and revealing. But there is another statistic that I think is even more important and revealing: Does your society have more memories than dreams or more dreams than memories? By dreams I mean the positive, life-affirming value. A famous consultant Michael Hammer once remarked, "One thing that tells me a company is in trouble is when they tell me how good they were in the past. Same with countries. You don't want to forget your identity. I am glad you were great in the fourteenth century, but that was then and this is now. When memories exceed dreams, the end is near. The hallmark of a truly successful organization is the willingness to ________________ and start fresh."

① stick to its past glory
② admit it was once in trouble
③ drop unrealistic future goals
④ abandon what made it successful

**08** 주어진 문장이 들어갈 위치로 가장 적절한 곳은?

But the strong pig can race to the dispenser and push the weak pig aside to claim the leftovers.

Consider the following experiment with a strong and a weak pig. The two pigs are kept in a box with a lever at one end and a food dispenser at the other. When the lever is pushed, food appears at the dispenser. If the weak pig pushes the lever, the strong pig waits by the dispenser and eats all the food. ( ① ) Even if the weak pig races to the dispenser before the food is gone, the strong pig pushes the weak pig away. ( ② ) The weak pig realizes this, so it never pushes the lever first. ( ③ ) On the other hand, if the strong pig pushes the lever, the weak pig waits by the dispenser and eats most of the food. ( ④ ) This makes it worthwhile for the strong pig to push the lever. The outcome is that the strong pig does all the work and the weak pig does most of the eating.

**09** 다음 글에 나타난 화자의 심경으로 가장 적절한 것은?

My daughter and I were going to my sister-in-law's house in a taxi. The taxi driver took a country road instead of going through the main road and getting stuck in the traffic. Halfway through our journey, there was a small stream of water going across the road, covering two inches of ground. Suddenly the water started to rise — one foot, two feet, three feet …. I urgently told the driver not to stop but go forward. Both sides of the road were covered with rice fields. It was a narrow road, and by this time we could not make a U-turn and go in the opposite direction. The water was still rising. I started to pray, and I asked my daughter to pray too. The water now reached the windshield and the side windows. I could feel that the car was floating on and off the road. I shouted in a loud voice, "Lord, please take us to a high ground and save us."

① bored and lonely
② pleased and grateful
③ sad and disappointed
④ panicked and desperate

**10** 다음 글의 내용과 일치하지 않는 것은?

Jorge Luis Borges, the most influential short-story writer in Latin America, was born in Buenos Aires. Prestigious but not rich, his family was respected in Latin American history, and included several famous military heroes. He did not attend school till he was nine, but he was taught at home by a British tutor. In 1921, Borges began publishing poems and essays. He got his first job as an assistant librarian in 1937, because he had to support his family after his father's death. Over the next 15 years he published most of the stories that would win international fame. He never attempted to write a novel, because his genius was best expressed through the shorter forms of literature.

① Borges는 부유하진 않아도 명망 높은 가문에서 태어났다.
② Borges는 어렸을 때 집에서 개인 교사에게 교육받았다.
③ Borges는 많은 책을 접하기 위해 사서 보조로 일했다.
④ Borges는 절대 장편 소설을 쓰려고 하지 않았다.